항균잉크란?

코로나19 바이러스
"친환경 99.9% 항균잉크 인쇄"
전격 도입

언제 끝날지 모를 코로나19 바이러스
99.9% 항균잉크(V-CLEAN99)를 도입하여 「안심도서」로
독자분들의 건강과 안전을 위해 노력하겠습니다.

SD에듀
㈜시대고시기획

Clean Zone

본 도서는 항균잉크로 인쇄하였습니다.
항균 +
99.9%
안심도서

항균잉크(V-CLEAN99)의 특징

◉ 바이러스, 박테리아, 곰팡이 등에 항균효과가 있는 산화아연을 적용

◉ 산화아연은 한국의 식약처와 미국의 FDA에서 식품첨가물로 인증받아 **강력한 항균력**을 구현하는 소재

◉ 황색포도상구균과 대장균에 대한 테스트를 완료하여 **99.9%의 강력한 항균효과** 확인

◉ 잉크 내 중금속, 잔류성 오염물질 등 **유해 물질 저감**

TEST REPORT

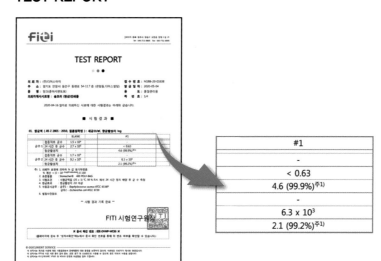

#1
-
< 0.63
4.6 (99.9%)[주1]
-
6.3 x 10^3
2.1 (99.2%)[주1]

Clean Zone

SD에듀
(주)시대고시기획

만점받는 NCS
의사소통능력
마스터

+ 무료NCS특강

SD에듀
(주)시대고시기획

Always **with you**

사람이 길에서 우연하게 만나거나 함께 살아가는 것만이 인연은 아니라고 생각합니다.
책을 펴내는 출판사와 그 책을 읽는 독자의 만남도 소중한 인연입니다.
SD에듀는 항상 독자의 마음을 헤아리기 위해 노력하고 있습니다.
늘 독자와 함께 하겠습니다.

머리말

의사소통능력은 공사 · 공단 NCS 채용을 시행하는 대부분의 공기업에서 출제하는 영역이다. 의사소통능력은 주제 찾기, 내용 일치, 내용 추론, 문단 배열, 서술 전개 특징 파악, 빈칸 추론 등 문제 유형이 다양하며, 다른 영역에 비해 지문의 길이가 길어 내용에 대한 이해가 중요한 영역이다. 따라서 제한된 시간 안에 여러 영역을 빠르고 정확하게 풀이해야 하는 시험의 성격을 고려할 때 의사소통능력에 출제되는 지문에 대한 빠른 이해가 요구된다. 현재 의사소통능력은 PSAT형 언어논리와 같이 다양한 분야의 지문을 활용한 시험이 출제되고 있으며, 난도 있는 문제가 다수 출제되고 있다. 그러므로 취업준비생들은 의사소통능력의 정확한 출제 유형을 알고, 지문 분석력을 길러 정답을 도출할 수 있는 능력을 길러야 한다.

공사 · 공단 필기시험 합격을 위해 **SD에듀**에서는 NCS 도서 시리즈 1위의 출간경험을 토대로 다음과 같은 특징을 가진 도서를 출간하였다.

도서의 특징

첫 째 필수 전략을 통한 독해법 학습!
필수 3가지 전략을 통해 의사소통능력 독해법을 익힐 수 있도록 하였다.

둘 째 필수 독해법을 통한 나만의 독해법 정립!
앞서 익힌 필수 전략을 바탕으로 Topic별 지문 분석 연습을 통해 나만의 독해법과 빠른 지문 분석력을 기를 수 있도록 하였다.

셋 째 필수 모의고사를 통한 실전 대비!
의사소통능력 필수 모의고사 2회를 통해 실제 시험처럼 자신의 실력을 점검할 수 있도록 하였다.

넷 째 다양한 콘텐츠로 최종 합격까지!
온라인 모의고사와 AI면접 응시 쿠폰을 제공하여 채용 전반을 대비할 수 있도록 하였다.

끝으로 본 도서를 통해 공사 · 공단 채용을 준비하는 모든 수험생 여러분이 합격의 기쁨을 누리기를 진심으로 기원한다.

NCS직무능력연구소 김현철 외

의사소통능력 소개

의사소통능력 정의 및 하위능력

의사소통능력 : 업무를 수행함에 있어 글과 말을 읽고 들음으로써 다른 사람이 뜻한 바를 파악하고, 본인이 의도하는 바를 글과 말을 통해 정확하게 쓰거나 말하는 능력

하위능력	내용
문서이해능력	업무를 수행함에 있어 다른 사람이 작성한 글을 읽고 그 내용을 이해하는 능력
문서작성능력	업무를 수행함에 있어 자기가 뜻한 바를 글로 나타내는 능력
경청능력	업무를 수행함에 있어 다른 사람의 말을 듣고 그 내용을 이해하는 능력
의사표현능력	업무를 수행함에 있어 자기가 뜻한 바를 말로 나타내는 능력
기초외국어능력	업무를 수행함에 있어 외국어로 의사소통할 수 있는 능력

의사소통능력 학습법

01 문제에서 요구하는 바를 먼저 파악하라!

의사소통능력에서 가장 중요한 것은 제한된 시간 안에 빠르고 정확하게 답을 찾아내는 것이다. 따라서 지문을 보기 전 문제를 먼저 파악해야 한다. 주제 찾기 문제라면 첫 문장과 마지막 문장 또는 접속어를 주목하자! 내용 일치 문제라면 지문과 문항의 일치/불일치 여부만 파악한 뒤 빠져 나오자! 지문에 빠져드는 순간 우리의 시간은 속절없이 흘러 버린다!

02 잠재되어 있는 언어능력을 발휘하라!

의사소통능력에는 끝이 없다. 의사소통의 방대함에 포기한 적이 있는가? 세상에 글은 많고 우리가 학습할 수 있는 시간은 한정적이다. 실제 시험장에서 어떤 내용의 지문이 나올지 아무도 예측할 수 없다. 따라서 평소에 신문, 소설, 보고서 등 여러 글을 접하는 것이 필요하다. 잠재되어 있는 글에 대한 안목이 시험장에서 빛을 발할 것이다.

03 상황을 가정하라!

업무 수행에 있어 상황에 따른 언어표현은 중요하다. 같은 말이라도 상황에 따라 다르게 해석될 수 있기 때문이다. 그런 의미에서 자신의 의견을 효과적으로 전달할 수 있는 능력을 평가하는 것은 당연하다. 따라서 다양한 상황에서의 언어표현능력을 함양하기 위한 연습의 과정이 요구된다.

04 말하는 이의 입장에서 생각하라!

잘 듣는 것 또한 하나의 능력이다. 상대방의 이야기에 귀 기울이고 공감하는 태도는 업무를 수행하는 관계 속에서 필요한 요소이다. 그런 의미에서 다양한 상황에서의 듣는 능력을 평가하는 것이다. 말하는 이가 요구하는 듣는 이의 태도를 파악하고, 이에 따른 판단을 할 수 있도록 언제나 말하는 사람의 입장이 되어 보는 연습이 필요하다.

05 반복만이 살 길이다!

학창 시절 외국어를 공부했을 때를 떠올려 보자! 셀 수 없이 많은 표현들을 익히기 위해 얼마나 많은 반복의 과정을 거쳤는가? 의사소통능력 역시 그러하다. 하나의 문제 유형을 마스터하기 위해 가장 중요한 것은 바로 여러 번, 많이 풀어 보는 것이다.

👤 의사소통능력 세부사항

하위능력		교육내용
문서이해 능력	K (지식)	• 문서이해의 개념 및 중요성 ・ 문서의 종류 및 양식 이해 • 문서이해의 구체적인 절차와 원리 ・ 문서를 통한 정보 획득 및 종합 방법의 유형
	S (기술)	• 문서의 종류에 따른 문서 읽기 ・ 문서에서 핵심내용 파악 • 주어진 정보의 관련성과 의도 파악 ・ 문서 읽기를 통한 정보 수집, 요약, 종합
문서작성 능력	K (지식)	• 체계적인 문서작성의 개념 및 중요성 ・ 목적과 상황에 맞는 문서 작성의 유형 • 문서의 종류와 양식 이해 ・ 문서 작성의 구체적인 절차와 원리 • 논리적인 문장 전개 방법의 유형 ・ 효과적인 내용 구성 방법의 유형
	S (기술)	• 문서의 종류에 따른 적절한 문서 작성 ・ 문서 작성에 적합한 문체와 어휘 사용 • 논리적인 체계를 사용한 문서 작성 ・ 문서 작성에서 강조점 표현 방법 • 논리적인 문장 전개 ・ 목적에 적합한 적당한 분량 설정 • 시각적 표현과 연출 ・ 작성한 문서의 수정
경청 능력	K (지식)	• 경청능력의 중요성과 개념 ・ 대화과정에서 효과적인 경청 방법의 이해 • 상대방의 말을 듣는 바람직한 자세의 이해 ・ 지시사항에 대한 적절한 반응 방법의 이해 • 지시사항을 재확인하는 방법의 이해
	S (기술)	• 상대방의 말을 주의 깊게 듣고 반응 ・ 상대방의 의도 파악 • 대화과정에서 숨은 의미를 파악 ・ 대화과정에서 상대방 격려 • 대화과정에서 상대방과 친밀감과 신뢰감 조성 ・ 대화과정에서 적절한 시선 처리 • 비언어적인 신호를 파악 ・ 상대방의 입장 이해 • 상사의 지시사항을 듣고 확인
의사표현 능력	K (지식)	• 정확한 의사전달의 중요성 ・ 의사표현의 기본 원리 • 효과적인 의사표현 방법의 유형 ・ 설득력 있는 화법의 특징 및 요소 • 상황과 대상에 따른 화법의 이해 ・ 비언어적 의사표현 방법 이해
	S (기술)	• 주제, 상황, 목적에 적합한 의사표현 ・ 자신 있고 단정적인 의사표현 • 간단명료한 의사표현 ・ 중요한 부분을 반복하여 제시 • 목소리의 크기, 억양, 속도의 변화 ・ 상황에 대한 적절한 질문 • 대화를 구조화하는 기술 ・ 적합한 이미지와 어휘, 표현 사용 • 상황에 적합한 비언어적 의사표현
기초외국어 능력	K (지식)	• 기초적인 외국어 회화에 대한 지식 ・ 비언어적 의사 표현 방법의 유형 • 외국 문화에 대한 이해
	S (기술)	• 기초적인 외국어로 된 자료 읽기 방법 ・ 외국인을 대하는 방법 습득 • 기초적인 외국어 회화 기술 ・ 사전 활용 방법 습득

도서 구성

STEP 1 필수 3가지 전략으로 의사소통능력 독해법 확인

필수 3가지 전략을 통해 의사소통능력 독해법 및 지문분석법을 익힐 수 있도록 하였다.

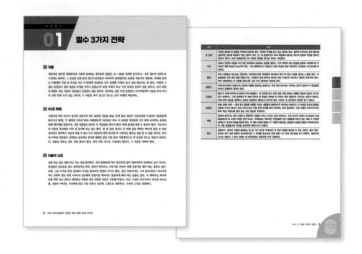

STEP 2 필수 독해법으로 단계적 학습

· '대표지문 + 기본독해 + 60초 독해연습'을 통해 지문분석력을 높일 수 있도록 하였다.
· '독해 고수 따라잡기'를 통해 자신이 분석한 것과 비교할 수 있도록 하였다.

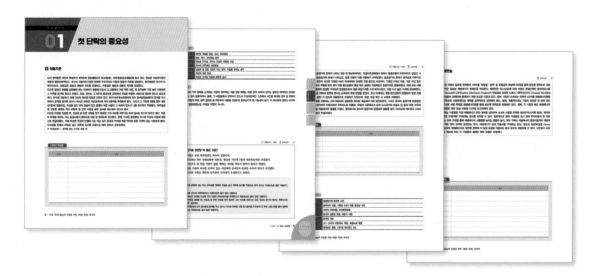

STEP 3 필수 모의고사 + OMR을 활용한 실전 연습

2회분의 필수 모의고사와 모바일 OMR 답안채점 / 성적분석 서비스를 통해 실제로 시험을 보는 것처럼 자신의 실력을 점검하고 확인할 수 있도록 하였다.

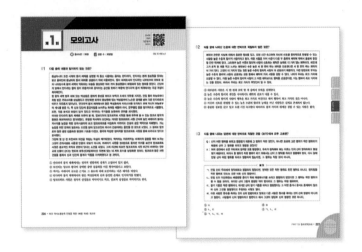

STEP 4 상세한 해설로 정답과 오답을 완벽하게 이해

정답과 오답에 대한 상세한 해설을 통해 혼자서도 학습을 할 수 있도록 하였다.

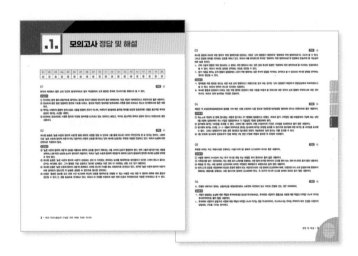

이 책의 목차

01

필수 3가지 전략

독해력만큼 사람들 간의 편차가 큰 능력도 없다. 어떤 이는 빠르게 한 번만 쓱 읽고도 전체적인 내용이 머릿속에 정리가 되는 반면, 또 어떤 이는 아주 천천히 읽었음에도 내용이 머릿속에 구름처럼 둥둥 떠있기만 하다. 사실 독해력은 평소 꾸준한 독서와 논리적 사고를 통해 배양될 수 있는 것이기에 단기간의 노력을 투입하더라도 극적인 효과를 가져오기는 어렵다. 그렇다고 독해력을 테스트하는 문제들을 모두 틀릴 수는 없지 않은가? 적어도 자주 등장하는 패턴의 글은 반복적인 훈련을 통해 익숙해질 수 있지 않을까? 이 책은 바로 그 패턴들을 지겨울 정도로 연습하여 익숙해지게 하는 데 주안점을 두고 집필되었다. 이 책의 제시문들을 마르고 닳도록 읽고 분석하다 보면 독해 울렁증으로 고통받는 수험생들에게 좋은 결과가 있을 것이다.

필수 3가지 전략

1 리듬

예외적인 경우를 제외한다면 시험에 출제되는 대부분의 글들은 15~20줄 내외의 길이에 2~3개 정도의 단락으로 구성되는 편이며, 그 글들은 보통 20개 정도의 문장들로 이루어져 있다(편의상 표준형 지문이라 칭한다). 독해를 못하는 수험생의 가장 큰 특징은 바로 이 20개의 문장들을 모두 동일한 무게로 놓고 글을 읽는다는 데 있다. 어떻게 그 많은 문장들이 전부 똑같은 무게를 가지고 있겠는가? 분명 주제가 되는 가장 중요한 문장이 있을 것이고, 굳이 말을 안 해줘도 되는 이른바 '블라블라' 문장들도 있을 것이다. 글이라는 것은 이런 문장들이 오르락내리락 리듬을 타며 하나의 상자 안에 모여 있는 것이다. 이 리듬을 자기 것으로 만드는 것이 독해의 핵심이다.

2 60초 독해

시행사에 따라 차이가 있지만 상당수의 경우 표준형 지문을 60초 안에 읽고 정리가 가능하게끔 구성되어 있다(문제 풀이시간 제외). 각 챕터에 수록된 '60초 독해연습'의 지문들은 바로 이 표준형 지문들을 시간 내에 분석하는 훈련을 위해 재구성된 것들이다. 다른 지문들은 몰라도 이 지문들은 반드시 60초 안에 분석을 끝낼 수 있어야 한다. 가능하다면 지문을 복사해서 여러 번 분석해 보는 것도 좋다. 한 번 읽은 글이니 두 번째 읽을 때에는 빠르게 읽을 수 있을 것이라고 생각하기 쉬운데 책을 다 읽고 다시 처음부터 읽어 본다면 꼭 그렇지는 않다는 것을 알 수 있을 것이다. 여기에 수록된 지문들은 그야말로 표준적인 길이와 형태를 갖춘 기본 중의 기본형이므로 꼭 자신의 것으로 만들기 바란다. 단, 내용을 외우는 것은 전혀 의미가 없다. 글이 어떤 식으로 구성되어 있는지, 그 흐름을 익혀야 한다.

3 리듬의 신호

글을 읽는 것은 차를 타고 가는 것과 흡사하다. 차가 출발하면 아무 중간과정 없이 목적지까지 도착하는 것이 아니다. 중간중간 신호등을 만나 정지하기도 하며, 갑자기 뛰어드는 고라니를 피하기 위해 급정거를 해야 하는 경우도 있다. 또한, 그냥 가기만 하면 심심하니 주변을 둘러보며 천천히 가기도 한다. 글도 마찬가지다. 그저 흘러가듯이 지나가야 하는 문장이 있는 반면 너무나도 중요해서 급정거를 해서라도 꼼꼼하게 봐야 하는 문장도 있다. 이 책에서는 하나의 글을 차를 타고 간다고 생각하고 다음과 같은 리듬의 신호로 구분해 두었다. 다만, 이것은 어디까지나 필자의 의도일 뿐, 정답이 아니다. 자신에게 맞는 다른 신호가 있다면 그것으로 정리하자. 오히려 그것을 권장한다.

| 리듬의 신호 |

리듬	내용
첫 문장	어떠한 글이든 첫 문장은 주목해서 읽어야 한다. 전체의 주제를 담고 있는 경우도 있고, 경우에 따라서는 문제 풀이에 결정적인 힌트를 제공하고 있는 경우도 있다. 단, 첫 문장이라고 해서 마침표로 끝나는 하나의 문장에 국한될 필요는 없으며 의미가 서로 연결된다면 2개 이상의 문장을 하나로 묶어도 무방하다.
가속	앞에서 언급한 내용을 다시 한번 반복하여 상술하는 문장을 말한다. 만약 메인이 되는 문장을 충분히 이해했다면 이 부분은 정말 빠르게 지나가야 한다. 기껏 꼼꼼하게 다 읽었더니 앞의 문장과 같은 의미라면 그야말로 시간낭비를 한 것이다.
정체	주로 사례들이 제시되는 문장이며, 과도하게 많은 정보들이 제시되어 뭔가 꽉 막힌 시내를 달리는 느낌을 준다. 이 문장들은 자칫 잘못 발을 디뎠다가는 그야말로 늪에 빠지게 되므로 핵심 키워드만 체크하고 곧바로 넘어가야 한다. 만약 선택지에서 이 부분을 묻는다면 그때 다시 찾아와서 읽으면 된다.
급정거	이야기의 화제가 바뀐다거나 반대의 내용을 언급하는 문장이다. 주로 역접 접속사로 시작하는 경우가 많으며 이 문장들은 무조건 꼼꼼하게 읽어야 한다.
신호등	통상 두 번째 단락의 첫 문장이 이에 해당한다. 첫 단락을 읽다 보면 생전 처음 접하는 내용들 때문에 정신이 하나도 없기 마련이다. 그런 상태에서 두 번째 단락의 첫 문장은 대부분 첫 단락과 다른 내용으로 시작되는 경우가 많은데, 이때 한번 머리를 세워주지 않으면 초반부터 페이스가 엉키게 된다. 따라서 꼭 정지하여 천천히 읽기 바란다.
갈림길	첫째, 둘째, 셋째 … 등과 같이 동일한 비중을 가지는 내용들이 병렬적으로 제시되는 부분이다. 이 부분은 단순히 동일한 비중을 가지고 있다는 것에 그치지 말고 이들 간의 관계를 빨리 파악하는 것이 중요하다. 다른 유형도 마찬가지지만 특히 핵심 키워드를 빨리 잡는 것이 중요한 유형이다.
서행	중요해 보이기는 한데 그렇다고 결정적인 내용을 다루고 있지는 않은 부분이다. 주로 마지막 단락의 첫 문장이 이에 해당하는데 꼭 그것에 국한한 것은 아니다. 주제보다는 약하지만 부연설명은 아닌 내용들을 다루고 있는 바로 이 부분을 잡아낼 수 있어야 독해를 잘하게 된다. 이 책에 수록된 글에는 이 '서행'에 해당하는 문장들이 포함된 글들이 대부분이므로 꼭 다른 문장들과의 차이를 분석하여 체화시키기 바란다.
정지	결론이다. 솔직히 시험에 출제되는 글 중 '아! 이것은 주제이군.'과 같은 반응을 끌어낼 수 있는 경우는 별로 없다. 하지만 만약 이런 문장이 제시되었다면 그 주제를 중심으로 전체 글을 다시 한번 재구성해 보기 바란다. 결론까지 오기는 했는데 그 중간 과정이 좀 엉켜있었던 경우라면 아주 유용하다.

필수 독해법에서는 리듬의 신호를 활용하여 지문을 분석해 볼 수 있도록 하였으며, 대표지문 – 기본독해 – 60초 독해 연습 3단계를 통해 리듬의 신호를 활용한 지문 독해법을 익힐 수 있도록 하였다. 독해 고수 따라잡기에서는 자신이 분석한 것과 독해 고수의 분석 내용을 비교하며 자신이 놓친 부분을 확인할 수 있도록 하였다. 분석된 내용을 보면 이중선을 확인할 수 있는데, 이중선은 지문을 의미 덩이로 구분한 것이다. 지문을 빠르게 이해하기 위해서는 하나로 인식하는 것이 아닌 작게 나누어 받아들이는 것이 효과적인데 이러한 점에서 의미 덩이로 구분하여 인식하는 것은 독해 분석력을 높이는 데 도움이 될 것이다. 또한, 독해 고수의 팁에서는 Topic별 지문을 빠르게 분석할 수 있는 방법을 제시하였다. 다음은 리듬의 신호를 활용한 예시이다.

| 리듬의 신호 활용 예시 |

❶ [영화 〈스타워즈〉의 아나킨은 이분법적인 사고로 아군과 적을 구분하면서도 상황에 따라 둘 사이의 경계를 오고가며 입장의 과격한 변화를 보인다.] ❷ [가장 극명한 사례는 '다스베이더'가 된 직후 '제다이기사' 시절 스승이었던 오비완에게 던진 유명한 대사 "나와 함께하지 않으면 당신도 나의 적입니다."이다. 다스 시디우스가 악의 세력인 '시스'임을 동료 제다이들에게 알려 그를 체포하도록 시도하게 한 장본인이 아나킨 자신임에도 불구하고 시디우스와 새롭게 형성된 도제관계로 인하여 그는 시디우스를 체포하려는 제다이들의 행위를 권력 찬탈이라 비난하며 옛 스승인 오비완과 사생결투를 벌인다.]

❸ [이렇듯 극단적인 사고가 압축된 아나킨의 대사는 911 테러 사건 이후 부시 대통령의 발언 "우리와 함께하지 않는다면 당신은 테러리스트 편입니다."와 겹쳐져 영화 〈스타워즈〉의 제작자인 루카스가 부시 대통령을 악의 세력에 견준 것이 아니냐는 파장을 불러일으킨 바 있다.] ❹ [아나킨의 도발적 발언에 오비완은 "오로지 시스만이 절대성을 다룬다." 라고 대답함으로써 관점의 차이로 인한 상대성 혹은 다름을 포용하는 제다이의 차별성을 부각시킨다.]

❺ [영화 〈스타워즈〉에서의 '관점의 차이'는 생소한 개념이 아니다. 제1편에서 오비완이 소년인 아나킨에게서 위험한 기운이 느껴진다고 했을 때, 오비완의 스승인 콰이곤 진은 "자네의 관점에서 그렇지."라고 반박했고, 제3편에서 오비완이 아나킨과의 결투 중 그에게 "시디우스는 사악한 자이다."고 말하자 아나킨은 "내 관점에서는 제다이가 사악하다."라고 대꾸하며, 이에 대해 오비완은 "그렇다면 너는 틀렸다."라고 반박한다. 〈스타워즈〉 제6편에서 루크(Luke)는 요다(Yoda)로부터 자신의 아버지가 아나킨이자 다스 베이더라는 사실을 확인한 후 오비완에게 "왜 다스 베이더가 아버지를 죽였다고 거짓말 했느냐."라고 책망한다. 이에 오비완은 "어떤 관점에서 보면 내가 말한 것은 진실이다. 우리가 고수하는 많은 진실들은 우리의 관점에 의존하는 것임을 알게 될 것이다."라고 해명한다.]

❶ **첫 문장** : 아나킨의 입장이 과격하게 변화한다는 것만 체크한다. 이때, '이분법적인 사고', '아군과 적'과 같은 추상적인 단어에 매몰되지 말아야 한다.

❷ **가속** : 입장이 어떻게 변화하는지 아나킨의 행위 변화를 통해 서술한다. 자세하게 읽을 것이 아니라 아나킨의 태도가 어떻게 변화하는지(밑줄 친 부분)만 확인하는 것으로 충분하다.

❸ **신호등** : 두 번째 단락의 첫 문장이다. 첫 번째 문단의 내용이 다소 장황하므로 일단 머리를 시키는 의미로 천천히 읽는다. '이렇듯'이라는 부분을 통해 첫 단락과 연결된 내용이라는 것을 체크해야 한다.

❹ **서행** : 제다이는 '관점의 차이'로 인한 다름을 포용하지만 시스는 그렇지 않다는 내용을 체크한다. '오로지 시스만이 절대성을 다룬다.'는 인용 표현에 빠져들지 말고 쭉쭉 읽어나가야 한다.

❺ **가속** : 밑줄 친 부분만 확인한다. 그 이후의 문장은 여러 스타워즈 시리즈에서 나타난 사례들이므로 이 사례들은 자세히 읽지 말고 빠르게 지나가야 하며, 선택지에서 세부적인 내용을 묻고 있을 경우에만 다시 찾아서 읽는다. 이 글에서 독해 시간을 극적으로 단축시킬 수 있는 부분이며 거의 대부분의 선택지에서 이러한 내용은 정답에 영향을 미치지 않는다.

PART

02

필수 독해법

첫 단락의 중요성

1 대표지문

다산 정약용은 아전의 핵심적인 직책으로 향승(鄕丞)과 좌수(座首), 좌우별감(左右別監)을 들고 있다. 향승은 지방관서장인 현령의 행정보좌역이고, 좌수는 지방자치기관인 향청의 우두머리로 이방과 병방의 직무를 관장한다. 좌우별감은 좌수의 아랫자리인데, 좌별감은 호방과 예방의 직무를 관장하고, 우별감은 형방과 공방의 직무를 관장한다.

다산은 향승이 현령을 보좌해야 하는 자리이기 때문에 반드시 그 고을에서 가장 착한 사람, 즉 도덕성이 가장 높은 사람에게 그 직책을 맡겨야 한다고 하였다. 또한, 좌수는 그 자리의 중요성을 감안하여 진실로 마땅한 사람으로 얻어야 한다고 강조하였다. 좌수를 선발하기 위해 다산이 제시한 방법은 다음과 같다. 먼저 좌수후보자들에게 모두 종사랑(從仕郎)의 품계를 주고 해마다 공적을 평가해 감사나 어사로 하여금 식년(式年)에 각각 9명씩을 추천하게 한다. 그리고 그 가운데 3명을 뽑아 경관(京官)에 임명하면, 자신을 갈고 닦아 명성이 있고 품행이 바른 사람이 그 속에서 반드시 나올 것이라고 주장했다. 좌우별감을 선발할 때에도 역시 마땅히 쓸 만한 사람을 골라 정사를 의논해야 한다고 했다.

다산은 아전을 임명할 때, 진실로 쓸 만한 사람을 얻지 못하면 그저 자리를 채우기는 하되 정사는 맡기지 말라고 했다. 아울러 아첨을 잘하는 자는 충성스럽지 못하므로 이를 잘 살피도록 권고했다. 한편, 다산은 문관뿐만 아니라 무관의 자질에 대해서도 언급하였다. 그에 따르면 무관의 반열에 서는 자는 모두 굳세고 씩씩해 적을 막아낼 만한 기색이 있는 사람으로 뽑되, 도덕성을 첫째의 자질로 삼고 재주와 슬기를 다음으로 해야 한다고 강조하였다.

※ 식년(式年) : 과거를 보는 시기로 정한 해

나만의 독해법

흐름	내용

첫 문장	아전의 핵심은 향승, 좌수, 좌우별감
정체	향승, 좌수, 좌우별감 업무
가속	향승은 도덕성, 좌수는 진실로 마땅한 사람
정체	좌수와 좌우별감 선발방법
신호등	진실로 쓸 만한 사람이 아닌 경우, 아첨을 잘하는 경우
급정거	무관에 대한 언급
서행	무관은 도덕성 다음에 재주와 슬기

🔍 **독해 고수의 팁**

첫 단락과 같이 여러 가지 항목을 소개하는 지문의 경우에는 처음 읽을 때에는 이런 것이 쓰여져 있다는 정도만 파악하고 곧바로 다음으로 넘어가는 것이 효율적이다. 물론, 그 내용들에서 선택지가 반드시 구성되겠지만 그곳에서 시간을 허비할 경우 글 전체의 흐름을 파악하기 어렵게 되며, 정작 중요한 글 후반부의 내용을 건성으로 흘려넘기게 될 가능성이 높다. 이 제시문의 경우는 마지막 문장에서 정답이 결정되었는데, 이것은 우연이 아니다.

실전문제

⏱ 제한시간 : 20초   ⌛ 소요시간 :   초

다음 글을 근거로 판단할 때 옳은 것은?

① 관직의 서열로 보면 좌우별감은 좌수의 상관이다.
② 다산이 주장하는 좌수 선발방법에 따르면, 향승은 식년에 3명의 좌수후보자를 추천한다.
③ 다산은 아전으로 쓸 만한 사람이 없을 때에는 자리를 채우지 말아야 한다고 하였다.
④ 다산은 경관 가운데 우수한 공적이 있는 사람에게 종사랑의 품계를 주어야 한다고 주장했다.
⑤ 다산은 무관의 자질로 재주와 슬기보다 도덕성이 우선한다고 보았다.

> **정답** ⑤
> 다산은 무관의 반열에 서는 자는 도덕성을 첫째의 자질로 삼고 재주와 슬기를 다음으로 해야 한다고 하였으므로 옳은 내용이다.
>
> **오답분석**
> ① 좌우별감은 좌수의 아랫자리라고 하였으므로 옳지 않은 내용이다.
> ② 감사나 어사로 하여금 식년에 각각 9명의 좌수후보자를 추천한다고 하였으므로 옳지 않은 내용이다.
> ③ 다산은 아전을 임명할 때, 진실로 쓸 만한 사람을 얻지 못하면 그저 자리를 채우기는 하되 정사는 맡기지 말라고 하였으므로 옳지 않은 내용이다.
> ④ 좌수후보자들에게 모두 종사랑의 품계를 주고 감사나 어사로 하여금 이들 중 9명씩을 추천하게 한 후에 그중 3명을 뽑아 경관에 임명한다고 하였으므로 옳지 않은 내용이다.

2 기본독해

| 문제 1 |

⏱ 제한시간 : 40초　⧖ 소요시간 :　초

인류 역사상 불공정거래 문제가 나타난 것은 먼 옛날부터이다. 자급자족경제에서 벗어나 물물교환이 이루어지고 상업이 시작된 시점부터 불공정거래 문제가 나타났고, 법을 만들어 이를 규율하기 시작하였다. 불공정거래 문제가 법적으로 다루어진 것으로 알려진 최초의 사건은 기원전 4세기 아테네에서 발생한 곡물 중간상 사건이다. 기원전 388년 겨울, 곡물 수입 항로가 스파르타로부터 위협을 받게 되자 곡물 중간상들의 물량 확보 경쟁이 치열해졌고 입찰가격은 급등하였다. 이에 모든 곡물 중간상들이 담합하여 동일한 가격으로 응찰함으로써 곡물 매입가격을 크게 하락시켰고, 이를 다시 높은 가격에 판매하였다. 이로 인해 그들은 아테네 법원에 형사상 소추되어 유죄 판결을 받았다. 당시 아테네는 곡물 중간상들이 담합하여 일정 비율 이상의 이윤을 붙일 수 없도록 성문법으로 규정하고 있었으며, 해당 규정 위반 시 사형에 처해졌다.

곡물의 공정거래를 규율하는 고대 아테네의 성문법은 로마로 계승되어 더욱 발전되었다. 그리고 로마의 공정거래 관련법은 13세기부터 15세기까지 이탈리아의 우루비노와 피렌체, 독일의 뉘른베르크 등의 도시국가와 프랑스 등 중세 유럽 각국의 공정거래 관련법 제정에까지 영향을 미쳤다. 영국에서도 로마의 공정거래 관련법의 영향을 받아 1353년에 에드워드 3세의 공정거래 관련법이 만들어졌다.

나만의 독해법

흐름	내용

🔍 독해 고수 따라잡기

첫 문장	불공정거래 문제의 시작
가속	법적으로 규율, 기원전 4세기 곡물 중간상 사건
가속	사건의 세부 내용, 유죄판결 받음
서행	당시의 성문법 규정, 위반 시 사형
신호등	로마로 계승
가속	13 ~ 15세기 이탈리아, 독일, 프랑스에 영향
서행	영국에도 영향, 1353년 에드워드 3세

태어난 아기에게 처음 입히는 옷을 배냇저고리라고 하는데, 보드라운 신생아의 목에 거친 깃이 닿지 않도록 깃 없이 만들어 '무령의(無領衣)'라고도 하였다. 배냇저고리는 대개 생후 삼칠일까지 입혔기 때문에 지역에 따라 '삼저고리', '이레안저고리' 등으로도 불리었다. 보통 저고리를 여미는 고름 대신 무명실 끈을 길게 달아 장수를 기원했는데 이는 남아, 여아 모두 공통적이었다. 남자아기의 배냇저고리는 재수가 좋다고 하여 시험이나 송사를 치르는 사람이 부적같이 몸에 지니는 풍습이 있었다. 아기가 태어난 지 약 20일이 지나면 배냇저고리를 벗기고 돌띠저고리를 입혔다. 돌띠저고리에는 돌띠라는 긴 고름이 달려 있는데, 길이가 길어 한 바퀴 돌려 맬 수 있을 정도이다. 이런 돌띠저고리에는 긴 고름처럼 장수하기를 바라는 의미가 담겨 있다.

백일에는 아기에게 백줄을 누빈 저고리를 입히기도 하였는데, 이는 장수하기를 바라는 의미를 담고 있다. 그리고 첫 생일인 돌에 남자아기에게는 색동저고리를 입히고 복건(幅巾)이나 호건(虎巾)을 씌우며, 여자아기에게는 색동저고리를 입히고 굴레를 씌웠다.

나만의 독해법

흐름	내용

독해 고수 따라잡기

첫 문장	배냇저고리, 무령의
정체	삼칠일, 삼저고리, 이레안저고리
가속	무명실(장수), 남아·여아 공통
서행	남자아기의 배냇저고리는 재수가 좋음
신호등	생후 20일부터는 돌띠저고리
가속	긴 고름, 장수
신호등	백일에는 백줄 저고리, 장수
서행	돌에 남아는 색동저고리+복건(또는 호건), 여아는 색동저고리+굴레

| 문제 1 | ⌛ 소요시간 :   초

RE100 캠페인은 기업이 필요한 전력량의 100%를 '태양광·풍력' 등 친환경적 재생에너지원을 통해 발전된 전력으로 사용하겠다는 자발적인 글로벌 재생에너지 캠페인을 의미한다. 캠페인은 2014년도에 국제 비영리 환경단체인 클라이밋그룹(The Climate Group)과 CDP(Carbon Disclosure Project)가 연합하여 개최한 뉴욕시 기후주간(NYC Climate) 2014에서 발족되었다. 기업들이 캠페인에 참여하기 위한 조건은 다음과 같다. 첫째, 기업이 소비하는 전력의 100%를 재생에너지원을 통해 발전된 전력으로 사용하겠다는 계획을 공개적으로 선언해야 한다. 둘째, 최종적으로는 기업이 보유한 전 세계 모든 사업장 및 사무실의 사용 전력을 재생에너지원을 통해 생산된 전력으로 대체해야 한다. 셋째, 각 기업은 매년 재생에너지 전력 사용 목표량에 대한 달성 수준을 CDP에 보고하여야 한다.

캠페인에 참여하는 기업들은 직접 재생에너지 발전 설비를 설치하여 스스로 사용할 전력을 생산하거나(자체 생산), 외부로부터 재생 전력을 구매(외부 구매)하는 방식을 선택할 수 있다. 일반적으로 참여 기업들은 초기 설비 투자비용이 큰 자체 생산 방식보다는 외부 구매를 통해 재생에너지 사용량을 늘리는 경향이 높다. 외부 구매는 재생에너지 발전사업자와 개별적인 전력구매계약을 맺어 전력을 공급받는 방식, 재생에너지 공급 인증서를 구매하는 방식, 별도의 요금제(일명 Green Pricing)를 이용하여 재생에너지로 발전된 전력에 더 높은 요금을 지불하는 방식 등으로 세분화할 수 있다. 사업장이 속한 국가별 법령 및 제도에 따라 각 기업들의 캠페인 참여 유형은 다양하다.

나만의 독해법

흐름	내용

우리나라의 근대적 재정제도는 '조세금납제'를 최초로 시행한 1894년 7월 갑오경장으로부터 시작한다. 조세금납제는 재화와 용역으로 수취하던 조세를 화폐의 형태로 전환한 것인데, 이때 우리나라는 은본위 화폐제도를 채택하며 1냥(兩)＝10전(錢)＝100분(分)의 화폐단위를 사용하였다.

갑오개혁으로 1895년에는 우리나라 최초의 근대적 헌법이라 할 수 있는 홍범 14조가 제정·반포되었다. 홍범 14조에서 근대적 재정제도의 개혁을 위한 조항은 제6 ~ 9조에 규정되어 있었다. 제6조는 '부세(賦稅)는 모두 법령으로 정하고 명목을 더하여 거두지 못한다.'고 하여 조세법률주의를 확립하였다. 제7조는 '조세 부과와 징수 및 경비 지출은 모두 탁지아문에서 관장한다.'고 하여 세입과 세출을 단일 관청으로 통합하였다. 제8조는 '왕실은 솔선하여 경비를 절약해서 각 아문과 지방관의 모범이 되게 한다.'고 하였으며, 제9조는 '왕실과 각 관부(官府)에서 사용하는 경비는 1년간의 예산을 세워 재정의 기초를 확립했다.'고 하여 회계연도를 1년으로 규정하였다.

홍범 14조에 이어 '회계법(1895년 3월 20일, 법률 제2호)'이 제정되었으며, 또한, 칙령으로서 수입규정, 지출규정이 각각 제정되었다. 회계법 제11조에 의하면 예산은 경상 및 임시부로 대별되고 이는 다시 관·항이 구분되도록 하였다. 당시 대한제국의 회계법은 일본제국의 회계법을 모델로 하여 제정되었는데, 이 회계법은 이후 칙령 또는 부령으로 제정된 각종의 규정 및 규칙에 의해 보완되었던 것이다. 이들 규정은 1910년 우리나라가 일본에 강점되어 일본회계법이 적용될 때까지 시행되었다.

PART 01
PART 02
PART 03
정답 및 해설

나만의 독해법

흐름	내용

고대 사회에서 노예는 최하위 계층이자 노동력을 제공하여 사회의 생산성을 유지시키는 수단이었다. 노예는 자유를 박탈당한 상태에서 폭력 등 물리적 통제의 대상이 되었으며, 고대 로마에서도 노예의 노동력을 통제하기 위해 체벌, 고문, 감금 등의 폭력이 사용되었다. 그러나 다른 사회들과 달리 로마에서는 제도를 통한 신분 해방과 사유재산의 보유가 가능했다. 로마의 노예들은 성실함에 대한 보상, 주인과의 결혼, 사망한 주인의 유언 등의 방법으로 자유를 얻어 노예 신분에서 해방될 수 있었는데, 이들을 '해방 노예'라고 불렀다.

노예의 해방 조건은 시대에 따라 조금씩 달라졌다. 초기 제도에 따르면 5세 이상의 아들이 있고 3만 세스테르티우스 이상의 재산을 소유한 노예만이 시민권을 얻을 수 있었다. 당시 사병의 연봉이 480 세스테르티우스였음을 감안하면 재산 소유 기준을 충족하기는 무척 어려웠을 것이다. 이후 한 번에 100명 이상의 노예를 유언으로 해방시킬 수 없다는 규정과 해방 시 소유주는 20세 이상, 대상 노예는 30세 이상이어야 한다는 규정이 추가되었다. 제도의 수혜를 받은 노예는 많지 않았을 것이나, 이와 같은 제도는 노예라도 자유와 시민권을 얻을 수 있었다는 점을 시사한다. 이 제도는 노예를 통제하기 위한 회유책의 하나였지만, 계층 간 이동성을 보장하고 해방 노예들을 사회의 일원으로 통합시킴으로써 로마 사회를 더욱 발전시킬 수 있었다.

나만의 독해법

흐름	내용

| 문제 4 |

지금보다 평균기온이 더 낮았던 과거에는 어떤 옷차림으로 춥고 기나긴 겨울을 지냈을까? 역사 속 대표적인 방한복은 갖옷이다. 갖옷은 갓옷, 구(裘), 구의(裘衣)라고도 하며 '갖'은 가죽을 뜻한다. 서유구는 『임원경제지』에서 "짐승의 껍질을 취해 만든 옷을 총칭하여 구(裘)라고 한다."고 하였다. 고대국가 가운데 부여는 여우, 삵, 담비로 만든 갖옷을 입고 금은으로 장식한 모자를 쓴다는 기록이 있으며, 신라에는 모전(毛典), 피전(皮典) 등 동물의 털을 가공하는 전문기관이 있었다. 이와 같이 오래전부터 바다표범, 담비, 호랑이, 여우, 말, 소, 개 등 여러 동물의 가죽과 털이 옷을 짓는 데 쓰이며 방한에 이용되었다. 갖옷은 무릎 밑까지 내려오는 길이의 포, 저고리, 배자 등의 형태로 지었으며, 위에 덧입는 옷이었으므로 화장, 길이, 품을 모두 넉넉하게 하였다.

우리나라의 주요 방한복으로는 솜옷을 꼽을 수 있다. 목화에서 뺀 목화솜은 가난한 서민들뿐만 아니라 모든 계층의 사람들에게 따뜻한 겨울을 나게 해 주는 고마운 방한용품이었다. 두루마기, 저고리 등의 겉옷과 속바지와 같은 속옷, 그리고 버선 등 모든 종류의 옷에 목화솜을 두고 지었으며 이불에도 솜을 두둑이 넣어 기나긴 겨울밤을 따뜻하게 지낼 수 있었다. 목화솜 외에도 누에고치로 만든 풀솜이 있는데, 누에고치를 따뜻한 물에 넣고 번데기를 빼낸 다음 잡아 늘려 건조시키고 켜서 만들었다. 풀솜은 눈처럼 희다고 하여 설면자(雪綿子)라고도 불렀으며 우리나라에서는 고대부터 사용하였다. 그러나 누에고치에서 얻는 것이므로 가격이 비쌌기 때문에 서민들에게 목화솜만큼 좋은 것은 없었다.

나만의 독해법

흐름	내용

02 '그러나', '하지만'

1 대표지문

청백리(淸白吏)는 전통적으로 우리나라를 비롯한 동아시아 유교 문화권에서 청렴결백한 공직자를 지칭할 때 사용하는 말이다. 청백리를 선발하고 표창하는 제도는 중국에서 처음 시작되었다. 우리나라는 중국보다 늦었지만 이미 고려 때부터 이 제도를 도입한 것으로 보인다. 고려 인종 14년(1136년)에 청렴하고 절개 있는 사람들을 뽑아 벼슬을 준 기록이 있다.

조선시대에는 국가에 의해 선발되어 청백리 대장에 이름이 올랐던 사람을 청백리라고 하였다. 정확히 구분하면 청백리는 작고한 사람들에 대한 호칭이었고, 살아있을 때는 염근리(廉謹吏) 또는 염리(廉吏)라고 불렀다. 염근리로 선발된 사람은 청백리 대장에 수록되어 승진이나 보직에서 많은 특혜를 받았고, 죽은 후에는 그 자손들에게 벼슬이 내려지는 등 여러 혜택이 있었다. 반대로 부정부패한 관료는 탐관오리 또는 장리(贓吏)라고 불렀다. 탐관오리로 지목돼 탄핵되었거나 처벌받은 관리는 장리 대장에 수록되어 본인의 관직생활에 불이익을 받는 것은 물론이고, 그 자손들이 과거를 보는 것도 허용되지 않았다.

조선시대에 청백리를 선발하는 방법은 일정하지 않았다. 일반적으로는 청백리를 선발하라는 임금의 지시가 있거나 신하의 건의가 있어 임금이 승낙을 하면 2품 이상의 관리나 감사가 대상자를 예조에 추천하였다. 예조에서 후보자를 뽑아 의정부에 올리면 의정부의 대신들이 심의하여 임금에게 보고하였다. 어떤 때는 사헌부, 사간원 등에서 후보자를 의정부에 추천하기도 하였다.

나만의 독해법

흐름	내용

독해 고수 따라잡기

첫 문장	청백리란 청렴결백한 공직자
가속	중국에서 시작, 고려시대 도입, 인종 때 기록
신호등	조선시대는 국가 선발, 청백리 대장에 등록
가속	청백리, 염근리(염리)
가속	염근리와 청백리의 혜택
급정거	탐관오리, 장리
가속	탐관오리의 벌칙
서행	조선시대 청백리 선발 방법 불규칙
서행	임금의 지시, 예조의 건의, 사헌부, 사간원의 추천

독해 고수의 팁

'그러나'와 같이 역접 접속사가 나타나는 경우에만 급정거를 해야 하는 것은 아니다. 제시문과 같이 '반대로' 등 뭔가 반대의 의미를 가지는 표현이 등장하는 모든 경우가 이에 해당한다.

실전문제

⏱ 제한시간 : 30초   ⌛ 소요시간 :   초

다음 글을 근거로 판단할 때, 〈보기〉에서 옳은 것만을 모두 고르면?

―〈 보기 〉―

ㄱ. 동아시아 유교 문화권에서 청백리를 선발하는 제도는 고려에서 처음 시작되었을 것이다.
ㄴ. 조선시대에 염근리로 선발된 사람은 죽은 후에 청백리라고 불렸을 것이다.
ㄷ. 조선시대에 관리가 장리 대장에 수록되면 본인은 물론 그 자손까지 영향을 받았을 것이다.
ㄹ. 조선시대에 예조의 추천을 받지 못한 사람은 청백리가 될 수 없었을 것이다.

① ㄱ
② ㄴ, ㄷ
③ ㄷ, ㄹ
④ ㄱ, ㄴ, ㄹ
⑤ ㄴ, ㄷ, ㄹ

정답 ②
ㄴ. 살아있을 때 염근리 또는 염리로 불렸던 사람이 사망하면 이들을 청백리라고 불렀다고 하였으므로 옳은 내용이다.
ㄷ. 탐관오리로 지목돼 탄핵되었거나 처벌받은 관리는 장리 대장에 수록되어 본인의 관직생활에 불이익을 받는 것은 물론이고, 그 자손들이 과거를 보는 것도 허용되지 않았다고 하였으므로 옳은 내용이다.

오답분석
ㄱ. 청백리를 선발하고 표창하는 제도는 중국에서 처음 시작되었다고 하였으므로 옳지 않은 내용이다.
ㄹ. 의정부에 올라가는 청백리 후보자 명단은 예조에서 올리는 것과 사헌부, 사간원 등에서 올리는 것으로 나누어 볼 수 있다. 따라서 예조의 추천을 받지 못했더라도 사헌부 등에서 추천을 받을 수 있으므로 옳지 않은 내용이다.

2 기본독해

일반적으로 상대 회원국의 조치가 WTO 협정에 어긋난다고 판단하는 회원국은 먼저 상대 회원국과 '외교적 교섭'을 하고, 그래도 해결가능성이 보이지 않으면 WTO 분쟁해결기구에 제소한다. WTO 회원국 간의 분쟁은 분쟁해결기구에 의하여 처리되는데, 분쟁해결절차는 크게 '협의', '패널', '상소'로 이루어진다. WTO에 제소한 이후에도 양국은 우호적인 해결을 위하여 비공개로 60일간의 협의를 가진다. 그 협의를 통해 분쟁이 해결되지 않은 경우, WTO에 제소한 국가가 패널설치를 요구하면 분쟁해결기구는 이를 설치한다.

분쟁해결기구는 충분한 자질을 갖춘 정부인사 또는 비정부인사를 패널위원으로 위촉하여야 하며, 분쟁당사국 국민은 분쟁당사국 사이에 별도의 합의가 없는 한 패널위원이 될 수 없다. 패널은 별도의 합의가 없으면 3인으로 구성된다. 패널은 분쟁사실, 관련 규정 적용가능성과 분쟁해결에 대한 제안을 수록한 패널보고서를 분쟁해결기구에 제출하고, 분쟁당사국이 분쟁해결기구에 상소의사를 통보하지 않는 한 패널보고서는 회원국 전체에 회람된 날로부터 60일 이내에 분쟁해결기구에서 채택된다.

상소기구는 패널보고서에서 다루어진 법률문제와 패널이 내린 법률해석만을 대상으로 심의한다. 상소기구보고서는 분쟁당사국의 참여 없이 작성되는데, 패널에서의 법률적 조사결과나 결론을 확정, 변경 또는 파기할 수 있다.

나만의 독해법

흐름	내용

🔍 독해 고수 따라잡기

첫 문장	외교적 교섭 이후 분쟁해결기구 제소
서행	협의, 패널, 상소
갈림길	비공개 60일간 협의, 제소한 국가가 패널 설치 요구
정체	패널위원 자격, 구성
정체	패널보고서, 60일 이내 채택
갈림길	상소기구는 패널보고서, 패널의 법률해석만을 대상으로 심의
서행	상소기구보고서는 당사국의 참여 없이 작성, 패널의 결론 변경, 파기 가능

무릇 오곡이란 백성들이 생존의 양식으로 의존하는 것이기에 군주는 식량 증산에 힘쓰지 않을 수 없고, 재물을 쓰는 데 절약하지 않을 수 없다. 오곡 가운데 한 가지 곡식이 제대로 수확되지 않으면 이것을 근(饉)이라 하고, 두 가지 곡식이 제대로 수확되지 않으면 이것을 한(旱)이라고 한다. 세 가지 곡식이 제대로 수확되지 않으면 이것을 흉(凶)이라고 한다. 또한, 네 가지 곡식이 제대로 수확되지 않으면 이것을 궤(饋)라고 하고, 다섯 가지 곡식 모두 제대로 수확되지 않으면 이것을 기(饑)라고 한다. 근이 든 해에는 대부(大夫) 이하 벼슬하는 사람들은 모두 봉록의 5분의 1을 감봉한다. 한이 든 해에는 5분의 2를 감봉하고, 흉이 든 해에는 5분의 3을 감봉하고, 궤가 든 해에는 5분의 4를 감봉하며, 기가 든 해에는 아예 봉록을 주지 않고 약간의 식량만을 지급할 뿐이다.

곡식이 제대로 수확되지 않으면 군주는 먹던 요리의 5분의 3을 줄이고, 대부들은 음악을 듣지 않으며, 선비들은 농사에 힘쓸 뿐 배우러 다니지 않는다. 군주는 조회할 때 입는 예복이 낡아도 고쳐 입지 않고, 사방 이웃 나라의 사신들에게도 식사만을 대접할 뿐 성대한 잔치를 베풀지 않는다. 또한, 군주가 행차할 때 수레를 끄는 말의 수도 반으로 줄여 두 마리만으로 수레를 끌게 한다. 길을 보수하지 않고, 말에게 곡식을 먹이지 않으며, 궁녀들은 비단옷을 입지 않는다. 이것은 식량이 부족함을 백성들에게 인식시키고자 함이다.

나만의 독해법

흐름	내용

독해 고수 따라잡기

첫 문장	식량 증산, 재물 절약
서행	한 가지(근), 두 가지(한), 세 가지(흉), 네 가지(궤), 다섯 가지(기)
서행	대부 이하 사람들 감봉 : 근(1/5), 한(2/5), 흉(3/5), 궤(4/5), 기(전액)
신호등	군주는 요리의 3/5 감소
가속	군주 행차 시 수레를 끄는 말의 수는 2마리(기존의 절반)
가속	여러 가지 긴축정책

직장인이라면 하루에도 여러 번 RFID(Radio Frequency IDentification)를 사용한다. 자가용으로 출퇴근하는 직장인이라면 자동차의 문을 열기 위해 RFID를 사용한 후, 주차장 차단기를 올리기 위해 RFID를 사용한다. 혹시 도로에서 통행료를 내야 하는 곳을 지나야 한다면 이때도 RFID를 사용한다. 대중교통을 이용하는 직장인도 마찬가지다. 교통카드도 RFID로 작동한다.

RFID는 다른 무선 기술들과 같이 태그가 리더기의 신호를 받을 수 있는 범위 내에 있는 짧은 시간 동안 연결을 하고, 그 범위를 벗어나면 연결이 끊어진다. 일반적으로 연결이 유지되는 기간은 1초 이내이며, 이 기간 동안 리더기와 태그 사이에 정보의 전송이 완료된다. 리더기의 범위 안에 여러 개의 태그가 있는 경우에는 상황에 따라 리더기의 반응이 달라진다. 사용자에게 하나의 태그를 선택하도록 알림을 줄 수도 있고, 모든 태그로부터 수신되는 정보를 한꺼번에 처리할 수도 있다. RFID는 사용하는 주파수 대역에 따라 세 가지 유형으로 구분된다. 첫째는 30～500KHz의 장파장 대역인 낮은 주파수를 사용하는 경우다. 이 경우 인식 범위는 50cm 이내이고, RFID 기술 중에서는 가장 오래된 기술이다. 125KHz는 출입통제, 방문증, 재고자산 추적, 자동차 키 등에 사용되고 134.2KHz는 동물 식별 등에 사용되며, 귀에 부착하는 형태로 돼지, 소, 양 등에 널리 쓰이고 있다. 둘째는 13.56MHz의 단파장 대역 주파수를 사용하는 경우로서 인식 범위가 수 cm 이하로 좁다. 이는 교통카드, IC 카드 / 스마트카드 등에 주로 사용되고, 도서관에 소장된 책들에 부착되어 사용되거나 스키장에서 리프트권에 사용된다. 마지막으로 400MHz 이상의 극초단파장 대역인 높은 주파수를 사용하는 경우다. 이 경우 인식 범위는 수십 미터에 이르고 국방용, 컨테이너 관리, 원격시동 장치 등에 사용된다. 주차장 출입통제용으로 사용되는 일명 주차카드는 860～960MHz가 사용된다. 그 밖에 2.4GHz 대역을 사용하는 제품도 있다.

나만의 독해법

흐름	내용

보드게임에서 가장 일반적인 경매는 '오픈 경매'다. 이는 도매시장의 경매처럼 누구나 원하는 타이밍에 원하는 만큼의 금액을 부르고, 가장 높은 금액을 부른 사람이 낙찰받는 것을 의미한다. 오픈 경매에서는 가격이 점차 올라가는 레이스가 벌어지기도 하는데, 이 때문에 원래 가격보다 더 비싸게 구입하는 경우도 수두룩하다. 경제학에서는 이를 '승자의 저주'라고 한다.

오픈 경매가 순서에 상관없이 자유롭게 참여할 수 있는 경매 방식이라면, 경매에 참여하는 차례가 고정적으로 돌아오는 '라운드 경매'도 있다. 라운드 경매에서는 일반적으로 시작 플레이어의 왼쪽 사람부터 시계방향으로 돌아가며 가격을 부르거나 패스를 할 수 있는데, 최종 낙찰자가 생길 때까지 한 방향으로 경매 참여의 권리가 돌아간다. 패스를 했을 때 더 이상 입찰을 하지 못하게 막는 게임이 있는가 하면, 패스를 하더라도 플레이어가 원한다면 다시 입찰할 수 있는 게임도 있다.

라운드 경매가 경매 참가자들이 원하는 만큼 순서대로 참여할 수 있다면, '원스 어라운드 경매'는 모든 경매 참가자들에게 단 한 번의 경매 참여 기회를 제공하는 방식이다. 시작 플레이어의 왼쪽 사람부터 원하는 가격을 공개하고, 마지막으로 시작 플레이어가 원하는 가격을 공개하여, 가장 높은 가격을 제시한 플레이어가 물품을 낙찰받는다. 정확하게 한 바퀴만 돌기 때문에 '일주 경매'라고도 한다.

나만의 독해법

흐름	내용

우리의 뇌는 쇼핑을 좋아한다. 훌륭한 쇼핑 경험은 우리에게 도파민이라는 화학 물질 분비를 유발하기 때문이다. 도파민은 우리의 감각을 조절하는 신경 전달 물질로, 주로 쾌락, 동기부여, 주의력 또는 행동하려는 의지를 관장한다. 간단히 말해 즐거움을 경험할 때 얻는 화학 보상 물질이라고 할 수 있다.

스탠포드 대학교 교수인 사폴스키 박사는 원숭이의 뇌를 가지고 도파민을 연구한 사람으로 잘 알려져 있는데, 이 연구 덕분에 우리는 인간의 뇌에 영향을 미치는 화학 물질의 인과관계를 깊이 이해할 수 있게 되었다. 그의 연구 결과는 유통종사자들에게 도파민이 소비자의 행동에 얼마나 큰 영향을 미치는지 알려준다. 그의 한 연구를 보자. 원숭이들은 어떤 짧은 작업을 끝내도록 훈련받았다. 작업을 끝내면 음식을 얻을 수 있다. 실험이 반복될 때마다 빛이 들어오고, 원숭이들은 작업을 시작한다. 작업을 끝내면 언제나 보상을 받는다.

사폴스키 박사는 원숭이가 보상을 받을 때 도파민이 가장 높은 수치를 기록할 것이라는 가설을 세웠다. 하지만 결과는 달랐다. 원숭이의 도파민 수치는 빛을 보는 순간 높아졌다. 빛을 일정한 보상을 받을 수 있다는 신호로 이해했기 때문이다. 다시 말해, 보상 그 자체가 아니라 보상에 대한 기대감이 도파민 분비를 유발한 것이다.

더욱 흥미로운 점은 따로 있다. 사폴스키 박사는 원숭이가 과제를 수행한 후 언제나 보상을 받으면 도파민 수치가 평균치에 머문다는 사실을 발견했다. 하지만 보상을 받을 가능성이 떨어지자 도파민은 상승하기 시작했다. 심지어 보상을 받을 확률이 절반일 때 오히려 도파민 수치가 가장 높았다. 즉 얻고 싶은 것을 무조건 얻을 수 있다고 보장받으면 아무것도 받지 못할 때보다 도파민이 덜 분비된다.

나만의 독해법

흐름	내용

'위챗(WeChat)'은 메신저 앱을 넘어 중국인들의 '생활 플랫폼'이 되었다. 금융·결제·쇼핑·예약·공과금 결제 등 거의 모든 생활 서비스를 하나의 앱으로 해결하는 '슈퍼 앱'으로 불린다. 이는 중국 내 알리페이 등 ICT 기업으로 확산되었고, 다른 나라로까지 퍼져나가고 있다. 인공지능(AI)의 관점에서 슈퍼 앱이 파괴적인 이유는 실생활의 행동 흐름을 데이터로 연결해 수평적 흐름을 만들어 내는 '데이터 쓰레드(Data Thread)'를 통해 인공지능이 스스로 소비자의 욕구를 읽고 행동을 예측할 수 있기 때문이다.

게다가 중국 인터넷 이용자는 약 8억 3,000만 명(전체 인구대비 약 60%)으로, 미국의 3배에 가깝다. 중국은 이를 바탕으로 소비자 구매 행동의 정밀한 지도를 보유하게 되었다. 중국 기업은 데이터 쓰레드를 완성함으로써 데이터의 양적 측면뿐 아니라 질적인 측면에서도 자신만의 인공지능 색채를 내기 시작했다.

4차산업혁명 시대의 핵심동력인 인공지능이 미국 중심의 일극체계를 중국과 미국의 양극체계로 전환시켰고, 민족주의를 강화할 것이란 분석이 나왔다. 한국전자통신연구원(ETRI)은 그간 산업의 기술을 선도하는 것은 미국이었지만, 중국은 정부 주도로 풍부한 '데이터 가치사슬'을 창출하며 자신만의 인공지능 색채를 가진 새로운 길을 만들기 시작했다고 봤다. 인공지능 전략이 기술 경쟁을 넘어 강대국 간 패권 경쟁을 촉발하고 있다는 분석이다.

나만의 독해법

흐름	내용

03 무게가 비슷한 문장들

1 대표지문

1896년 『독립신문』 창간을 계기로 여러 가지의 애국가 가사가 신문에 게재되기 시작했는데, 어떤 곡조에 따라 이 가사들을 노래로 불렀는지는 명확하지 않다. 다만 대한제국이 서구식 군악대를 조직해 1902년 '대한제국 애국가'라는 이름의 국가(國歌)를 만들어 나라의 주요 행사에 사용했다는 기록은 남아 있다. 오늘날 우리가 부르는 애국가의 노랫말은 외세의 침략으로 나라가 위기에 처해 있던 1907년을 전후하여 조국애와 충성심을 북돋우기 위하여 만들어졌다.

1935년 해외에서 활동 중이던 안익태는 오늘날 우리가 부르고 있는 국가를 작곡하였다. 대한민국 임시정부는 이 곡을 애국가로 채택해 사용했으나 이는 해외에서만 퍼져 나갔을 뿐, 국내에서는 광복 이후 정부수립 무렵까지 애국가 노랫말을 스코틀랜드 민요에 맞춰 부르고 있었다. 그러다가 1948년 대한민국 정부가 수립된 이후 현재의 노랫말과 함께 안익태가 작곡한 곡조의 애국가가 정부의 공식 행사에 사용되고 각급 학교 교과서에도 실리면서 전국적으로 애창되기 시작하였다.

애국가가 국가로 공식화되면서 1950년대에는 대한뉴스 등을 통해 적극적으로 홍보가 이루어졌다. 그리고 국기게양 및 애국가 제창 시의 예의에 관한 지시(1966) 등에 의해 점차 국가의례의 하나로 간주되었다.

1970년대 초에는 공연장에서 본공연 전에 애국가가 상영되기 시작하였다. 이후 1980년대 중반까지 주요 방송국에서 국기강하식에 맞춰 애국가를 방송하였다. 주요 방송국의 국기강하식 방송, 극장에서의 애국가 상영 등은 1980년대 후반 중지되었으며 음악회와 같은 공연 시 애국가 연주도 이때 자율화되었다.

오늘날 주요 행사 등에서 애국가를 제창하는 경우에는 부득이한 경우를 제외하고 4절까지 제창하여야 한다. 애국가는 모두 함께 부르는 경우에는 전주곡을 연주한다. 다만, 약식 절차로 국민의례를 행할 때 애국가를 부르지 않고 연주만 하는 의전행사(외국에서 하는 경우 포함)나 시상식·공연 등에서는 전주곡을 연주해서는 안 된다.

나만의 독해법

흐름	내용

독해 고수 따라잡기

첫 문장	초창기에는 애국가 곡조 명확하지 않음
급정거	1902년 대한제국 애국가 기록
가속	애국가의 노랫말은 1907년 전후
신호등	1935년 안익태 작곡
가속	임시정부 채택, 해외에서만, 국내에서는 스코틀랜드 민요
서행	1948년 정부 수립 이후, 현재의 애국가, 공식 행사, 교과서
가속	1950년대 대한뉴스, 국가의례
갓길	1970년대 공연장, 1980년대까지 국기강하식, 1980년대 후반 자율화
서행	4절까지 제창, 전주곡 연주
급정거	약식 절차

독해 고수의 팁

시간의 흐름으로 구성된 지문의 경우는 얼핏 보면 모든 문장들이 동일한 비중을 가지고 있는 것처럼 보인다. 하지만 비중의 차이 없이 동일한 강도로 읽을 경우 다 읽은 후에도 머릿속에 특별히 남아있는 것이 없을 수 있다. 따라서 이러한 유형은 의식적으로 각 문장의 첫 번째 내용과 마지막 내용에 집중하고 중간에 위치한 내용들은 가볍게 읽고 넘기는 것이 효율적이다. 어떠한 유형의 지문이든 글 전체의 흐름을 파악하는 것이 최우선임을 잊지 말자.

실전문제

제한시간 : 20초   소요시간 :   초

다음 글을 근거로 판단할 때 옳은 것은?

① 1940년에 해외에서는 안익태가 만든 애국가 곡조를 들을 수 없었다.
② 1990년대 초반에는 국기강하식 방송과 극장에서의 애국가 상영이 의무화되었다.
③ 오늘날 우리가 부르는 애국가의 노랫말은 1896년 『독립신문』에 게재되지 않았다.
④ 시상식에서 애국가를 부르지 않고 연주만 하는 경우에는 전주곡을 연주할 수 있다.
⑤ 안익태가 애국가 곡조를 작곡한 해로부터 대한민국 정부 공식 행사에 사용될 때까지 채 10년이 걸리지 않았다.

정답 ③
오늘날 우리가 부르는 애국가의 노랫말은 외세의 침략으로 나라가 위기에 처해 있던 1907년을 전후하여 조국애와 충성심을 북돋우기 위하여 만들어졌다고 하였다. 따라서 1896년 『독립신문』에서는 게재될 수 없다.

오답분석
① 1935년 안익태가 작곡한 애국가는 대한민국 임시정부가 애국가로 채택해 사용했으나 이는 해외에서만 퍼져 나가 있었다.
② 주요 방송국의 국기강하식 방송, 극장에서의 애국가 상영 등은 1980년대 후반 중지되었다.
④ 약식 절차로 국민의례를 행할 때 애국가를 부르지 않고 연주만 하는 의전행사나 시상식·공연 등에서는 전주곡을 연주해서는 안 된다고 하였다.
⑤ 1948년 대한민국 정부가 수립된 이후 안익태가 작곡한 애국가가 정부의 공식 행사에 사용되었다.

2 기본독해

| 문제 1 |

⏱ 제한시간 : 40초   ⏳ 소요시간 :   초

A국의 지방자치단체는 국가에 비해 재원확보능력이 취약하고 지역 간 재정 불균형이 심한 편이다. 이에 따라 국가는 지방자치단체의 재정활동을 지원하고 지역 간 재정 불균형을 해소하기 위해 지방교부세와 국고보조금을 교부하고 있다.

지방교부세는 국가가 각 지방자치단체의 재정부족액을 산정해 국세로 징수한 세금의 일부를 지방자치단체로 이전하는 재원이다. 이에 비해 국고보조금은 국가가 특정한 행정업무를 지방자치단체로 하여금 처리하도록 하기 위해 지방자치단체에 지급하는 재원으로, 국가의 정책상 필요한 사업뿐만 아니라 지방자치단체가 필요한 사업을 지원하기 위한 것이다.

국고보조금의 특징은 다음과 같다. 첫째, 국고보조금은 매년 지방자치단체장의 신청에 의해 지급된다. 둘째, 국고보조금은 특정 용도 외의 사용이 금지되어 있다는 점에서 용도에 제한을 두지 않는 지방교부세와 다르다. 셋째, 국고보조금이 투입되는 사업에 대해서는 상급기관의 행정적·재정적 감독을 받게 되어 예산운용의 측면에서 지방자치단체의 자율성이 약화될 수 있다. 넷째, 국고보조금은 지방자치단체가 사업 비용의 일부를 부담해야 한다는 것이 전제 조건이다. 따라서 재정력이 양호한 지방자치단체의 경우는 국고보조사업을 수행하는 데 문제가 없으나, 재정력이 취약한 지방자치단체는 지방비 부담으로 인해 상대적으로 국고보조사업 신청에 소극적이다.

나만의 독해법

흐름	내용

🔍 독해 고수 따라잡기

첫 문장	국가의 정책 : 지방교부세, 국고보조금
신호등	지방교부세 : 재정부족액 이전
갈림길	국고보조금 : 특정한 행정업무
신호등	국고보조금의 특징
갈림길	신청, 용도 외 사용 금지(지방교부세와 다름)
갈림길	감독, 자율성 침해, 지자체가 사업 비용 일부 부담
정지	재정력이 취약한 지자체는 국고보조사업 신청에 소극적

루머는 구전과 인터넷을 통해 확산되고, 그 과정에서 여러 사람들의 의견이 더해진다. 루머는 특히 사회적 불안감이 형성되었을 때 빠르게 확산되는데, 이는 사람들이 사회적·개인적 불안감을 해소하기 위한 수단으로 루머에 의지하기 때문이다. 나아가 루머가 확산되는 데는 사회적 동조가 중요한 영향을 미친다. 사회적 동조란 '다수의 의견이나 사회적 규범에 개인의 의견과 행동을 맞추거나 동화시키는 경향'을 뜻한다. 사회적 동조는 루머가 사실로 인식되고 대중적으로 수용되는 과정에서도 큰 영향력을 행사한다.

사회적 동조는 개인이 어떤 정보에 대해 판단하거나 그에 대한 태도를 결정하는 데 정당성을 제공한다. 다수의 의견을 따름으로써 어떤 정보를 믿는 것에 대한 합리적 이유를 갖게 되는 것이다. 실제로 루머에 대한 지지 댓글을 많이 본 사람들은 루머에 대한 반박 댓글을 많이 본 사람들에 비해 루머를 사실로 믿는 경향이 더욱 강한 것으로 나타났다. 또한, 사회적 동조가 있는 상태에서는 개인의 성향과 상관없이 루머를 사실이라고 믿는 경우가 많았다.

사회적 동조의 또 다른 역할은 사람들이 자신의 의견을 제시할 때 사회적 분위기를 고려하게 하는 것이다. 소속된 집단으로부터 소외되지 않기 위해서 다수에 의해 지지되는 의견을 따라가는 현상이 발생하기도 한다. 이와 같은 현상은 개인주의 문화권보다는 집단주의 문화권에 있는 사람들에게서 더 잘 나타난다. 집단주의 문화권 사람들은 루머를 믿는 사람들로부터 루머에 대한 정보를 얻고 그것을 근거로 하여 판단하며, 다른 사람들의 의견에 개인의 생각을 일치시키는 경향이 두드러진다.

나만의 독해법

흐름	내용

🔍 독해 고수 따라잡기

첫 문장	루머의 확산
가속	불안감을 해소하기 위한 수단
신호등	루머의 확산에는 사회적 동조가 중요한 역할
가속	판단, 태도 결정에 정당성 제공
가속	지지 댓글을 많이 보면 사실로 믿는 경향이 강함
서행	사회적 동조가 있으면 성향무관 루머를 사실로 믿음
신호등	사회적 분위기를 고려하게 함, 소외되지 않기 위함
서행	집단주의 문화권

⏳ 소요시간 :　　초

영국의 잡지 「이코노미스트」에 동양적 효를 서구적으로 이해한 글이 게재된 적이 있다. 그 글의 요지는 서구적 시각답게 동양적 효를 유산상속이나 노후를 위한 보험과 같은 경제적 합리성이나 타산적 합리성에 의해 설명할 수 있다는 주장이었다. 타산적 합리성은 일부 효행의 동기를 설명해 줄 수 있다. 그러나 그 일부는 예외적이고, 효행의 본질이나 동양에서 효가 그리 오랫동안 중시되었던 이유를 설명할 수 없으며 효행의 많은 사례들은 타산적 합리성으로는 전혀 설명되지 않는다. 동양에서 효행봉양을 받는 상당수 부모들은 효행의 대가로 자식에게 경제적 보상을 해줄 수 있을 만큼 유족하지 않다. 과거의 관례로 보더라도 유산상속은 효심의 깊이에 따라 이뤄지기보다 장자상속원칙에 따라 이뤄졌다. 「이코노미스트」의 글은 효의 실체를 규명해 주기보다 서구적·타산적 합리성의 개념, 게임의 규칙, 이타심의 이기성 등이 규범의 정당화에 있어서 얼마나 무력한가를 보여준다. 효에 대한 동양적 견해를 엿볼 수 있다는 『논어』의 글을 인용하면 다음과 같다. 자유(子遊)가 효를 묻자 공자가 대답했다. "근자엔 효를 공양하는 것이라고만 생각하나, 개와 말도 키움을 받을 수 있다. 부모를 존경하지 않으면 무엇이 다르겠는가?"

나만의 독해법

흐름	내용

블록체인(Blockchain)은 거래데이터 등을 중앙집중형 서버에 기록·보관하는 기존 방식과 달리 거래참가자 모두가 내용을 공유하는 분산형 디지털 장부를 말하는데, 암호화 기술을 적용하여 제3의 신뢰기관 없이 안전한 거래를 보장하는 것이 특징이다. 즉, 디지털 서명과 암호화 기술로 무결성을 확보하고 합의 알고리즘을 통해 모든 참가자가 동일한 정보를 공유하도록 하여 신뢰를 제공한다.

이는 다음과 같이 비유할 수 있다. 전통적인 은행이라면 누군가와 거래한 내역을 '장부'에 기록하여 보관한다. 장부를 안전하게 보관하기 위하여 은행 지하금고에 넣어두고 이중삼중의 보안으로 지킨다고 하여도, 누군가 모든 보안을 무력화하고 장부를 빼내가거나, 장부는 그대로 두었지만 특정 거래에 대한 기록을 엉망으로 만들어 버릴 수 있다. 이것이 가장 큰 위험이다. 반면 블록체인 방식은 장부를 하나가 아닌 여러 권을 만드는 방식이다. 은행에 새로운 사람이 와서 돈을 맡겼다면 은행은 즉시 지금까지 은행과 거래한 100명에게 101번째의 거래가 이루어졌음을 알리고, 100명이 갖고 있는 각각의 장부 맨 뒷장에 새로운 거래증명서를 붙이게 된다. 거래증명서라 할 수 있는 블록을 마치 레고를 쌓듯 하나하나 뒤에 끼우고, 이 장부들을 모두가 볼 수 있도록 공개한 형태가 바로 블록체인이다. 이렇게 될 경우 한 명의 장부가 도난당해 새로운 장부로 교체되었다 해도 다른 사람들의 장부와 비교했을 때 오류가 있는 장부라는 것을 바로 알 수 있어 오히려 보안이 강화된 형태가 된다.

나만의 독해법

흐름	내용

인공강우는 구름을 이루는 작은 수증기 입자들이 서로 잘 뭉쳐 물방울로 떨어지도록 구름씨(응결핵)를 뿌려 주는 것을 말한다. 자연적으로는 작은 얼음 결정이 구름씨 역할을 하는데, 인공강우의 경우 항공기로 구름에 요오드화은(AgI)이나 드라이아이스(CO_2) 입자를 살포하는 방법이 가장 일반적이다.

문제는 인공강우를 내리려면 비를 내릴 수 있을 정도의 수분을 가진 구름이 있어야 한다는 점이다. 일반적으로 고농도 미세먼지는 한반도가 고기압 영향권에 들어가 대기가 정체될 때 오염물질이 쌓이면서 발생하는데, 이런 고기압 상태에서는 구름이 없고 날씨가 맑다. 이와 같이 구름이 없으면 아무리 많은 구름씨를 뿌려 줘도 비를 내릴 수 없다.

구름이 있다 해도 인공강우로 내릴 수 있는 비의 양은 시간당 0.1 ~ 1mm에 불과하다. 미세먼지를 쓸어내리기에는 부족한 양이다. 기존에도 국립기상과학원은 가뭄 해소를 위한 대안으로 인공강우 실험을 해 왔는데 9차례의 시도 중 4차례 비를 만드는 데 성공하긴 했지만 비의 양이 매우 적은 것으로 확인되었다.

또한, 인공강우를 활용한 미세먼지 저감은 효과가 있다고 하더라도 일시적일 뿐이다. A교수는 "대기오염물질의 배출량을 근본적으로 줄이지 않으면 비가 온 뒤 잠깐 깨끗해질 순 있어도 곧 미세먼지는 다시 생성될 것"이라며 "인공강우 실험은 미세먼지 문제의 근본적인 해결 방안이 될 수 없다."라고 지적했다.

나만의 독해법

흐름	내용

호스피스 병동에서 죽음을 기다리는 대부분의 환자는 자신이 그동안 해온 선택에 대해 많은 후회를 한다고 한다. '왜 나는 조금 더 나 자신을 위해 살지 못했을까?', '왜 나는 진정한 사랑을 해 보지 못했을까?'

어쩌면 인생 자체가 수많은 선택의 사슬이라고 볼 수 있다. 그리고 우리는 믿는다. 인간에게는 선호의 자유가 있고, 선택은 선호를 실천하는 것이라고. 그런데 왜 우리는 자유롭게 선호하고 선택한 인생임에도 불구하고, 죽기 전에는 대부분 후회하는 것일까? 재벌이든 거지든 대학교수든 상관없이 말이다.

1981년 노벨 생리의학상을 받은 로저 스페리는 '분할 뇌 연구'를 통해 선택의 자유에 대한 흥미로운 견해를 제시했다. 몸의 오른쪽을 담당하는 좌뇌와 몸의 왼쪽을 담당하는 우뇌는 뇌량이라는 약 2억 개의 케이블로 연결되어 있다. 언어능력은 대부분의 경우 좌뇌만 가지고 있다.

만약 뇌량을 끊어버린다면 어떤 일이 벌어질까? 이런 수술은 간질병 환자 치료를 위해 가끔 이뤄진다. 수술 후 뇌가 분할된 환자들을 실험한 스페리는 놀라운 결과를 얻을 수 있었다. 우선 환자의 오른쪽 시야에만 닭발을 보여준다. 오른쪽 시야는 좌뇌가 관장하므로 좌뇌만 보게 한 것과 같다. 그 후 무엇을 보았느냐고 물어보면 언어를 이해하는 좌뇌는 쉽게 '닭발'이라고 말한다. 거꾸로 겨울 풍경을 왼쪽 시야, 즉 우뇌만 볼 수 있게 하고 무엇인지 물어보면 언어 처리능력이 없는 우뇌는 답을 하지 못하고, 아무것도 못 본 좌뇌는 "아무것도 보지 못했다."라고 답한다.

나만의 독해법

흐름	내용

04 / 시간의 흐름

1 대표지문

1493년 콜럼버스에 의해 에스파냐에 소개된 옥수수는 16세기 초에는 카스티야, 안달루시아, 카탈루냐, 포르투갈에서 재배되었고, 그 후에 프랑스, 이탈리아, 판노니아, 발칸 지역 등으로 보급되었다. 그러나 이 시기에는 옥수수를 휴경지에 심어 사료로 사용하거나 가끔 텃밭에서 재배하는 정도였다. 따라서 옥수수는 주곡의 자리를 차지하지 못했다.

감자는 1539년 페루에서 처음 눈에 띄었다. 이 무렵 에스파냐를 통해 이탈리아에 전해진 감자는 '타르투폴로'라는 이름을 가지게 되었다. 감자를 식용으로 사용한 초기 기록 중 하나는 1573년 세비야 상그레 병원의 물품 구입 목록이다. 이후 독일과 영국에서 감자를 식용으로 사용한 사례가 간혹 있었지만, 18세기에 이르러서야 주곡의 자리를 차지하였다.

한편, 18세기 유럽에서는 인구가 크게 증가하였고, 정치, 경제, 문화 등 모든 면에서 활기가 넘쳤다. 늘어난 인구를 부양하는 데 감자와 옥수수 보급이 기여하는 바가 컸다. 18세기 기록을 보면 파종량 대 수확량은 호밀의 경우 1대 6인데 비해 옥수수는 무려 1대 80이었다. 그렇지만 감자와 옥수수는 하층민의 음식으로 알려졌고, 더욱이 구루병, 결핵, 콜레라 등을 일으킨다는 믿음 때문에 보급에 큰 어려움이 있었다. 그러나 대규모 기근을 계기로 감자와 옥수수는 널리 보급되었다. 굶어죽기 직전의 상황에서 전통적인 미각을 고집할 이유가 없었으니 감자와 옥수수 같은 고수확 작물 재배의 증가는 필연적이었다.

나만의 독해법

흐름	내용

첫 문장	옥수수의 유럽 보급
급정거	사료, 텃밭 재배, 주곡 아님
신호등	감자는 페루, 에스파냐에서 이탈리아로, 타르투폴로
가속	식용 감자 기록, 독일, 영국 사례, 18세기에 주곡
급정거	18세기 유럽 인구 증가, 모든 면에서 활기
서행	감자와 옥수수 보급의 기여 큼
가속	호밀과 옥수수의 비교
급정거	감자, 옥수수는 하층민의 음식, 각종 병에 걸린다는 믿음
급정거	대규모 기근으로 널리 보급
서행	굶어죽기 직전의 상황, 고수확 작물 재배 증가 필연적

🔍 **독해 고수의** 팁

감자의 전래에 대한 두 번째 단락의 내용과 같이 대등한 의미를 가지는 문장들이 연이어 등장하는 경우는 굳이 그 문장들을 곱씹어 읽으면서 더 중요한 문장을 찾으려고 하지 말고 기계적으로 먼저 나온 것을 꼼꼼하게, 다음에 나온 것을 가볍게 읽는 것이 효율적이다.

실전문제　　　　　⏱ 제한시간 : 30초　⌛ 소요시간 :　　초

다음 글을 근거로 판단할 때, 〈보기〉에서 옳은 것만을 모두 고르면?

―〈 **보기** 〉―

ㄱ. 유럽에는 감자보다 옥수수가 먼저 들어왔을 것이다.
ㄴ. 유럽에서 감자와 옥수수를 처음으로 재배한 곳은 이탈리아였다.
ㄷ. 18세기에는 옥수수의 파종량 대비 수확량이 호밀보다 10배 이상 높았을 것이다.
ㄹ. 감자와 옥수수는 인구증가와 기근으로 유럽 전역에 확산되어 16세기에 주곡의 자리를 차지하였다.

① ㄱ, ㄴ　　　　　　　　　　② ㄱ, ㄷ
③ ㄴ, ㄹ　　　　　　　　　　④ ㄱ, ㄷ, ㄹ
⑤ ㄴ, ㄷ, ㄹ

정답 ②
　ㄱ. 옥수수가 유럽에 소개된 것은 1493년이고, 감자가 소개된 것은 1539년 무렵이므로 감자보다 옥수수가 먼저 유럽에 들어왔다.
　ㄷ. 18세기 기록에서 호밀의 파종량 대 수확량의 비율이 1대 6이라고 한데에 반해, 옥수수는 1대 80이라고 하였으므로 옥수수의 비율이 10배 이상 높다는 것을 알 수 있다.
오답분석
　ㄴ. 옥수수는 콜럼버스에 의해 에스파냐에 소개되었다고 하였고, 감자도 에스파냐를 통해 이탈리아에 전해졌다고 하였으므로 두 작물 모두 에스파냐에서 처음 재배한 것으로 판단할 수 있다.
　ㄹ. 인구의 증가와 기근이 발생한 것은 18세기 이후의 사실이다. 따라서 두 작물이 주곡의 자리를 차지한 것은 16세기가 아니라 18세기라고 볼 수 있다.

2 기본독해

| 문제 1 |

제한시간 : 40초 　소요시간 : 　초

불교가 삼국에 전래될 때 대개 불경과 불상 그리고 사리가 들어왔다. 이에 예불을 올리고 불상과 사리를 모실 공간으로 사찰이 건립되었다. 불교가 전래된 초기에는 불상보다는 석가모니의 진신사리를 모시는 탑이 예배의 중심이 되었다.

불교에서 전하기를, 석가모니가 보리수 아래에서 열반에 든 후 화장(火葬)을 하자 여덟 말의 사리가 나왔다고 한다. 이것이 진신사리이며 이를 모시는 공간이 탑이다. 탑은 석가모니의 분신을 모신 곳으로 간주되어 사찰의 중심에 놓였다. 그러나 진신사리는 그 수가 한정되어 있었기 때문에 삼국시대 말기에는 사리를 대신하여 작은 불상이나 불경을 모셨다. 이제 탑은 석가모니의 분신을 모신 곳이 아니라 사찰의 상징적 건축물로 그 의미가 변했고, 예배의 중심은 탑에서 불상을 모신 금당으로 자연스럽게 옮겨갔다.

삼국시대 사찰은 탑을 중심으로 하고 그 주위를 회랑으로 두른 다음 부속 건물들을 정연한 비례에 의해 좌우대칭으로 배치하는 구성을 보였다. 그리하여 이 시기 사찰에서는 기본적으로 남문·중문·탑·금당·강당·승방 등이 남북으로 일직선상에 놓였다. 그리고 반드시 중문과 강당 사이를 회랑으로 연결하여 탑을 감쌌다. 동서양을 막론하고 모든 고대국가의 신전에는 이러한 회랑이 공통적으로 보이는데, 이는 신전이 성역임을 나타내기 위한 건축적 장치가 회랑이기 때문이다. 특히 삼국시대 사찰은 후대의 산사와 달리 도심 속 평지 사찰이었기 때문에 회랑이 필수적이었다.

※ 회랑 : 종교 건축이나 궁궐 등에서 중요 부분을 둘러싸고 있는 지붕 달린 복도

나만의 독해법

흐름	내용

독해 고수 따라잡기

첫 문장	불교 전래 시 불경, 불상, 사리, 이를 위한 사찰 건립
가속	초기에는 불상보다는 탑
신호등	진신사리를 모시는 공간이 탑
급정거	진신사리의 수가 한정, 삼국시대 말기 불상이나 불경
가속	탑은 사찰의 상징적 건축물, 예배의 중심은 탑에서 금당으로
신호등	삼국시대 사찰의 구조
서행	회랑, 신전이 성역임을 나타내기 위함
급정거	삼국시대 사찰은 도심 속 평지 사찰, 회랑 필수

공동의 번영과 조화를 뜻하는 공화(共和)에서 비롯된 공화국이라는 용어는 국가라는 정치 공동체 전체를 위해 때로는 개인의 양보가 필요할 수 있음을 전제하고 있다는 점에서 사회적 공공성 개념과 연결된다. 이미 1919년 임시정부가 출범하면서 '민주공화국'이라는 표현이 등장하였고 헌법 제1조에도 '대한민국은 민주공화국'이라고 명시되어 있지만, 분단 이후 북한도 '공화국'이라는 용어를 사용함에 따라 한국에서는 이 용어의 사용이 기피되었다. 냉전 체제의 고착화로 인해 반공이 국시가 되면서 '공화국'보다는 오히려 '자유민주주의'라는 용어가 훨씬 더 널리 사용되었는데, 이때에도 민주주의보다는 자유가 강조되었다.

그런데 해방 이후 한국 사회에 널리 유포된 자유의 개념은 대체로 서구의 고전적 자유주의 전통에서 비롯된 것이다. 이 전통에서 보자면, 자유란 '국가의 강제에 대립하여 자신의 사유 재산권을 자기 마음대로 행사할 수 있는 것'을 의미한다. 이 같은 자유 개념에 기초하고 있는 자유민주주의에서는 개인의 자유를 강조할수록 사회적 공공성은 약화될 수밖에 없다.

자유민주주의가 1960년대 이후 급속히 팽배하기 시작한 개인주의와 결합하면서 사회적 공공성은 더욱 후퇴하였다. 이 시기 군사정권이 내세웠던 "잘 살아보세."라는 표현은 우리 공동체 전체가 다 함께 잘 사는 것이라기보다는 사실상 나 또는 내 가족만큼은 잘 살아보자는 개인적 욕망의 합리화를 의미했다. 그 결과 공동체 전체의 번영을 위한 사회 전반의 공공성이 강화되기보다는 사유 재산의 증대를 위해 국가의 간섭을 배제해야 한다는 논리가 강화되었던 것이다.

나만의 독해법

흐름	내용

🔍 독해 고수 따라잡기

첫 문장	공화국은 사회적 공공성 개념과 연결
가속	임시정부, 헌법 제1조, 북한에서도 사용, 한국에서는 기피
서행	'자유민주주의'라는 용어 널리 사용, 자유 강조
급정거	자유는 서구의 고전적 자유주의에서 비롯
가속	자유 강조할수록 사회적 공공성 악화
신호등	1960년대 이후 개인주의와 결합, 공공성 후퇴
정지	사유 재산 증대를 위해 국가 간섭 배제

3 60초 독해연습

| 문제 1 |

권력분립의 원칙에 따라 입법권은 의회에 속하며, 엄격한 권력분립주의하에서 행정입법은 원칙적으로 허용되지 않는다. 그러나 현대 법치국가에서 행정기능이 확대되고 복잡화 및 전문화되는 데 비해 의회는 전문성과 정보가 부족하여 기술적·전문적 사항을 상세하게 법률로 규정하는 것이 불가능해졌다. 이에 따라 오늘날 의회에는 법규범을 정립하면서 보다 세부적인 내용은 행정부에 위임하는 현상이 늘어났으며, 이에 따라 행정입법이 대량으로 양산되고 있는 현실이다.

그러나 이와 같이 행정입법이 급격히 증가함에 따라 법률로 규정해야 할 국민의 권리와 의무에 영향을 미치는 중요한 내용도 행정입법으로 규정되고, 행정입법이 수권 법률의 취지에 어긋나는 현상이 발생하고 있다. 이는 헌법의 기본 원리인 권력분립과 법치주의 원칙, 의회법률주의를 형해화·공동화시키고, 자의적인 행정의 가능성을 높여 국민의 권익이 침해될 소지를 만든다는 점에서, 행정입법에 대한 합리적이고 효율적인 통제방안이 요구된다.

그동안 우리 국회는 행정입법에 대하여 통제를 하지 않고 있다가 점차 행정입법 통제의 필요성을 인식하기 시작하였다. 이에 따라 국회에서는 1997년 이후 행정입법의 국회 제출제도를 채택한 이후 2002년에 제출된 행정입법을 소관 상임위원회에서 검토하도록 제도를 보완하였다. 그리고 2005년부터는 행정입법이 법률의 취지와 내용에 합치되지 아니하는 경우에는 처리 계획과 그 처리결과를 소관 상임위원회에 보고하도록 개선하였으며, 2009년에는 상임위원회의 행정입법 검토를 지원하기 위하여 상임위원회에서 법제실에 행정입법의 분석·평가를 의뢰하면 법제실은 이에 대한 분석·평가 결과보고서를 상임위원회로 통보하는 행정입법 분석·평가 제도를 도입하였다.

나만의 독해법

흐름	내용

1911년부터 1942년까지 식민지 시기 조선에서 전체 형사사건 중 검사가 수리한 사건(검사수리사건)의 수는 점차 증가하다가 1930년대를 정점으로 한 후 완만한 하강세를 보인다. 한편, 1940년대에는 검사수리사건의 수가 1910년대에 비하여 약 4배 정도나 되었다. 검사수리사건을 구성하는 2가지 유형의 사건, 즉 검사국이 직접 수리한 사건(검사직수사건)과 사법경찰관 등으로부터 송치받은 사건(사경송치사건)도 이와 같은 추이를 보이고 있다.

1920년대부터 검사의 직접 수사를 강조하면서 검사수리사건 중 검사직수사건의 비율은 1910년대에는 10% 내외였지만, 1920년대 증가하기 시작하여 1930년 직후에는 30%를 넘고 있었다. 이와 함께 범죄즉결제도나 훈계방면과 같이 경찰 스스로 사건을 종결하는 형사사건의 수 역시 1920년대 이후 점차로 증가하는 추세에 있었다. 1920년대부터 강조된 검사 수사 적극화 노선이 반영된 결과이다. 전체 검사수리사건 중 검사직수사건의 비율이 오늘날에 비해 높은 편이다. 또한, 검사 1인당 1일 사건 처리 건수는 1911년에는 평균 하루 1건 정도였지만 1930년에는 하루 4.3건이었다. 이는 오늘날과 비교해도 낮은 수치가 아니었다. 하지만 범죄즉결제도를 통하여 검사에게 송치될 사건의 대다수가 경찰 단계에서 처리되었다는 점을 잊어서는 안 된다.

나만의 독해법

흐름	내용

미국 연방헌법은 우리 헌법과는 달리 행정입법에 대한 명확한 근거규정을 가지고 있지는 않다. 그러나 연방국가로서 미국이 처음 출발하였던 초기부터 대통령을 비롯한 연방정부의 행정입법권이 인정되었다고 볼 수 있다. 또한, 남북전쟁 이후 미국의 산업화가 본격적으로 진행됨에 따라 연방정부의 권한이 강화되고 연방통상위원회 등 각종 위원회 등이 새로 만들어지면서 연방행정위원회에 의한 행정입법은 오히려 당연한 것으로 받아들여졌다.

미국의 행정입법에 대한 의회의 통제수단은 의회심사법(Congressional Review Act)에 따른 의회심사이다. 이는 행정기관이 제정하는 모든 규칙을 심사대상으로 하여 의회의 행정입법에 대한 통제를 강화하려는 것이다.

의회심사법에 따르면 모든 신규로 제정되는 행정입법이 양원과 회계감사원에 제출되어야 한다. 이때, 규칙의 내용과 취지에 대한 설명문, 규칙의 비용편익분석보고서 등 규칙에 대한 여러 정보사항을 포함하는 보고서를 함께 제출하여야 한다. 또한, 행정입법을 주요규칙과 비주요규칙으로 구분하도록 하고 있는데, 회계감사원은 주요규칙을 접수한 날로부터 15일 이내에 의견서를 첨부하여 의회에 보고하여야 한다. 주요규칙이 의회에 제출된 후 절차가 진행되는 60일 동안은 규칙의 효력 발생이 유보된다. 반면, 비주요규칙의 경우 특별한 규정이 없는 한 더 이상의 절차가 요구되지 않고 정해진 시기에 효력이 발생한다. 의회는 주요규칙이나 비주요규칙 모두에 대해 불승인 결의를 할 수 있다. 불승인 결의는 양원에 의하여 결의되어야 하고, 대통령에게 이송되어 서명을 받아야 효력이 발생한다.

나만의 독해법

흐름	내용

모든 역법(曆法)은 계절의 순환(태양년, 약 365.24일)이나 달이 차고 기우는 주기(삭망월, 약 29.5일)에 근거한다. 달의 삭망은 계절 변화에 비해 훨씬 쉽게 관측되지만, 29.5×12=354이므로 태음력 1년은 1태양년보다 약 11일 짧다. 조선의 '음력'은 순수 태음력이 아니라 삭망월과 태양년의 길이를 함께 고려한 태음태양력이다.

태음태양력에 특징적인 두 가지 장치가 있는데, 하나는 2~3년에 한 번 한 달을 더 넣어서(윤달) 12삭망월과 1태양년의 차를 처리하는 것이다. 18세기 이래 통계를 보면 윤5월이 가장 많고 이어 윤4월, 윤6월, 윤3월 순서이며, 윤정월, 윤11월, 윤12월은 거의 없다. 이렇게 윤달이 들면 달(Month)만 가지고 계절을 알기 어렵다. 보통 정월~3월을 봄으로 치지만, 윤2월이나 윤3월이 들어 있으면 반드시 그렇지는 않다.

이 문제를 보완하는 다른 장치가 24기(氣)다. 매일 같은 시간에 관측된 태양의 위치는 동으로 조금씩 이동해서 1태양년만에 원위치로 돌아오는 겉보기 운동을 한다. 이 태양의 이동경로가 황도인데, 춘분점에서부터 동으로 15°마다 황도에 표시한 지점들이 24기(360÷15=24)다. 입춘(절), 우수(중), 경칩(절), 춘분(중), 청명(절), 곡우(중) … 하는 식으로 12개 절기와 12개 중기가 갈마든다. '음력'을 계산할 때는 태음력 각 역월(曆月)에 어떤 중기가 들어가는지에 따라 달의 이름을 정한다. 우수가 든 달이 정월, 춘분이 든 달이 2월, 곡우가 든 달이 3월이 된다.

나만의 독해법

흐름	내용

05 부연설명

1 대표지문

진경산수화(眞景山水畵)는 18세기 초반에 우리 실경(實景)을 많이 그렸던 겸재 정선(鄭敾)의 산수화를 대표로 하여, 이후 18세기 후반에 계속 그려진 우리 산천이 담긴 산수화를 지칭하는 말이다. 여기에서 사용된 '진경(眞景)'과 달리 '진경(眞境)'은 이전 시대의 기록에도 많이 나타나지만, 그 의미는 선경(仙境)의 뜻으로만 사용되었다. 여기에 새 의미를 부여한 사람은 실학자 이익이고, 경계 '경(境)' 자 대신에 경치 '경(景)' 자를 쓴 사람은 강세황이다. 실학자 이익은 실재하는 경물이라는 의미로서 진경(眞境)을 사용하였으며, 우리 산수를 실제로 마주 대하는 사실정신을 강조하여 선경의 탈속성(脫俗性)을 제거하였다. 이것이 18세기 후반 강세황에 의해 적극 수용되어 진경(眞景)이란 말로 자리 잡게 된 것이다.

실재하는 경치를 그린 예는 고려시대나 조선시대 초·중기에도 있었다. 그러나 우리 회화에서 '진경산수화'가 새로운 회화영역으로서 본격적으로 발전한 것은 중국의 남종화(南宗畵) 양식에 바탕을 두고 우리나라에 실재하는 경관을 특유의 화풍으로 그린 겸재 정선에게서 비롯되었다. 사전적 해석으로 진경(眞景)은 '실재하는 풍경'이라는 뜻의 실경(實景)을 말한다. 그러나 진(眞)이라는 한자는 『설문해자(說問解字)』에 따르면 '선인이 변형해 놓고 하늘에 오른 땅'이라는 뜻을 지닌다. 이로 보아 진경(眞景)은 실경으로서의 단순한 경치뿐만 아니라 선경(仙境)의 의미, 즉 이상 세계까지 내포하고 있음을 알 수 있다. 그러므로 진경(眞景)이라는 말을 조선 후기의 맥락에서 이해하자면 참된 경치, 마음 속 경치를 포함하며 경치의 본질 혹은 진실까지 포함한 넓은 개념으로 보면 된다. 따라서 진경산수화는 실경을 바탕으로 작가가 경치를 보고 느낀 감동과 환희까지 투영한 그림으로 보면 될 것이다.

나만의 독해법

흐름	내용

🔍 독해 고수 따라잡기

첫 문장	진경산수화의 의의
가속	진경의 의미
가속	이익과 강세황의 진경
신호등	실재하는 경치는 고려, 조선시대에도 존재
급정거	본격적 발전, 중국 남종화에 바탕, 특유의 화풍, 겸재 정선
가속	진경의 사전적 해석
급정거	이상 세계까지 내포한 의미
서행	경치의 본질까지 포함한 넓은 개념
정지	실경 바탕, 감동과 환희까지 투영

🔍 독해 고수의 팁

결국은 같은 의미임에도 좋게 말해 부연설명, 거칠게 말해 중언부언하는 글들이 종종 등장한다. 이런 글들은 다른 유형에 비해 '급정거'하는 부분이 많은 편인데, 이 부분을 집중해서 읽어야 하며 나머지 부분은 가볍게 터치하고 넘어가야 한다. 하지만, 많은 수험생들은 그와 반대로 부연설명된 문장들을 '중요'하다고 판단하여 밑줄까지 쳐가며 꼼꼼하게 읽고 '급정거'하는 부분은 그보다 '더!' 중요한 부분으로 판단한다. 즉, 모든 문장들을 다 중요한 것으로 판단한다는 것이다. 이래서는 시간 내에 문제를 풀 수 없다. 부연설명된 부분은 중요한 내용이 아니라 '안' 중요한 내용이다.

실전문제

⏱ 제한시간 : 30초   ⏳ 소요시간 :   초

다음 글을 근거로 판단할 때, 〈보기〉에서 옳은 것만을 모두 고르면?

〈 보기 〉

ㄱ. 진경산수화는 중국 남종화 양식의 영향을 받았다.
ㄴ. 진경산수화는 이익에 의해 본격적으로 발전하기 시작하였다.
ㄷ. 진경산수화는 작가가 현실세계와 무관한 이상세계를 상상하여 그린 그림이다.
ㄹ. 선경(仙境)의 탈속성을 제거한 의미인 진경(眞景)이란 단어는 18세기 초반에 이미 정착되어 있었다.

① ㄱ   ② ㄱ, ㄴ
③ ㄴ, ㄷ   ④ ㄷ, ㄹ
⑤ ㄱ, ㄷ, ㄹ

정답 ①
ㄱ. 진경산수화가 본격적으로 발전한 것이 중국의 남종화 양식에 바탕을 두고 우리나라에 실재하는 경관을 그린 정선부터라고 하였으므로 옳은 내용이다.

오답분석
ㄴ. 이익은 진경에 새로운 의미를 부여했을 뿐이며 진경산수화를 본격적으로 발전시킨 것은 정선이라고 볼 수 있으므로 옳지 않은 내용이다.
ㄷ. 진경산수화는 실경을 바탕으로 작가가 경치를 보고 느낀 것까지 포함한 넓은 개념이라고 하였으므로 현실세계와 무관하다고 한 것은 옳지 않은 내용이다.
ㄹ. 선경의 탈속성을 제거한 의미인 진경이라는 단어는 18세기 후반 강세황에 의해 적극 수용되었다고 하였으므로 옳지 않은 내용이다.

2 기본독해

| 문제 1 |

⏱ 제한시간 : 40초 ⏳ 소요시간 :   초

우리들 대부분이 당연시하지만 세상을 이해하는 데 필요한 몇몇 범주는 표준화를 위해 노력한 국가적 사업에 그 기원이 있다. 성(姓)의 세습이 대표적인 사례이다.

부계(父系) 성의 고착화는 대부분의 경우 국가적 프로젝트였으며, 관리가 시민들의 신원을 분명하게 확인할 수 있도록 설계되었다. 이 프로젝트의 성공은 국민을 '읽기 쉬운' 대상으로 만드는 데 달려 있다. 개개인의 신원을 확보하고 이를 친족 집단과 연결시키는 방법 없이는 세금 징수, 소유권 증서 발행, 징병 대상자 목록 작성 등은 어렵기 때문이다. 여기서 짐작할 수 있는 것처럼 부계 성을 고착화하려는 노력은 한층 견고하고 수지맞는 재정 시스템을 구축하려는 국가의 의도에서 비롯되었다. 국민을 효율적으로 통치하기 위한 성의 세습은 시기적으로 일찍 발전한 국가에서 나타났다. 이 점과 관련해 중국은 인상적인 사례이다. 대략 기원전 4세기에 진(秦)나라는 세금 부과, 노역, 징집 등에 이용하기 위해 백성 대다수에게 성을 부여한 다음 그들의 호구를 파악한 것으로 알려져 있다. 이러한 시도가 '라오바이싱[老百姓]'이라는 용어의 기원이 되었으며, 이는 문자 그대로 '오래된 100개의 성'이란 뜻으로 중국에서 '백성'을 의미하게 되었다.

예로부터 중국에 부계 전통이 있었지만 진나라 이전에는 몇몇 지배 계층의 가문 및 그 일족을 제외한 백성은 성이 없었다. 그들은 성이 없었을 뿐만 아니라 지배 계층을 따라 성을 가질 생각도 하지 않았다. 부계 성을 따르도록 하는 진나라의 국가 정책은 가족 내에서 남편에게 우월한 지위를 부여하고, 부인, 자식, 손아랫사람에 대한 법적인 지배권을 주면서 가족 전체에 대한 재정적 의무를 지도록 했다. 이러한 정책은 모든 백성에게 인구 등록을 요구했다. 아무렇게나 불리던 사람들의 이름에 성을 붙여 분류한 다음, 아버지의 성을 후손에게 영구히 물려주도록 한 것이다.

나만의 독해법

흐름	내용

🔍 독해 고수 따라잡기

첫 문장	표준화를 위한 국가적 사업, 성(姓)의 세습
가속	부계 성의 고착화, 신원 확인
가속	국민을 읽기 쉬운 대상, 세금 징수, 견고한 재정 시스템 구축 등
신호등	일찍 발전한 국가에서 나타남
서행	중국 진나라, 라오바이싱, 오래된 100개의 성, 백성
신호등	진나라 이전 대부분의 백성은 성이 없음
가속	남편에게 우월한 지위, 가족 전체에 대한 재정적 의무

인간이 부락집단을 형성하고 인간의 삶 전체가 반영된 이야기가 시작되었을 때부터 설화가 존재하였다. 설화에는 직설적인 표현도 있지만, 풍부한 상징성을 가진 것이 많다. 이 이야기들에는 민중이 믿고 숭상했던 신들에 관한 신성한 이야기인 신화, 현장과 증거물을 중심으로 엮은 역사적인 이야기인 전설, 민중의 욕망과 가치관을 보여주는 허구적 이야기인 민담이 있다. 설화 속에는 원(願)도 있고 한(恨)도 있으며, 아름답고 슬픈 사연도 있다. 설화는 한 시대의 인간들의 삶과 문화이며 바로 그 시대에 살았던 인간의식 그 자체이기에 설화 수집은 중요한 일이다.

상주 지방에 전해오는 '공갈못설화'를 놓고 볼 때, 공갈못의 생성은 과거 우리의 농경사회에서 중요한 역사적 사건으로서 구전되고 인식되었지만 이에 관한 당시의 문헌 기록은 단 한 줄도 전해지지 않고 있다. 이는 당시 신라의 지배층이나 관의 입장에서 공갈못 생성에 관한 것이 기록할 가치가 있는 정치적 사건은 아니라는 인식을 보여준다. 공갈못 생성은 다만 농경 생활에 필요한 농경민들의 사건이었던 것이다.

공갈못 관련 기록은 조선시대에 와서야 발견된다. 이에 따르면 공갈못은 삼국시대에 형성된 우리나라 3대 저수지의 하나로 그 중요성이 인정되었다. 당대에 기록되지 못하고 한참 후에서야 단편적인 기록들만이 전해진 것이다. 일본은 고대 역사를 제대로 정리한 기록이 없는데도 주변에 흩어진 기록과 구전(口傳)을 모아 『일본서기』라는 그럴싸한 역사책을 완성하였다. 이 점을 고려할 때, 역사성과 현장성이 있는 전설을 가볍게 취급해서는 결코 안 된다. 이러한 의미에서 상주지방에 전하는 지금의 공갈못에 관한 이야기도 공갈못 생성의 증거가 될 수 있는 역사성을 가진 귀중한 자료인 것이다.

나만의 독해법

흐름	내용

독해 고수 따라잡기

첫 문장	설화의 시작
가속	직설적, 상징성
정체	신화, 전설, 민담
서행	설화 수집은 중요한 일
신호등	공갈못설화, 문헌 기록 없음
가속	기록할 가치 없는 사건, 농경민들의 사건일 뿐
신호등	조선시대에 기록 발견
가속	3대 저수지의 하나
가속	『일본서기』의 사례
서행	전설을 가볍게 취급해서는 안 됨
정지	공갈못 이야기는 역사성을 가진 귀중한 자료

3 60초 독해연습

⧖ 소요시간 : 초

조선시대에는 매년 제주도에서 감귤을 진상하였으며, 그때가 되면 성균관과 사학의 유생들에게 시험을 보게 하곤 하였다. 이것이 황감제(黃柑製)이다. 성균관 유생들에게 감귤을 나누어 주면서 글을 지어올리게 했던 일이 중종 31년에 처음 등장한다. 왕이 감귤을 내려주고 시를 지어 올리게 했던 일은 이전에도 있었다. 다만 이때는 승정원 관리들을 대상으로 한 것이었다. 중종 11년에는 승정원과 홍문관에 술과 귤을 내리고 칠언율시를 바치게 하여, 우수한 평가를 받은 관리에게 모욕(毛褥)을 하사하였다.

훗날 선조 대에 와서는 감귤을 하사한 뒤 치른 시험에서 수석을 차지한 유생에게 직부전시(直赴殿試)할 수 있도록 특례를 부여하기도 하였다. 직부전시는 초시·회시를 거치지 않고 곧바로 국왕의 입회하에 치르는 최종시험인 전시에 응시할 수 있는 특전이었다. 숙종 대에 와서는 황감의 하사와 그에 따른 과거시험이 거의 매년 실시되는 것으로 정례화되었으며, 영조 대에는 등수별 포상 내용도 일정하게 정해졌다. 수석을 차지하면 직부전시의 기회가 주어지고, 그 다음 등수는 초시 없이 회시에 바로 응시하는 직부회시의 특전이 주어지거나 지필묵이 하사되었다. 다음 시험에서 일정한 점수를 더 부여하는 급분이 이루어지기도 하였다. 일종의 가산점을 부여한 것이다. 선조 38년에 시행된 황감제에서 수석을 차지한 진사 이경직은 직부전시할 수 있는 특전을 받았고, 임숙영 등 11인은 지필묵을 포상받았다.

나만의 독해법

흐름	내용

우리가 매일 보는 강수 예상도는 전세계의 많은 과학인들이 최고의 전문성을 발휘하여 공동으로 관리하고 운영하는 첨단 기술의 집약체이기 때문에 생산 원가가 매우 비싸다. 또한, 막대한 재원과 인력이 투입되어 생산된 강수 예상도라 하더라도 이 자료의 예측 오차 특성을 알지 못한다면 제대로 해석하기 어렵고, 그 가치를 충분히 향유하기 어렵다. 강수 예상도의 특성을 파악하기 위해서는 먼저 컴퓨터의 역할과 한계에 주목할 필요가 있다. 컴퓨터는 소프트웨어를 구동해야 자료를 처리할 수 있다. 기상 예측 프로그램도 슈퍼컴퓨터에서 구동되는 일종의 응용 소프트웨어다. 컴퓨터에서 다루는 대기 상태는 기온, 바람, 기압, 습도, 수적(강수 입자)의 5가지 변수의 상호작용으로 변화한다. 변화의 원리를 수치적으로 해석하여 자연을 이상화한 것이라서 '수치 모델(numerical model)' 또는 약식으로 '모델'이라고 부른다. 수치 모델의 예측 성능을 좌우하는 요인 중 해상도에 대한 논의가 활발하다.

사진의 화질이 해상도에 좌우되듯이 모델도 해상도에 따라 분해하는 운동의 크기가 달라진다. 모델의 수평 해상도는 2차원 평면에서 단위 격자점 간 거리를 기준으로 한다. 이를테면 수평 해상도가 20km일 때, 모델의 강수량이 20km마다 하나씩 높인 격자점 위에서 계산된다는 뜻이다. 이 격자점 위로 전선을 동반한 강수대가 이동한다면, 전선의 위치 오차는 최소 20km 이상이 된다. 전선이 시속 40km 속도로 이동한다면, 전선이 어느 지역에 도달하는 시점 오차도 최소 30분 이상이 된다. 한편 하나의 파동을 수치적으로 온전하게 표현하려면 여러 개의 격자점이 필요하므로 전선의 위치나 시점 오차는 이보다 훨씬 커지게 된다. 수평 해상도가 높아지면 그만큼 더 작은 운동까지도 직접 계산할 수 있다. 모델이 감당해야 할 변수의 자유도가 증가하고 변수 간 상호작용 경우의 수도 증가한다. 계산 과정이 복잡해지고 예측 오차도 커진다. 모델에서는 예측 기간을 단위 시구간으로 쪼개어 계산한다. 수평 해상도가 높아지면, 운동계가 단위 격자 간격을 통과하는 시간이 줄어들기 때문에 시간 해상도도 상응하게 높아져야 한다. 수평 해상도가 높아지면 그만큼 계산해야 할 시구간의 횟수도 늘어나게 된다. 변수 간 비선형적 상호작용도 그만큼 빈번하게 일어나 결과적으로 모델의 예측 오차를 키우는 또 다른 요인이 된다.

나만의 독해법

흐름	내용

커피의 맛을 얘기할 때 단맛은 사실 쉽지 않은 개념이다. 영국에서는 커피를 마시는 사람들 중 절반가량이, 그리고 미국에서는 35%가량이 커피에 설탕을 넣는다고 답했지만 커피의 단맛은 설탕의 단맛이 아니다. 커피의 단맛이란 설탕을 넣지 않은 커피에서 느껴지는 캐러멜이나 초콜릿, 누가사탕의 달콤한 풍미다. 원두에는 당분이 0.2%가량 함유되어 있다. 원두 상태에서도 높은 편이 아닌데 음료로 추출한 커피 안의 당 함유량은 더 낮아진다. 원두 안의 당분은 긴 사슬 다당류로, 우리가 익숙하게 알고 있는 설탕의 단맛과는 다르다. 커피는 직접적인 단맛을 내는 음료는 아니지만 로스팅 과정에서 생성되는 익숙한 '달콤한 향기'와 원두 내부에 있던 복잡한 당분과 캐러멜 성분이 만나 혀에 달콤한 느낌을 준다.

커피가 맛없으면 대부분 쓴맛을 탓한다. 커피가 싫다는 사람에게 이유를 물으면 많이들 '써서'라고 답할 것이다. 커피의 쓴맛을 내는 성분은 주로 트리고넬린과 퀴닉산이라는 화합물이다. 퀴닉산은 토닉워터의 쓴맛을 내는 성분이기도 하다. 맛과 향이 없다고 알려져 있는 카페인도 사실 쓴맛을 낸다. 쓴맛 하나만 떼어놓고 봤을 때는 불쾌한 맛일 수도 있지만 균형만 잘 맞추면 쓴맛은 단맛을 강조하고 신맛을 잡아줄 수 있다. 쓴맛의 안정감은 커피에서 느껴지는 여러 가지 맛을 정리하는 역할인 셈이다. 커피를 과추출하면 쓴맛이 강하게 느껴지는 것이 일반적이다. 그러므로 너무 느리게 추출한 에스프레소나 너무 오래 우려낸 프렌치프레스 커피는 쓸 수밖에 없다. 반대로 추출 시간을 줄이면 쓴맛도 함께 줄어든다. 원두의 분쇄 크기, 추출 온도, 물도 쓴맛에 영향을 주며 가용성 성분이 많은 다크 로스팅 원두일수록 더 쓴맛을 낸다. 원두에서는 단맛과 신맛, 그 다음으로 쓴맛이 추출되는데 일단 쓴맛이 우러나오기 시작하면 순식간에 다른 맛을 덮어버릴 수 있으므로 주의해야 한다.

나만의 독해법

흐름	내용

풀러렌, 탄소 나노튜브, 그래핀 등 흑연의 결정구조를 지닌 탄소 나노소재들은 20세기 말에서 21세기 초에 걸쳐 약 10년 정도의 간격을 두고 연이어 발견되면서 수많은 과학자들의 관심을 받게 되었다. 그중에 풀러렌과 그래핀은 발견된 지 얼마 되지도 않았음에도 그 발견자들에게 노벨상이 안겨지기도 하였다. 많은 나노소재들 중에서 이들이 그토록 큰 주목을 받는 이유는 구조가 간단하거나 지구상에서 가장 흔한 원소 중 하나인 탄소로 이루어져서만은 아니다. 이들은 흑연결정의 기본구조인 탄소들의 육각형 공유결합 형태를 가지면서 뛰어난 전기전도성, 화학적 안정성, 열전도성, 그리고 기계적 물성을 가지고 있다.

이 물질들 중에서도 가장 늦게 발견된 그래핀(2004년도 발견)은 현재 물리, 화학, 생물, 화공, 소재, 전자, 기계 분야에서 가장 연구가 활발히 진행되고 있는 물질에 속하며 세계 각국은 그 장래성으로 인해 상업화를 위한 투자를 활발히 진행하고 있다. 위에 언급된 세 가지 탄소 나노소재 중 그래핀이 현재 유별난 인기를 누리는 이유는 가장 최근에 발견되기도 했지만, 기본적으로 우리 주위에서 흔히 구할 수 있는 흑연으로부터 쉽게 추출할 수 있기 때문에 실험이 용이하며 또한, 향후 상업화 시 값싸고 풍부하게 생산이 가능하기 때문으로 여겨진다. 그래핀은 탄소 분자들이 층상구조를 이루고 있는 흑연의 한 층이 곧 분자에 해당되지만, 그 물성은 흑연과는 다른 특성을 보이고 있다. 이로 인해 기존에 흑연이 사용되던 응용처와는 상당히 다른 분야에 그래핀이 사용될 것으로 예상되고 있다.

나만의 독해법

흐름	내용

06 / 너무 많은 정보들

1 대표지문

피부색은 멜라닌, 카로틴 및 헤모글로빈이라는 세 가지 색소에 의해 나타난다. 흑색 또는 흑갈색의 색소인 멜라닌은 멜라노사이트라 하는 세포에서 만들어지며, 계속적으로 표피세포에 멜라닌 과립을 공급한다. 멜라닌의 양이 많을수록 피부색이 황갈색에서 흑갈색을 띠고 적을수록 피부색이 옅어진다. 멜라닌은 피부가 햇빛에 노출될수록 더 많이 생성된다. 카로틴은 주로 각질층과 하피의 지방조직에 존재하며, 특히 동양인의 피부에 풍부하여 그들의 피부가 황색을 띠게 한다. 서양인의 혈색이 분홍빛을 띠는 것은 적혈구 세포 내에 존재하는 산화된 헤모글로빈의 진홍색에 기인한다. 골수에서 생성된 적혈구는 산소를 운반하는 역할을 하는데 1개의 적혈구는 3억 개의 헤모글로빈을 가지고 있으며 1개의 헤모글로빈에는 4개의 헴이 있다. 헴 1개가 산소 분자 1개를 운반한다.

한편, 태양이 방출하는 여러 파장의 빛, 즉 적외선, 자외선 그리고 가시광선 중 피부에 주된 영향을 미치는 것이 자외선이다. 자외선은 파장이 가장 길고 피부 노화를 가져오는 자외선 A, 기미와 주근깨 등의 색소성 질환과 피부암을 일으키는 자외선 B, 그리고 화상과 피부암 유발 위험을 지니며 파장이 가장 짧은 자외선 C로 구분된다. 자외선으로부터 피부를 보호하기 위해서는 자외선 차단제를 발라주는 것이 좋다. 자외선 차단제에 표시되어 있는 자외선 차단지수(SPF; Sun Protection Factor)는 자외선 B를 차단해 주는 시간을 나타낼 뿐 자외선 B의 차단 정도와는 관계가 없다. SPF 수치는 1부터 시작하며 SPF 1은 자외선 차단 시간이 15분임을 의미한다. SPF 수치가 1단위 올라갈 때마다 자외선 차단 시간은 15분씩 증가한다. 따라서 SPF 4는 자외선을 1시간 동안 차단시켜 준다는 것을 의미한다.

나만의 독해법

흐름	내용

독해 고수 따라잡기

첫 문장	피부색은 멜라닌, 카로틴, 헤모글로빈
정체	멜라닌, 흑색, 흑갈색, 햇빛 노출
정체	카로틴, 동양인, 황색
정체	헤모글로빈, 진홍색, 숫자들
신호등	자외선이 피부에 영향
정체	자외선 A, B, C
가속	자외선 차단제, SPF는 자외선 B를 차단해 주는 시간
가속	SPF 1은 15분

독해 고수의 팁

제시문 전체가 정보로 가득 차 있다. 이러한 유형의 제시문을 만나게 되면 첫 문장부터 꼼꼼하게 정리하며 읽으려는 본능이 발동되는데, 사람의 기억력에는 한계가 있어서 이러한 유형의 제시문을 한 번 읽고 모든 것을 머릿속에 정리하기는 어렵다. 오히려 이러한 유형의 제시문일수록 더 느슨하게 읽은 후 선택지를 읽으면서 해당 부분을 찾아가는 것이 효율적이다.

실전문제

제한시간 : 30초   소요시간 :   초

다음 글을 근거로 판단할 때, 〈보기〉에서 옳은 것만을 모두 고르면?

〈 보기 〉

ㄱ. 멜라닌의 종류에 따라 피부색이 결정된다.
ㄴ. 1개의 적혈구는 산소 분자 12억 개를 운반할 수 있다.
ㄷ. SPF 50은 SPF 30보다 1시간 동안 차단하는 자외선 B의 양이 많다.
ㄹ. SPF 40을 얼굴에 한 번 바르면 10시간 동안 자외선 B의 차단 효과가 있다.

① ㄱ, ㄴ
② ㄱ, ㄷ
③ ㄴ, ㄹ
④ ㄱ, ㄷ, ㄹ
⑤ ㄴ, ㄷ, ㄹ

정답 ③

ㄴ. 1개의 적혈구는 3억 개의 헤모글로빈을 가지고 있으며 1개의 헤모글로빈에는 4개의 헴이 있다. 그리고 헴 1개가 산소 분자 1개를 운반한다고 하였다. 따라서 1개의 적혈구에는 12억 개의 헴이 있으며 이 12억 개의 헴은 산소 분자 12억 개를 운반하므로 옳은 내용이다.
ㄹ. SPF 40은 자외선 차단 시간이 15×40=600분=10시간이므로 옳은 내용이다.

오답분석

ㄱ. 피부색은 멜라닌, 카로틴 및 헤모글로빈이라는 세 가지 색소에 의해 나타나는 것이지 멜라닌의 종류에 의해 결정되는 것이 아니다. 또한, 제시문에서는 멜라닌의 종류에 대한 내용은 언급되고 있지도 않으므로 옳지 않은 내용이다.
ㄷ. SPF는 자외선 B를 차단해 주는 시간을 나타낼 뿐 차단 정도(양)와는 관계가 없다고 하였으므로 옳지 않은 내용이다.

2 기본독해

| 문제 1 |

⏱ 제한시간 : 50초   ⧖ 소요시간 :   초

우리가 조선의 왕을 부를 때 흔히 이야기하는 태종, 세조 등의 호칭은 묘호(廟號)라고 한다. 왕은 묘호뿐 아니라 시호(諡號), 존호(尊號) 등도 받았으므로 정식 칭호는 매우 길었다. 예를 들어 선조의 정식 칭호는 '선조소경정륜입극성덕홍렬지성대의 격천희운현문의무성예달효대왕(宣祖昭敬正倫立極盛德洪烈至誠大義格天熙運顯文毅武聖睿達孝大王)'이다. 이 중 '선조'는 묘호, '소경'은 명에서 내려준 시호, '정륜입극성덕홍렬'은 1590년에 올린 존호, '지성대의격천희운'은 1604년에 올린 존호, '현문의무성예달효대왕'은 신하들이 올린 시호이다.

묘호는 왕이 사망하여 삼년상을 마친 뒤 그 신주를 종묘에 모실 때 사용하는 칭호이다. 묘호에는 왕의 재위 당시의 행적에 대한 평가가 담겨 있다. 시호는 왕의 사후 생전의 업적을 평가하여 붙여졌는데, 중국 천자가 내린 시호와 조선의 신하들이 올리는 시호 두 가지가 있었다. 존호는 왕의 공덕을 찬양하기 위해 올리는 칭호이다. 기본적으로 왕의 생전에 올렸지만 경우에 따라서는 '추상존호(追上尊號)'라 하여 왕의 승하 후 생전의 공덕을 새롭게 평가하여 존호를 올리는 경우도 있었다.

왕실의 일원들을 부르는 호칭도 경우에 따라 달랐다. 왕비의 아들은 '대군'이라 부르고, 후궁의 아들은 '군'이라 불렸다. 또한 왕비의 딸은 '공주'라 하고, 후궁의 딸은 '옹주'라 했으며, 세자의 딸도 적실 소생은 '군주', 부실 소생은 '현주'라 불렸다. 왕실에 관련된 다른 호칭으로 '대원군'과 '부원군'도 있었다. 비슷한 듯 보이지만 크게 차이가 있었다. 대원군은 왕을 낳아준 아버지, 즉 생부를 가리키고, 부원군은 왕비의 아버지를 가리키는 말이었다. 조선시대에 선조, 인조, 철종, 고종은 모두 방계에서 왕위를 계승했기 때문에 그들의 생부가 모두 대원군의 칭호를 얻게 되었다. 그런데 이들 중 살아 있을 때 대원군의 칭호를 받은 이는 고종의 아버지 흥선대원군 한 사람뿐이었다. 왕비의 아버지를 부르는 호칭인 부원군은 경우에 따라 책봉된 공신(功臣)에게도 붙여졌다.

나만의 독해법

흐름	내용

첫 문장	태종, 세조 등은 묘호
가속	시호, 존호 추가
가속	선조 정식칭호의 예
신호등	삼년상 마친 후 종묘에 모실 때 사용, 재위 당시의 평가
갈림길	시호 : 업적 평가, 중국 천자가 내림, 조선 신하가 올림
갈림길	존호 : 공덕 찬양, 생전, 승하 후 가능(추상존호)
신호등	왕실 일원의 호칭
정체	아들, 딸에 대한 호칭
서행	대원군과 부원군
서행	생전 대원군의 칭호는 흥선대원군
서행	부원군은 공신에게도 붙여짐

중국에서는 기원전 8 ~ 7세기 이후 주나라에서부터 청동전이 유통되었다. 이후 진시황이 중국을 통일하면서 화폐를 통일해 가운데 네모난 구멍이 뚫린 원형 청동 엽전이 등장했고, 이후 중국 통화의 주축으로 자리 잡았다. 하지만 엽전은 가치가 낮고 금화와 은화는 아직 주조되지 않았기 때문에 고액 거래를 위해서는 지폐가 필요했다. 결국 11세기경 송나라에서 최초의 법정 지폐인 교자(交子)가 발행되었다. 13세기 원나라에서는 강력한 국가 권력을 통해 엽전을 억제하고 교초(交鈔)라는 지폐를 유일한 공식 통화로 삼아 재정 문제를 해결했다.

아시아와 유럽에서 지폐의 등장과 발달 과정은 달랐다. 우선 유럽에서는 금화가 비교적 자유롭게 사용되어 대중들 사이에서 널리 유통되었다. 반면에 아시아의 통치자들은 금의 아름다움과 금이 상징하는 권력을 즐겼다는 점에서는 서구인들과 같았지만, 비천한 사람들이 화폐로 사용하기에는 금이 너무 소중하다고 여겼다. 대중들 사이에서 유통되도록 금을 방출하면 권력이 약화된다고 본 것이다. 대신에 일찍부터 지폐가 널리 통용되었다.

마르코 폴로는 쿠빌라이 칸이 모든 거래를 지폐로 이루어지게 하는 것을 보고 깊은 인상을 받았다. 사실상 종잇조각에 불과한 지폐가 그렇게 널리 통용되었던 이유는 무엇 때문일까? 칸이 만든 지폐에 찍힌 그의 도장은 금이나 은과 같은 권위가 있었다. 이것은 지폐의 가치를 확립하고 유지하는 데 국가 권력이 핵심 요소라는 사실을 보여준다.

유럽의 지폐는 그 초기 형태가 민간에서 발행한 어음이었으나, 아시아의 지폐는 처음부터 국가가 발행권을 갖고 있었다. 금속 주화와는 달리 내재적 가치가 없는 지폐가 화폐로 받아들여지고 사용되기 위해서는 신뢰가 필수적이다. 중국은 강력한 왕권이 이 신뢰를 담보할 수 있었지만, 유럽에서 지폐가 사람들의 신뢰를 얻기까지는 그보다 오랜 시간과 성숙된 환경이 필요했다. 유럽의 왕들은 종이에 마음대로 숫자를 적어 놓고 화폐로 사용하라고 강제할 수 없었다. 그래서 서로 잘 아는 일부 동업자들끼리 신뢰를 바탕으로 자체 지폐를 만들어 사용해야 했다. 하지만 민간에서 발행한 지폐는 신뢰 확보가 쉽지 않아 주기적으로 금융 위기를 초래했다. 정부가 나서기까지는 오랜 시간이 걸렸고, 17 ~ 18세기에 지폐의 법정화와 중앙은행의 설립이 이루어졌다. 중앙은행은 금을 보관하고 이를 바탕으로 금 태환(兌換)을 보장하는 증서를 발행해 화폐로 사용하기 시작했고, 그것이 오늘날의 지폐로 이어졌다.

나만의 독해법

흐름	내용

첫 문장	주나라에서 청동전 유통
가속	진시황 화폐 통일, 엽전, 중국 통화의 주축
급정거	고액 거래를 위해서 지폐가 필요
정체	교자와 교초
신호등	아시아와 유럽의 지폐 등장, 발달 과정 다름
서행	유럽 : 금화 널리 유통, 아시아 : 금을 방출하면 권력이 약화됨
신호등	마르코 폴로, 쿠빌라이 칸
급정거	지폐가 널리 통용되었던 이유
서행	국가 권력이 핵심 요소
가속	유럽은 민간, 아시아는 국가
서행	신뢰가 필수적, 유럽에서는 주기적으로 금융 위기 초래
서행	지폐의 법정화, 금 태환

3 60초 독해연습

| 문제 1 |

SNS를 통한 마케팅은 비용이 거의 들지 않고 소비자들과 쉽고 빠르게 만날 수 있다는 강점이 있다. SNS를 이용한 마케팅 성공사례는 광고홍보 분야, 고객관리 분야, 판매관리 분야로 나눌 수 있다.

광고홍보 분야의 SNS 사례는 고객주도형과 기업주도형으로 나눌 수 있다. 고객주도형 사례는 고객이 주체가 되어 광고 및 홍보가 진행된 사례로, 이때의 고객은 수동적인 소비자가 아니라 적극적으로 자신의 의견이나 애정을 표현하고 다른 고객들에게 상품의 구입이나 정보를 나눠 주어 구매활동에 영향을 미치는 주체가 된다. 기업주도형 사례는 기업이 주도적으로 SNS를 활용하여 브랜드 인지도가 낮은 기업이 새로운 경쟁우위와 기회 창출의 효과를 만들어 내는 사례이다. 대체로 기업의 규모가 작을수록 고객주도형보다는 기업주도형 마케팅을 활용하며 쌍방향적 연결구조인 페이스북보다 트위터를 사용하여 일방적 관계를 형성한다. 이는 적은 비용으로 SNS 마케팅을 통해 고객과 높은 친밀성과 관계를 유지할 수 있다는 장점에 기인한 것으로 보인다.

상품 제조기술의 발달로 상품의 물리적 속성을 통한 경쟁 제품과의 차별화가 점차 어려워지면서 많은 기업이 호의적인 기업 이미지 구축을 통한 고객관리 활동에 주력하기도 한다. SNS를 통해 고객관리를 시작한 기업은 회사의 가치 상승, 고객만족도 지표 성장 등을 이뤄냈으며 광고홍보 분야에서 SNS를 활용하는 기업 대비 많은 팔로워를 보유하고 고객과의 쌍방향 소통을 잘 이룬다는 특징이 있다.

나만의 독해법

흐름	내용

화폐의 물리적 구현 형태는 제각기 다를 수 있지만 그와 무관하게 금융경제학에서는 다음의 세 가지 기능인 교환 매개 (Medium of Exchange), 가치 척도(Unit of Account) 및 가치 저장(Store of Value) 기능을 모두 가지는 것을 화폐로 정의한다. 특히, 교환 매개 기능은 유동성을 제공하는 근원이 되며 주식, 채권 등 가치 저장 기능을 가지고 있는 다른 유가증권과 화폐를 구분하는 가장 큰 특징이다. 최근 다수의 화폐 이론 연구들은 특정 교환매개물의 성공적인 통화로서의 통용 여부는 전적으로 경제주체들의 재량과 믿음에 달려있는 문제로 특정 국가에 의한 법정 통화 지정 여부가 필요조건이라고 볼 수는 없다고 주장한다. 따라서 제공 기능 측면에서 본다면 비트코인은 화폐로서의 모든 기능을 수행하며 현 시점에서 비트코인을 통화로 간주하는 것은 타당하다고 볼 수 있다.

비트코인이 통화로서 가지는 가장 큰 특징은 매 4년마다 새로운 통화 공급량이 줄어들어 궁극적으로 통화량이 더 이상 늘지 않도록 설계되었다는 점이다. 2009년 도입 초기에는 10분당 50개의 속도로 비트코인이 생성되도록 설계되었으며, 2050년에 총 2,100만 개의 비트코인만이 유통되게 되어 통화량 증가가 중지되도록 설계되었다. 또한, 유통되는 비트코인의 총 통화량이 사전 계획에 따라 결정되어 있어 특정 주체에 의한 임의적인 통화량 조절가능성이 원칙적으로 차단되어 있다. 이러한 통화 공급 구조로 인하여 비트코인과 관련된 경제 규모가 커짐에 따라 비트코인의 통화가치가 상승하는 현상, 즉 디플레이션이 발생하게 된다.

나만의 독해법

흐름	내용

⧗ 소요시간 :   초

1974년 미국의 심리학자 대니얼 카너먼은 실험 참가자들에게 물어 보았다. 유엔(United Nations)에 가입한 나라들 가운데 아프리카 국가가 차지하는 비율이 몇 퍼센트나 될까? 이때는 아프리카 국가들 상당수가 유엔에 가입하지 않았을 때였다. 카너먼은 실험 참가자들이 질문에 대답하기 전에 먼저 돌림판을 돌리게 했다. 이 돌림판에는 0에서 100까지의 수가 쓰여 있었는데, 실제로는 10과 65 두 수 중 하나에서 멈추게 되어 있었다.

그런데 숫자판을 돌려서 65가 나온 사람들은 평균 45퍼센트라고 대답했고, 10이 나온 사람들은 평균 25퍼센트라고 대답했다. 큰 수가 나온 사람들은 높은 비율로 대답하고, 작은 수가 나온 사람들은 낮은 비율로 대답한 것이다.

10과 65란 수는 유엔 가입 국가 중 아프리카 국가의 비율과는 아무 관계도 없다. 그도 그럴 것이 돌림판을 돌려서 나온 수이기 때문이다. 그런데도 실험 참가자들은 이 수에 영향을 받았다. 이처럼 머릿속에 잔상처럼 남은 임의의 수가 기준점이 되어 이후 어떤 수를 생각해야 할 때, 영향을 미치는 현상을 '닻 내리기 효과'라고 한다. 배가 어느 지점에 닻을 내리면, 그 지점에서 크게 벗어나지 못하고 주변에 머물러 있게 되는 데서 따온 말이다.

나만의 독해법

흐름	내용

디젤 – 전기 추진 잠수함은 디젤 엔진을 가동해 발전기를 구동시키고, 발전기에서 생성되는 전기로 추진모터를 작동시키며 작동된 모터가 프로펠러를 회전시켜서 함이 추진된다. 다만, 물 속에서 장시간 잠항 항해하기 위해서는 축전지에 충전을 해야 한다. 물 속에서 충전된 전기를 소모하면 물 위로 올라와 엔진을 다시 가동해야 하는데, 잠수함은 이때가 적에게 노출되는 가장 취약한 순간이다. 이러한 약점을 극복하기 위해 개발한 것이 선체는 수면 아래 두고 공기를 빨아들일 수 있는 흡기통만 물 위로 내놓고 엔진을 가동하여 발전기를 통해서 나온 전기로 축전지를 충전하는 스노클이다.

이 추진 체계는 오랜 사용기간을 거쳐 많은 발전을 통해 가장 신뢰성이 있고 조용한 추진 체계로 인정을 받고 있다. 그러나 발전기를 구동하기 위해서는 함 외부로부터 공기를 공급받아야 하므로 수면 근처까지 부상하여 스노클 마스트를 노출시키고 매일 수 시간의 충전을 실시해야 한다. 이때 잠수함의 소음이 크게 발생하고 직경이 큰 마스트가 노출된다. 함 속력의 증가에 따라 방전되는 전력은 기하급수적으로 증가하므로 잠수함은 적 수상함의 어뢰공격에 대한 회피 등 긴박한 상황이 아니면 최고속력으로 기동하지 않고, 통상 4 ~ 6노트 이내의 경제속력으로 기동한다. 이렇게 함으로써 축전지의 방전량을 최소화하고 스노클 횟수를 줄일 수 있게 된다.

나만의 독해법

흐름	내용

07 / 항목들의 나열

1 대표지문

화장품 간에도 궁합이 있다. 같이 사용하면 각 화장품의 효과가 극대화되거나 보완되는 경우가 있는 반면, 부작용을 일으키는 경우도 있다. 요즘은 화장품에 포함된 모든 성분이 표시되어 있으므로 기본 원칙만 알고 있으면 제대로 짝을 맞춰 쓸 수 있다.

트러블의 원인이 되는 묵은 각질을 제거하고 외부 자극으로부터 피부 저항력을 키우는 비타민 B 성분이 포함된 제품을 트러블과 홍조 완화에 탁월한 비타민 K 성분이 포함된 제품과 함께 사용하면 양 성분의 효과가 극대화되어 깨끗하고 건강하게 피부를 관리하는 데 도움이 된다.

일반적으로 세안제는 알칼리성 성분이므로 세안 후 피부는 약알칼리성이 된다. 따라서 산성에서 효과를 발휘하는 비타민 A 성분이 포함된 제품을 사용할 때는 세안 후 약산성 토너로 피부를 정리한 뒤 사용해야 한다. 한편 비타민 A 성분이 포함된 제품은 오래된 각질을 제거하는 기능도 있다. 그러므로 각질관리 제품과 같이 사용하면 과도하게 각질이 제거되어 피부에 자극을 주고 염증을 일으킨다.

AHA 성분은 각질 결합을 느슨하게 해 묵은 각질이나 블랙헤드를 제거하고 모공을 축소시키지만, 피부의 수분을 빼앗고 탄력을 떨어뜨리며, 자외선에 약한 특성도 함께 지니고 있다. 따라서 AHA 성분이 포함된 제품을 사용할 때는 보습 및 탄력 관리에 유의해야 하며, 자외선 차단제를 함께 사용해야 한다.

나만의 독해법

흐름	내용

Q **독해 고수 따라잡기**

첫 문장	화장품 간의 궁합
가속	표시된 성분, 기본 원칙
신호등	비타민 B와 K의 혼합
가속	세안제는 알칼리성, 비타민 A 사용 시 약산성 토너
급정거	비타민 A는 각질 제거
서행	AHA의 효과와 단점
정지	AHA 제품 사용시 보습 및 탄력관리, 자외선 차단제

Q **독해 고수의 팁**

여러 개의 대상이 설명되는 유형의 지문은 각각의 대상별로 1~2개씩의 키워드만 잡는 것을 목표로 독해하는 것이 좋다. 단, 해당 대상의 장단점이 동시에 서술되는 경우에는 장점 혹은 단점 하나만 확실하게 체크하고 선택지를 읽으면서 다시 판단하는 것이 좋다. 확률적으로는 단점 위주로 정리하는 것이 좋지만 장점을 선택지로 구성하는 경우도 상당히 많으므로 어느 하나로 고정하기보다는 제시문을 읽으면서 좀 더 중요하게 느껴진다고 생각되는 것을 정리하도록 하자. 어차피 장점과 단점이 모두 선택지에 등장하는 경우는 매우 드물다.

실전문제   ⏱ 제한시간 : 30초   ⏳ 소요시간 :   초

다음 글을 근거로 판단할 때, 〈보기〉에서 같이 사용하면 부작용을 일으키는 화장품의 조합으로 옳은 것만을 모두 고르면?

─〈 **보기** 〉─

ㄱ. 보습기능이 있는 자외선 차단제와 AHA 성분이 포함된 모공축소 제품
ㄴ. 비타민 A 성분이 포함된 주름개선 제품과 비타민 B 성분이 포함된 각질관리 제품
ㄷ. 비타민 B 성분이 포함된 로션과 비타민 K 성분이 포함된 영양크림

① ㄱ   ② ㄴ
③ ㄷ   ④ ㄱ, ㄴ
⑤ ㄴ, ㄷ

정답 ②
ㄴ. 비타민 A 성분이 포함된 제품은 오래된 각질을 제거하는 기능이 있으며, 비타민 B 성분 역시 묵은 각질을 제거하는 기능이 있다. 따라서 이 둘을 같이 사용할 경우 과도하게 각질이 제거되어 피부에 자극을 주고 염증을 일으키게 된다.

오답분석
ㄱ. AHA 성분은 피부의 수분을 빼앗고 자외선에 약한 특성을 지니고 있기 때문에 이를 보완하기 위해 보습기능이 있는 자외선 차단제를 사용하는 것이 도움이 된다. 따라서 부작용을 일으키는 것과는 거리가 멀다.
ㄷ. 첫 번째 예시에서 비타민 B 성분이 포함된 제품을 비타민 K 성분이 포함된 제품과 함께 사용하면 양 성분의 효과가 극대화된다고 하였으므로 부작용을 일으키는 것과는 거리가 멀다.

안심Touch

2 기본독해

| 문제 1 |

⏱ 제한시간 : 40초   ⏳ 소요시간 :   초

공직의 기강은 상령하행(上令下行)만을 일컫는 것이 아니다. 법으로 규정된 직분을 지켜 위에서 명령하고 아래에서 따르되, 그 명령이 공공성에 기반한 국가 법제를 벗어나지 않았을 때 기강은 바로 설 수 있다. 만약 명령이 법 바깥의 사적인 것인데 그것을 수행한다면 이는 상령하행의 원칙을 잘못 이해한 것이다. 무릇 고위의 상급자라 하더라도 그가 한 개인으로서 하급자를 반드시 복종하게 할 권위가 있는 것은 아니다. 권위는 오직 그 명령이 국가의 법제를 충실히 따랐을 때 비로소 갖춰지는 것이다.

조선시대에는 6조의 수장인 판서가 공적인 절차와 내용에 따라 무엇을 행하라 명령하는데 아랫사람이 시행하지 않으면 사안의 대소에 관계없이 아랫사람을 파직하였다. 그러나 판서가 공적인 절차를 벗어나 법 외로 사적인 명령을 내리면 비록 미관 말직이라 해도 이를 따르지 않는 것이 올바른 것으로 인정되었다. 이처럼 공적인 것에 반드시 복종하는 것이 기강이요, 사적인 것에 복종하지 않는 것도 기강이다. 만약 세력에 압도되고 이욕에 이끌려 부당하게 직무의 분한(分限)을 넘나들며 간섭하고 간섭받게 된다면 공적인 지휘 체계는 혼란에 빠지고 기강은 무너질 것이다. 그러므로 기강을 확립할 때, 그 근간이 되는 상령하행과 공적 직분의 엄수는 둘이 아니라 하나이다. 공직의 기강은 곧 국가의 동맥이니 이 맥이 찰나라도 끊어지면 어떤 지경에 이를 것인가? 공직자들은 깊이 생각해 보아야 할 것이다.

나만의 독해법

흐름	내용

🔍 독해 고수 따라잡기

첫 문장	공직 기강은 상령하행만이 아님
서행	명령이 공공성에 기반한 국가 법제를 벗어나지 않아야 함
가속	사적인 것은 아님
서행	명령이 국가의 법제를 따랐을 때 권위가 갖춰짐
신호등	조선시대, 공적인 명령을 따르지 않으면 사안의 대소 무관 파직
급정거	사적인 명령은 따르지 않아야 함
가속	기강은 공적인 것에 복종하는 것
급정거	상령하행과 공적 직분의 엄수는 하나
정지	공직의 기강이 무너지면 국가도 무너짐

고대 철학자인 피타고라스는 현이 하나 달린 음향 측정 기구인 일현금을 사용하여 음정 간격과 수치 비율이 대응하는 원리를 발견하였다. 이를 바탕으로 피타고라스는 모든 것이 숫자 또는 비율에 의해 표현될 수 있다고 주장하였다.

그를 신봉한 피타고라스주의자들은 수와 기하학의 규칙이 무질서하게 보이는 자연과 불가해한 가변성의 세계에 질서를 부여한다고 믿었다. 즉 피타고라스주의자들은 자연의 온갖 변화는 조화로운 규칙으로 환원될 수 있다고 믿었다. 이는 피타고라스주의자들이 물리적 세계가 수학적 용어로 분석될 수 있다는 현대 수학자들의 사고에 단초를 제공한 것이라고 할 수 있다. 그러나 피타고라스주의자들은 현대 수학자들과는 달리 수에 상징적이고 심지어 신비적인 의미를 부여했다. 피타고라스주의자들은 '기회', '정의', '결혼'과 같은 추상적인 개념을 특정한 수의 가상적 특징, 즉 특정한 수에 깃들어 있으리라고 추정되는 특징과 연계시켰다. 또한, 이들은 여러 물질적 대상에 수를 대응시켰다. 예를 들면 고양이를 그릴 때 다른 동물과 구별되는 고양이의 뚜렷한 특징을 드러내려면 특정한 개수의 점이 필요했다. 이때 점의 개수는 곧 고양이를 가리키는 수가 된다. 이것은 세계에 대한 일종의 원자적 관점과도 관련된다. 이 관점에서는 단위(Unity), 즉 숫자 1은 공간상의 한 물리적 점으로 간주되기 때문에 물리적 대상들은 수 형태인 단위 점들로 나타낼 수 있다. 이처럼 피타고라스주의자들은 수를 실재라고 여겼는데 여기서 수는 실재와 무관한 수가 아니라 실재를 구성하는 수를 가리킨다.

피타고라스의 사상이 수의 실재성이라는 신비주의적이고 형이상학적인 관념에 기반하고 있다는 점은 틀림없다. 그럼에도 불구하고 피타고라스주의자들은 자연을 이해하는 데 있어 수학이 중요하다는 점을 알아차린 최초의 사상가들임이 분명하다.

나만의 독해법

흐름	내용

독해 고수 따라잡기

첫 문장	피타고라스, 일현금, 음정 간격과 수치 비율이 대응
서행	모든 것이 숫자, 비율에 의해 표현 가능
가속	피타고라스주의자들 : 수와 기하학의 규칙으로 환원 가능
서행	현대 수학자들의 사고에 단초
급정거	피타고라스주의자들 : 수에 상징적, 신비적인 의미 부여
정체	추상적 개념, 물질적 대상과의 대응(기회, 고양이 등), 원자적 관점
서행	수는 실재와 무관한 수가 아니라 실재를 구성하는 수
신호등	신비주의적, 형이상학적 관념에 기반
정지	자연을 이해하는 데 수학이 중요하다는 점을 알아차린 최초의 사상가들

3 60초 독해연습

대중매체의 네 가지 기능으로 흔히 환경감시기능, 상관조정기능, 문화유산의 전승기능, 오락기능을 들고 있다. 환경감시기능은 우리가 살아가고 있는 환경에서 일어나는 일들을 알려주는 뉴스의 보도가 초래하는 결과를 뜻한다. 뉴스보도는 우리로 하여금 환경의 변화를 인지하고 그것에 적절하게 대응하도록 만드는 등 일상생활을 영위하는 데 필요한 정보를 제공해 준다. 예컨대 태풍, 지진, 전쟁과 같은 눈앞에 닥친 위험을 경고해 줌으로써 경각심을 일깨워 생명과 재산상의 피해를 방지하도록 도와주기도 하고 물가, 증권시세, 기상변화에 따른 항공기나 선박의 운행시간 변경 등을 알려줌으로써 일상생활에 도움을 주는 도구적 기능을 수행하기도 한다.

반면 뉴스보도가 역기능을 초래할 수도 있다. 예컨대 눈앞에 임박한 위험에 대한 경고가 누군가에 의해 걸러지거나 해설되지 않은 채 일반 대중에게 전달되면 사회나 개인 또는 특정 하위집단에서 심리적 긴장이나 공포를 유발할 수도 있다. 청년 실업률이 증가하고 경제가 침체되고 있다는 뉴스는 개인들로 하여금 근심걱정을 하게 만들기도 한다. 또한, 국제 뉴스는 특정 사회나 국가의 안정을 위협할 수도 있다. 예컨대 다른 나라에서 성공한 혁명에 대한 뉴스들이 국내 상황과 극단적인 대조를 이룰 때 사회변혁의 압력을 가중시킬 수도 있다는 것이다.

나만의 독해법

흐름	내용

근대 도시의 문제를 분석하면서 산업화와 함께 논의해야 하는 것은 바로 행정 체계이다. 일찍이 사회학자 막스 베버는 근대화의 중요한 결과로서 관료제의 발전을 이야기한 바 있지만, 그 시스템은 시간이 지나면서 계속 거대해지고 복잡해져 간다. 그리고 전문적인 기능들로 분화되면서 점점 추상화되어 간다. 그 결과 시민들의 입장에서 그 운영 원리를 이해하는 것은 더욱 힘들어진다.

그런데 행정과 시민의 거리가 멀어지는 까닭은 행정 체계 그 자체 때문만은 아니다. 개인과 행정 사이를 매개하는 중간 집단, 즉 주민들이 자발적으로 협동하면서 만들어 지역의 문제를 논의하고 행동하며, 필요할 때 행정과 교섭하기도 하는 사회적 기반이 점점 약해지기 때문이다. 그러한 공동체의 토대가 없는 상황에서 뿔뿔이 흩어져 있는 개인들에게 행정기구는 낯설고 때로는 두려운 존재로 다가올 수밖에 없는 것이다. 다른 한편으로 시민들의 삶 자체가 파편화되는 것도 거대한 시스템으로부터 개개인이 소외되는 맥락으로 짚어야 할 것이다.

현대 사회에서 행정이 관리하는 지역 내에서 이루어지는 시민들의 삶은 점점 개별화되어 간다. 여기서 말하는 개별화란 지역 공동체가 점점 희석되어 주민들 사이의 관계가 엷어지고, 또한 가족 내에서도 가족 구성원들 간의 관계가 약화, 단절되는 것을 말한다. 자아의 고유한 세계를 구축하는 것이 중요해지고 개인적인 것의 가치가 부각되는 것이다. 그럴수록 지역이라는 공간은 시민들에게 의미 있는 사회 영역으로서 의식되거나 체험하기가 어렵게 된다. 주민들의 삶이 개별화될수록 그전까지 지역 커뮤니티나 가족에 의해 충족되어오던 생활 관련 기능들이 점점 공공서비스의 영역으로 들어오고 있다. 예전 같으면 주민들 사이에 그러한 문제를 해결할 수 있는 공동체적 기반이 있었지만, 지금은 그렇지 못하기 때문에 그러한 문제는 행정의 업무로 떠넘겨진다.

PART 01　PART 02　PART 03　정답 및 해설

나만의 독해법

흐름	내용

인터넷전문은행이란 영업점 없이 금융업무(예금, 자금이체, 대출 등)를 인터넷이나 모바일, 현금자동입금출금기(ATM) 등을 활용하여 처리하는 은행이다. 기존은행과는 달리 지점이 아예 존재하지 않기 때문에 건물 임대료나 인건비, 운영비 등이 들지 않고 24시간, 365일 금융 서비스를 제공한다.

인터넷전문은행은 해외에서는 이미 1995년 미국의 SFNB(Security First Network Bank)를 시작으로 일본, 영국, 독일 등으로 확대되었다. 국내에서는 2002년부터 여러 차례 논의가 이어져오다 2015년 금융위원회의 추진으로 2017년 4월 국내 1호 인터넷전문은행인 A뱅크가 출범되었으며 같은 해 7월에 국내 2호 인터넷전문은행인 B뱅크가 뒤이어 금융 서비스를 시작하였다.

A뱅크는 지점비용 대신에 여신금리 인하와 수신금리 인상을 강점으로 내세워 시중은행 평균보다 예금금리는 높게, 대출금리는 낮게 제공하고 있다. 한편 B뱅크는 해외송금 수수료를 시중은행의 1/10의 수준으로 인하하고 거래 수수료를 기존 타행 수수료보다 낮게 책정하였다. A뱅크는 통신과 지급결제 및 유통 등 다양한 업종의 정보를 보유한 만큼 이를 활용하여 휴대폰 및 이메일을 통한 간편 송금 서비스, 디지털 이자예금과 콘텐츠 결합 예금 상품, 편의점 현금 출금 서비스를 제공하고 있다. B뱅크는 기존 자신들이 가진 플랫폼의 고객 접근성과 편리성을 바탕으로 다양한 서비스와 연계된 금융 상품을 출시하였다. 기존 플랫폼의 아이디를 통해 간편 송금 서비스를 제공하고 통합 포인트 서비스를 통해 예금 이자를 포인트로 적립 가능하게 한 것이 그 예이다.

나만의 독해법

흐름	내용

우리가 컴퓨터 같은 미디어를 이용할 때에 반드시 사용하는 것이 인터페이스(Interface)다. 인터페이스란 미디어 속 가상적 세계와 현실의 물리적 세계를 이어 주는 관문 같은 것이다. 컴퓨터의 경우 마우스, 키보드, 모니터 화면 등이 물리적인 인터페이스에 해당한다. 인터페이스에는 물리적 요소 외에 소프트웨어적인 요소도 있다. 문자편집기의 메뉴 화면, 웹사이트의 메뉴 등 우리가 다양한 소프트웨어 기능을 사용하기 위해 명령을 내리는 지점들이 소프트웨어 인터페이스에 해당한다. 물리적 혹은 소프트웨어적 인터페이스를 잘 구축해야 사용자들이 별 어려움 없이 미디어를 사용할 수 있다. 이러한 이유로 최근 인터페이스에 대한 관심이 날로 높아져가고 있으며 UI(User Interface)란 용어가 일반인들에게도 널리 알려지게 되었다. HCI(Human Computer Interface)란 인간이 컴퓨터를 사용할 때 보다 손쉽게 사용할 수 있도록 인간이 컴퓨터를 사용하는 방식의 특징을 파악해 기계가 아닌 인간의 입장에서 컴퓨터 인터페이스를 연구해 나가는 학문이다. 최근에는 이보다 한 발짝 더 나아가 BMI(Brain Machine Interface)란 학문이 인기를 끌고 있다. 이는 인간의 뇌를 이용해 컴퓨터를 포함한 다양한 기계를 제어할 수 있는 방법과 도구를 개발하는 데 관심을 두는 학문이다. BMI 외에 BCI(Brain Computer Interface), MMI(Mind Machine Interface) 등의 다양한 용어가 사용되기도 한다.

나만의 독해법

흐름	내용

08 / 숫자들

1 대표지문

‘스마트 엔트리 서비스(Smart Entry Service)’는 대한민국 자동출입국심사시스템의 명칭으로 사전에 여권정보와 바이오정보(지문, 안면)를 등록한 후 스마트 엔트리 서비스 게이트에서 이를 활용하여 출입국심사를 진행하는 첨단 시스템이다. 이 서비스 이용자는 출입국심사관의 대면심사를 대신하여 자동출입국심사대를 이용해 약 12초 이내에 출입국심사를 마칠 수 있다. 만 17세 이상의 주민등록증을 발급받은 대한민국 국민 및 국내체류 중인 등록외국인은 스마트 엔트리 서비스에 가입할 수 있다. 단, 복수국적자인 대한민국 국민은 외국여권으로는 가입할 수 없다. 미국인의 경우 한·미 자동출입국심사서비스 상호이용 프로그램에 따라 국내체류 중인 등록외국인이 아니어도 가입이 가능하다.

스마트 엔트리 서비스 가입 희망자는 자동판독이 가능한 전자여권을 소지하여야 한다. 그리고 바이오정보로 본인 여부를 확인할 수 있도록 지문정보 취득 및 얼굴사진 촬영이 가능해야 한다. 따라서 지문의 상태가 좋지 않아 본인확인이 어려운 경우에는 가입이 제한된다. 대한민국 국민과 국내체류 중인 등록외국인은 스마트 엔트리 서비스 가입을 위한 수수료가 면제되고, 한·미 자동출입국심사서비스 상호이용 프로그램을 통해 스마트 엔트리 서비스에 가입하려는 미국인은 100달러의 수수료를 지불해야 한다.

가입 후 스마트 엔트리 서비스 이용 중에 여권 또는 개인정보가 변경된 경우에는 등록센터를 방문하여 변경사항을 수정하여야 하며, 심사대에서 지문인식이 불가능한 경우에는 등록센터를 방문하여 지문을 재등록하여야 한다. 스마트 엔트리 서비스에 가입한 사람은 출입국 시 스마트 엔트리 서비스 게이트 또는 일반심사대에서 심사를 받을 수 있고, 스마트 엔트리 서비스 게이트를 이용하는 경우에는 출입국심사인 날인이 생략된다.

나만의 독해법

흐름	내용

첫 문장	스마트 엔트리 서비스, 여권정보, 바이오정보, 12초
신호등	만 17세 이상 주민등록증 국민, 등록외국인
급정거	복수국적자인 대한민국 국민, 외국여권 가입 불가
가속	미국인은 등록외국인 아니어도 가입 가능
가속	전자여권, 지문정보 취득, 얼굴사진 촬영
가속	수수료
서행	개인정보 변경, 지문인식 불가능
정지	스마트 엔트리 서비스 게이트 또는 일반심사대 모두 가능, 날인 생략

🔍 **독해 고수의 팁**

수치가 등장하는 경우 실제 문제에서 다뤄지는 것은 해당 수치를 말로 표현한 것이라는 것에 주목할 필요가 있다. 제시문에서 수수료에 대한 내용을 서술하고 있는 세 번째 단락을 살펴보면, 한눈에 들어오는 것은 '미국인은 100달러의 수수료를 지불'이라는 부분이지만 바로 그 앞쪽에 수수료가 '면제'되는 사항에 대해 설명하고 있다. 바로 이러한 부분이 중요하다. 비슷한 예로 '절반'이라는 표현도 종종 등장하는 편이며, '~와 같다.'처럼 다른 부분에서 설명한 수치를 그대로 가져다 쓰는 경우도 있다.

실전문제   ⏱ 제한시간 : 20초   ⏳ 소요시간 :   초

다음 글을 근거로 판단할 때 옳은 것은?

① 복수국적자인 대한민국 국민은 외국여권으로 스마트 엔트리 서비스에 가입할 수 있다.
② 외국인의 경우 국내체류 중인 등록외국인 외에는 스마트 엔트리 서비스 가입이 불가능하다.
③ 스마트 엔트리 서비스에 가입한 자는 출입국 시 항상 스마트 엔트리 서비스 게이트에서 심사를 받아야 한다.
④ 한·미 자동출입국심사서비스 상호이용 프로그램을 통해 스마트 엔트리 서비스에 가입하려는 대한민국 국민은 100달러를 수수료로 지불해야 한다.
⑤ 스마트 엔트리 서비스 가입 후 여권을 재발급 받아 여권정보가 변경된 경우, 이 서비스를 계속 이용하기 위해서는 등록센터를 방문하여 여권정보를 수정하여야 한다.

정답 ⑤
여권 또는 개인정보가 변경된 경우에는 등록센터를 방문하여 변경사항을 수정하여야 한다고 하였으므로 옳은 내용이다.

오답분석
① 복수국적자인 대한민국 국민은 외국여권으로는 스마트 엔트리 서비스에 가입할 수 없다.
② 미국인의 경우 한·미 자동출입국심사서비스 상호이용 프로그램에 따라 국내체류 중인 등록외국인이 아니더라도 가입이 가능하다고 하였으므로 옳지 않은 내용이다.
③ 스마트 엔트리 서비스에 가입한 사람은 스마트 엔트리 서비스 게이트 또는 일반심사대에서 심사를 받을 수 있다고 하였으므로 옳지 않은 내용이다.
④ 미국인은 100달러를 지불해야 하며, 대한민국 국민의 경우 수수료가 면제된다고 하였으므로 옳지 않은 내용이다.

| 문제 1 |　　　　　　　　　　　　　　　　　　　　　　　⏱ 제한시간 : 30초　⏳ 소요시간 :　　초

한국 사회의 근대화 과정은 급속한 산업화와 도시화라는 특징을 가진다. 1960년대 이후 급속한 근대화에 따라 전통적인 농촌공동체를 떠나 도시로 이주하는 사람들이 급격하게 증가하였으며, 이로 인해 전통적인 사회구조가 해체되었다. 이 과정에서 직계가족이 가치판단의 중심이 되는 가족주의가 강조되었다. 이는 전통적 공동체가 힘을 잃은 상황에서 가족이 매우 중요한 역할을 담당했기 때문이다. 국가의 복지가 부실한 상황에서 가족은 노동력의 재생산 비용을 담당했다.

가족은 물질적 생존의 측면뿐만 아니라 정서적 생존을 위해서도 중요한 보호막으로 기능했다. 다시 말해, 전통적 사회구조가 약화되면서 나타나는 사회적 긴장과 불안을 해소하는 역할을 해 왔다는 것이다. 서구 사회의 근대화 과정에서는 개인의 자율적 판단과 선택을 강조하는 개인주의 윤리나 문화가 그러한 사회적 긴장과 불안을 해소하는 역할을 담당했다. 하지만 한국 사회의 경우 근대화가 급속하게 압축적으로 이루어졌기 때문에 서구 사회와 같은 근대적 개인주의 문화가 제대로 정착하지 못했다. 그래서 한국 사회에서는 가족주의 문화가 근대화 과정의 긴장과 불안을 해소하는 역할을 담당하게 되었다.

한편, 전통적 공동체 문화는 학연과 지연을 매개로 하여 유사가족주의 형태로 나타났다. 1960년대 이후 농촌을 떠나온 사람들이 도시에서 만든 계나 동창회와 같은 것들이 유사가족주의의 단적인 사례이다.

나만의 독해법

흐름	내용

🔍 **독해 고수 따라잡기**

첫 문장	급속한 산업화와 도시화
가속	도시 이주민 증가, 전통적 사회구조 해체
서행	가족주의 강조, 국가의 복지 부실, 노동력의 재생산 비용 담당
신호등	물질적 생존과 정서적 생존을 위한 보호막
가속	사회적 긴장과 불안 해소
서행	서구에서는 개인주의 윤리나 문화가 그 역할
급정거	한국은 개인주의 문화 정착 못함. 가족주의 문화가 그 역할
서행	학연과 지연을 매개로 한 유사가족주의, 동창회 등

금군이란 왕과 왕실 및 궁궐을 호위하는 임무를 띤 특수부대였다. 금군의 임무는 크게 국왕의 신변을 보호하는 시위 임무와 왕실 및 궁궐을 지키는 입직 임무로 나누어지는데, 시위의 경우 시립, 배종, 의장의 임무로 세분된다. 시립은 궁내의 행사 때 국왕의 곁에 서서 국왕의 신변을 보호하는 것이고, 배종은 어가가 움직일 때 호위하는 것이며, 의장은 왕이 참석하는 중요한 의식에서 병장기와 의복을 갖추고 격식대로 행동하는 것을 말한다.

조선 전기에 금군은 내금위, 겸사복, 우림위의 세 부대로 구성되었다. 이들 세 부대를 합하여 금군삼청이라 하였으며 왕의 친병으로 가장 좋은 대우를 받았다. 내금위는 1407년에 조직되었다. 190명의 인원으로 편성하였는데 왕의 가장 가까이에서 임무를 수행하였으므로 무예는 물론 왕의 신임이 중요한 선발 기준이었다. 이들은 주로 양반 자제들로 편성되었으며, 금군 중에서 가장 우대를 받았다. 1409년에는 50인으로 구성된 겸사복이 만들어졌는데, 금군 중 최고 정예 부대였다. 서얼과 양민에 이르기까지 두루 선발되었고 특별히 함경도, 평안도 지역 출신이 우대되었다. 겸사복은 기병이 중심이며 시립과 배종을 주로 담당하였다. 우림위는 1492년에 궁성 수비를 목적으로 서얼 출신 50인으로 편성되었다. 내금위와 겸사복의 다수가 변방으로 파견되자 이를 보충하기 위한 목적과 함께 서얼 출신의 관직 진출을 열어 주기 위한 목적도 가지고 있었다. 이들은 겸사복이나 내금위보다는 낮은 대우를 받았다. 하지만 중앙군 소속의 갑사보다는 높은 대우를 받았다.

나만의 독해법

흐름	내용

🔍 독해 고수 따라잡기

첫 문장	금군은 왕과 왕실 및 궁궐 호위 임무
서행	국왕 보호(시위), 왕실과 궁궐 경호(입직)
정체	시위 : 시립, 배종, 의장
신호등	금군의 구성 : 내금위, 겸사복, 우림위 → 금군삼청
갈림길	내금위 : 1407년, 190명, 왕의 신임, 양반 자제, 우대
갈림길	겸사복 : 1409년, 50명, 최고 정예 부대, 두루 선발, 함경 – 평안, 기병, 시립, 배종
갈림길	우림위 : 1492년, 궁성 수비, 서얼, 50명, 낮은 대우, 갑사보다는 높음

| 문제 1 |

해양에너지를 활용하는 발전방식은 조류의 흐름을 이용하는 조력·조류 발전, 바다의 깊은 곳과 낮은 곳에 있는 물의 온도차를 이용하는 해수 온도차 발전, 파도의 힘을 이용하는 파력 발전이 있다. 조력과 조류 발전은 공통적으로 달과 태양의 인력 때문에 해수면이 주기적으로 높아짐과 낮아짐을 반복하는 조석현상을 이용한다. 그러나 조력 발전은 조석간만의 차이가 생기는 하구에 둑을 설치하고 바닷물을 가두었다가 다시 배출할 때 생기는 힘을 이용해 발전하는 방식인 반면, 조류 발전은 조류의 흐름이 빠른 곳에 발전 터빈을 설치하고 바닷물이 자연스럽게 흐르는 운동에너지를 이용해 전기를 생산한다.

해수 온도차 발전은 바다의 표층수와 심층수의 온도차를 이용한 발전 방법이다. 바다표면으로부터 100m 깊이까지의 물을 표층수라고 부르며 100m에서 200m 사이의 바닷물을 중층수, 200m에서 4km 사이를 심층수라고 부른다. 해수 온도차 발전은 표층수의 열을 이용해 암모니아 등 액체를 기체로 만들고, 이 기체의 압력으로 발전 터빈을 돌려 전기를 생산한 후 심층수의 차가운 물을 이용해 기체를 다시 액체로 만든다. 표층수의 온도와 심층수의 온도의 차이가 섭씨 17도 이상이 되면 해수 온도차 발전을 통해 전기를 생산할 수 있다. 파력 발전은 파도가 위 아래로 움직이는 동력을 이용해 전기를 만들어 내는 방법으로, 바다에 장치를 띄우는 방식과 연안에 시설을 설치하는 방식이 있다.

나만의 독해법

흐름	내용

우리나라에서 모두 6차례에 걸쳐 유행한 AI는 2003년부터 4차례에 걸쳐 유행한 H5N1형, 2014년 H5N8형, 그리고 최근 유행중인 H5N6형이다. 이들 모두는 H5 계열의 고병원성 AI다. AI든 사람을 감염시키는 독감바이러스든 이들 인플루엔자 바이러스는 모두 A, B, C형으로 나뉜다. B형은 사람, 물개, 족제비를 감염시키고, C형은 사람, 개, 돼지를 감염시킨다. B형, C형은 유행이 흔하지 않고 유행을 하더라도 심각하지 않다. 지난 6차례에 걸쳐 유행했던 모든 AI가 A형이고, 사람에게서도 신종플루 등 심각한 문제를 일으켰던 것 역시 A형이다.

H5N6 등 이름에 붙여지는 H는 헤마글루티닌의 첫 글자인데 모두 18가지 유형이 있다. N은 뉴라미니다제의 첫 글자를 의미하는 것으로서 11가지 유형이 존재한다. H와 N은 바이러스 표면에 존재하는 단백질인데 이들의 조합에 따라 바이러스 종류가 결정되고 병원성도 달라진다. 간단한 조합만으로도 존재할 수 있는 바이러스 종류가 198종이나 되지만, 특히 H5 계열은 가능한 조합에서도 병원성에 있어서는 단연 으뜸이다.

2003년도에 처음으로 확인된 H5N1은 매우 심각한 병원성을 보이는 유형으로 유명하다. 사람 감염에서 60%의 치사율을 보인 이 AI는 사실 인류를 멸종시킬 최대 위협요인 중 하나로 간주된 적도 있었다. 지금 유행하고 있는 H5N6도 중국에서는 2014년부터 지금까지 17명을 감염시켜 10명을 사망시킨 바 있다. 하지만 다행스럽게도 우리나라에서는 2003년 이후 지금까지 6차례의 AI 유행에서도 이들 AI에 사람이 감염된 사례는 없었다.

나만의 독해법

흐름	내용

여러 가지 호흡기 질환을 일으키는 비염은 미세먼지 속의 여러 유해 물질들이 코 점막을 자극하여 맑은 콧물이나 코막힘, 재채기 등의 증상을 유발하는 것을 말한다. 왜 코 점막의 문제인데, 비염 증상으로 재채기가 나타날까? 비염 환자들의 코 점막을 비내시경을 통해 관찰하게 되면 알레르기성 비염 환자에겐 코 점막 내의 돌기가 관찰된다. 이 돌기들이 외부에서 콧속으로 유입되는 먼지, 꽃가루, 유해 물질 등에 민감하게 반응하면서 재채기 증상이 나타나는 것이다.

알레르기성 비염은 집먼지, 진드기 등이 매개가 되는 통연성 비염과 계절성 원인이 문제가 되는 계절성 비염으로 나뉜다. 최근 들어 미세먼지, 황사 등 대기 질을 떨어뜨리는 이슈가 자주 발생하면서 계절성 비염의 발생 빈도는 점차 늘어나고 있는 추세다.

아직도 비염을 단순히 코 점막 질환이라 생각한다면 큰 오산이다. 비염은 면역력의 문제, 체열 불균형의 문제, 장부의 문제, 독소의 문제가 복합적으로 얽혀서 코 점막의 비염 증상으로 표출되는 복합질환이다. 비염의 원인이 다양하고 복합적인 만큼 환자마다 나타나는 비염 유형도 가지각색이다.

나만의 독해법

흐름	내용

젠트리피케이션(Gentrification)의 원인에 대한 도시 연구자들의 논의는 사회문화적 접근과 경제적 접근, 공공정책적 접근으로 나누어 볼 수 있다. 사회문화적 접근은 젠트리피케이션의 원인을 수요 측면에서 분석한 반면, 경제적·공공정책적 접근은 공급 측면에서 분석한다.

데이비드 레이(David Ley)는 「자유 이념과 후기 산업도시」라는 논문에서 젠트리피케이션의 사회문화적 원인을 분석했다. 그는 1970년대 이후 낙후한 구도심으로 되돌아오고 있는 중·상류층의 사회문화적 특성, 소비성향에 주목한다. 1960년대 후반 후기 산업사회로 접어들면서 서구의 도시 및 산업구조는 과거와 다른 모습으로 재편된다. 제조업이 쇠퇴하고 고부가가치 첨단산업, 서비스업이 부상하면서 도시의 주류 구성원이 산업 노동자에서 고소득 전문 직종에 종사하는 화이트칼라로 교체된 것이다.

베이비부머이며 여피(Yuppie)로도 불리는 이들 신흥 중산층은 목가적인 전원생활을 선호하며 근검절약을 강조했던 부모 세대와 달리 편리함과 문화적 다양성을 갖춘 도시 생활을 선호하고 여가를 중시하며 각자의 개성을 반영한 감각적이고 심미적인 소비생활을 즐기는 성향을 가지고 있다. 때문에 이들은 교외로 떠난 부모 세대와는 달리 도심으로 복귀해 그곳의 주거 공간을 자신들의 문화적 취향에 맞게 개조한다. 이에 따라 주변 상권은 이들의 소비성향, 곧 수요에 맞게 개편된다. 이처럼 레이는 젠트리피케이션의 원인을 사람에게서 찾았다. 후기 산업사회의 주역으로 떠오른 베이비부머 신흥 중산층이 도심에서 살기를 원하고 그곳으로 회귀하면서 발생하는 것이 젠트리피케이션 현상이란 설명이다.

나만의 독해법

흐름	내용

09 용어의 정의

1 대표지문

건축은 자연으로부터 인간을 보호하기 위한 인위적인 시설인 지붕을 만들기 위한 구축술(構築術)에서 시작되었다고 할 수 있다. 우리가 중력의 법칙이 작용하는 곳에 살고 있는 이상 지붕은 모든 건축에서 고려해야 할 필수적인 요소이다. 건축은 바닥과 벽 그리고 지붕의 세 요소로 이루어진다. 하지만 인류 최초의 건축 바닥은 지면이었고 별도의 벽은 없었다. 뿔형이나 삼각형 단면 구조에 의해 이루어지는 지붕이 벽의 기능을 하였을 뿐이다.

그러나 지붕만 있는 건축으로는 넓은 공간을 만들 수 없다. 천장도 낮아서 공간의 효율성이 떨어지고 불편했다. 따라서 공간에 대한 욕구가 커지고 건축술이 발달하면서 건축은 점차 수직으로 선 구조체가 지붕을 받치는 구조로 발전하였다. 그로 인해 지붕의 처마는 지면에서 떨어질 수 있게 되었고, 수직의 벽도 출현하게 되었다. 수직 벽체의 출현은 건축의 발달 과정에서 획기적인 전환이었다. 이후 수직 벽체는 건축구조에서 가장 중요한 부분의 하나가 되었고, 그것을 만드는 재료와 방법에 따라서 다양한 구조와 형태의 건축이 출현하였다.

흙을 사용하여 수직 벽체를 만드는 건축 방식에는 항토(夯土)건축과 토담, 전축(塼築) 등의 방식이 있다. 항토건축은 거푸집을 대고 흙 또는 흙에 강회(생석회)와 짚여물 등을 섞은 것을 넣고 다져 벽을 만든 것이다. 토담 방식은 햇볕에 말려 만든 흙벽돌을 쌓아올려 벽을 만든 것이다. 그리고 전축은 흙벽돌을 고온의 불에 구워 만든 전돌을 이용해 벽을 만든 것이다. 항토건축은 기단이나 담장, 혹은 성벽을 만드는 구조로 사용되었을 뿐 대형 건축물의 구조방식으로는 사용되지 않았고, 토담 방식으로 건물을 지은 예는 많지 않았다. 한편 전축은 전탑, 담장, 굴뚝 등에 많이 활용되었고 조선 후기에는 화성(華城)의 건설에 이용되었다. 여름철에 비가 많고 겨울이 유난히 추운 곳에서는 수분의 침투와 동파를 막기 위해서 높은 온도에서 구워낸 전돌을 사용해야 했는데, 경제적인 부담이 커서 대량생산을 할 수 없었다.

나만의 독해법

흐름	내용

첫 문장	건축은 지붕을 만들기 위한 구축술에서 시작
가속	건축은 바닥, 벽, 지붕으로 구성
급정거	최초의 건축 바닥은 지면, 벽은 없었음, 지붕이 벽의 기능
급정거	지붕만으로는 넓은 공간 못 만듦
가속	건축술이 발달, 수직으로 선 구조체가 지붕을 받치는 구조 발전
서행	수직 벽체가 가장 중요한 부분의 하나
신호등	흙을 사용하여 수직 벽체를 만드는 방식
정체	항토건축, 토담, 전축의 정의
서행	항토건축은 대형 건축물에는 사용되지 않음, 토담 방식은 드묾
급정거	전축의 활용처, 조선 후기 화성
서행	전돌은 경제적인 부담이 커서 대량생산 어려움

🔍 **독해 고수의 팁**

세 번째 단락과 같이 특정 대상에 대한 정의를 자세하게 설명하는 부분이 등장하면 이 부분은 과감하게 넘겨야 한다. 물론, 선택지에서 해당 내용을 물어볼 가능성이 존재하지만 대부분 정답과는 거리가 먼 선택지가 될 가능성이 높으며 더 중요한 것은 그 대상들을 부연해서 설명하는 바로 다음의 문장들이다. 따라서 세 번째 단락은 위의 표와 같이 '항토건축, 토담, 전축에 대한 기본적인 개념 설명이 여기에 있다.' 정도로만 파악하고 곧바로 다음 문장으로 넘어가기 바란다.

실전문제
⏱ 제한시간 : 30초　⌛ 소요시간 :　　초

다음 글을 근거로 판단할 때, 〈보기〉에서 옳은 것만을 모두 고르면?

⟨ **보기** ⟩

ㄱ. 수직 벽체를 만들게 됨에 따라서 지붕만 있는 건축물보다는 더 넓은 공간의 건축물을 지을 수 있게 되었다.
ㄴ. 항토건축 방식은 대형 건축물의 수직 벽체로 활용되었을 뿐 성벽에는 사용되지 않았다.
ㄷ. 토담 방식은 흙을 다져 전체 벽을 만든 것으로 당시 대부분의 건축물에 활용되었다.
ㄹ. 화성의 건설에 이용된 전축은 높은 온도에서 구워낸 전돌을 사용한 것이다.

① ㄱ, ㄴ
② ㄱ, ㄹ
③ ㄴ, ㄷ
④ ㄱ, ㄷ, ㄹ
⑤ ㄴ, ㄷ, ㄹ

정답 ②
ㄱ. 지붕만 있는 건축으로는 넓은 공간을 만들 수 없었는데, 공간에 대한 욕구가 커지고 건축술이 발달하면서 수직 벽체가 발전하였다고 하였다. 즉 수직 벽체는 기존의 지붕만 있는 건축이 가지고 있던 단점인 좁은 공간의 문제를 해결하기 위한 것이었으므로 옳은 내용이라고 볼 수 있다.
ㄹ. 전축은 흙벽돌을 고온의 불에 구워 만든 전돌을 이용해 벽을 만든 것이며, 화성의 건설에 이용되었다고 하였으므로 옳은 내용이다.
오답분석
ㄴ. 항토건축은 대형 건축물의 구조방식으로 사용되지 않았으나, 기단이나 담장, 혹은 성벽을 만드는 구조로는 사용되었다고 하였으므로 옳지 않은 내용이다.
ㄷ. 흙을 다져 벽을 만드는 것은 항토건축이며, 토담 방식으로 건물을 지은 예는 많지 않았다고 하였으므로 옳지 않은 내용이다.

2 기본독해

영국의 식민지였던 시기의 미국 남부와 북부 지역에서는 사회 형성과 관련하여 전혀 다른 상황이 전개되었다. 가난한 형편을 면하기 위해 남부로 이주한 영국 이주민들은 행실이 방정하지 못하고 교육도 받지 못한 하층민이었다. 이들 중에는 황금에 눈이 먼 모험가와 투기꾼 기질이 강한 사람들도 있었다. 반면에 뉴잉글랜드 해안에 정착한 북부 이주민들은 모두 영국에서 경제적으로 여유 있던 사람들로, 새 보금자리인 아메리카에서 빈부귀천의 차이가 없는 특이한 사회 유형을 만들어냈다. 적은 인구에도 불구하고 그들은 거의 예외 없이 훌륭한 교육을 받았으며, 상당수는 뛰어난 재능과 업적으로 유럽 대륙에도 이미 널리 알려져 있었다.

북부 이주민들을 아메리카로 이끈 것은 순수한 종교적 신념과 새로운 사회에 대한 열망이었다. 그들은 청교도라는 별칭을 가진 교파에 속한 이들로, 스스로를 '순례자'로 칭했을 만큼 엄격한 규율을 지켰다. 이들의 종교적 교리는 민주공화이론과 일치했다. 뉴잉글랜드의 이주자들이 가족을 데리고 황량한 해안에 상륙하자마자 가장 먼저 한 일은 자치를 위한 사회 규약을 만드는 일이었다. 유럽인들이 전제적인 신분질서에 얽매여 있는 동안, 뉴잉글랜드에서는 평등한 공동사회가 점점 모습을 드러냈다. 반면에 남부 이주민들은 부양가족이 없는 모험가들로서 기존의 사회 체계를 기반으로 자신들의 사회를 건설하였다.

나만의 독해법

흐름	내용

🔍 독해 고수 따라잡기

첫 문장	미국 남부와 북부 지역의 사회 형성 양상이 다름
서행	남부는 하층민, 모험가, 투기꾼
급정거	북부는 경제적으로 여유 있는 사람, 빈부귀천이 없는 사회
가속	훌륭한 교육 받음, 재능 뛰어남
신호등	북부 : 종교적 신념, 새로운 사회에 대한 열망
가속	청교도, 순례자, 엄격한 규율, 민주공화이론
가속	자치 사회 규약 만듦, 뉴잉글랜드는 평등한 공동사회
급정거	남부 : 기존 사회체계 기반

| 문제 2 |

1876년 개항 이후 제당업은 많은 변화를 거치며 지금에 이르렀다. 처음 조선에 수입되기 시작한 영국 자본계 정제당은 1905년 러일전쟁 이후 일본정부가 정책적으로 지원한 일본의 정제당으로 교체되었다. 구한말에는 일본제품이 유입되는 여러 경로가 있었으나 1907년에 '대일본제당(大日本製糖)'으로 단일화되었다. 제1차 세계대전 발발 후에도 세계적으로 설탕 시세가 고가를 유지하자 대일본제당은 제당업의 장래를 밝게 전망했다. 1920년대 후반 세계적인 설탕 가격 하락과 일본 내 과잉 공급으로 제당회사 간의 경쟁이 과열되었다. 이에 당업연합회는 설탕 가격 하락을 막기 위해 강력한 카르텔로 전환하여 가격 통제를 강화하였다.

대일본제당은 조선총독부의 후원 아래 독점적 제당회사인 대일본제당 조선지점을 설립하고, 1920년부터 원료비 절감을 위해 평안남도와 황해도 일대에 사탕무를 재배하기 시작하였다. 하지만 생산성이 매우 낮아 국제적인 경쟁력이 없는 것으로 판명되었다. 이에 대일본제당 조선지점은 1922년부터 원료당을 수입해 가공하는 정제당업으로 전환하여 저렴한 자바 원료당을 조선에 독점적으로 공급하면서 생산 기반을 구축하였다.

해방 후 한국은 일제 강점기의 제당업 생산체제와 단절되어 공급량이 줄었음에도 불구하고 설탕 소비는 계속 증가하였다. 사업 기회를 포착한 설탕 무역업자들이 정부로부터 생산 설비를 위한 자금을 지원 받고, 미국이 원조하는 원료당의 배정에서도 특혜를 받으며 제당업에 뛰어들었다. 더구나 설탕은 가격 통제 대상이 아니었기 때문에 제당회사들은 설탕 가격을 담합하여 높은 가격을 유지했다. 제당회사들 간 과잉 투자로 후발업체가 도태되는 상황이 벌어져도 국내 설탕 가격은 하락하지 않았다.

나만의 독해법

흐름	내용

독해 고수 따라잡기

첫 문장	제당업의 변화
가속	영국에서 러일전쟁 이후 일본으로, 대일본제당
가속	잘 되다가 1920년대 후반 경쟁 과열, 카르텔 전환, 가격 통제
신호등	대일본제당 조선지점, 평안남도와 황해도 일대 사탕무 재배
급정거	생산성 낮음
가속	1922년부터 수입 가공으로 전환
신호등	해방 후 공급량 줄었으나 소비 증가
가속	자금 지원, 미국 원조, 가격 통제 대상 아님, 담합
정지	과잉 투자, 후발업체 도태, 가격 하락 안함

| 문제 1 |

핵분열(Nuclear Fission)이란 우라늄과 플루토늄 같은 무거운 원자의 원자핵이 두 개 이상의 가벼운 원자핵으로 쪼개지는 현상이다. 핵분열 반응이 일어나면 반응 전에 비해 질량이 줄어드는데, 아인슈타인의 특수상대성이론에서 도출된 질량-에너지 등가원리에 따라 줄어드는 질량만큼 에너지가 발생한다. 에너지의 발생은 핵자당 결합에너지(Binding Energy) 차이에서 비롯된다. 이때, 핵자는 원자핵을 구성하고 있는 양성자와 중성자를 의미하고, 핵자 수가 증가할수록 질량이 증가한다. 결합에너지는 원자핵 속의 핵자들을 독립적인 핵자들로 모두 분리시키기 위해 필요한 최소한의 에너지로서 원자핵을 구성하는 핵자들이 결합할 때에 방출하는 에너지이기도 하다. 이 결합에너지를 핵자의 수로 나눈 값을 핵자당 결합에너지라고 말하며, 이는 핵자들이 핵 안에서 결합된 정도를 나타낸다.

핵자당 결합에너지는 질량수에 따라 증가하여 철(Fe)에서 가장 크고, 이후에는 질량수가 커질수록 감소하는 특성을 가지고 있다. 따라서 수소를 포함해 질량수가 작은 원자핵들은 핵자 수가 커질수록 결합에너지가 증가하므로 결합하여 원자핵이 되면서 결합에너지 차이만큼 에너지를 방출한다. 반대로 우라늄을 포함한 무거운 원자핵은 질량수가 작아질수록 결합에너지가 커지기 때문에, 작은 원자핵들로 분열할 때 결합에너지의 차이만큼 에너지를 방출하게 된다. 전자의 경우를 핵융합(Nuclear Fusion), 후자의 경우를 핵분열(Nuclear Fission)이라고 한다. 핵융합을 이용한 것이 수소폭탄이며, 핵분열을 이용한 것이 원자로나 원자폭탄이다.

나만의 독해법

흐름	내용

A이론은 인간의 행위가 손익을 합리적으로 평가하여 선택한 결과라고 가정함으로써 범죄자들도 범죄행위를 할 때 시간, 능력과 충분한 자료 등을 합리적으로 고려한다는 것을 전제한다. 또한, 이 이론은 범죄자와 잠재적 피해자는 서로에게 반응하여 상호작용하고 있다고 주장한다. 즉, 범죄자는 적은 노력으로 높은 이익을 얻을 수 있고, 법적 처벌을 받을 위험이 적은 범죄대상에 대하여 더 쉽게 범행을 저지르게 되며, 잠재적 피해자들은 범죄가 일어나는 것을 방지하기 위하여 다양한 범죄예방대책들을 강구하는 등 범죄자의 범죄행위를 더욱 어렵게 만들면서 서로 영향을 미치고 있다. 결과적으로 범죄자는 합리적 선택을 하는 데 있어 대상범죄의 특성과 범죄자 스스로의 특성을 고려하고, 범죄를 결정하는 데 있어 경제적 기회, 학습과 경험, 범죄기술의 지식, 범죄의 유형, 범죄의 시간과 장소, 범죄의 대상을 고려한다는 것이다.

B 이론은 범죄피해의 위험성을 결정하는 가장 중요한 요인 중 하나는 피해자 개인의 직업적 활동, 여가활동 등 일상적 생활양식에 있다는 이론이다. 즉, 외부에서 보내는 시간이 많은 사람들은 공공장소 등에서 범죄자와 접촉할 기회가 빈번해짐으로써 범죄위험성이 증가한다는 것이다. 범죄피해의 원인이 되는 일탈적 생활양식에는 감독되지 않는 활동, 일반적인 청소년 비행, 비행친구와의 교제 등이 있다. 이 이론은 특정 사람들이 다른 사람들에 비해서 범죄피해를 많이 당하는 이유를 그들이 범죄피해를 당하기 쉬운 생활양식을 가지고 있기 때문으로 이해한다. 그리고 인구사회학적 특성(성별, 연령, 사회경제적 지위, 혼인상태 등)에 따라 범죄피해의 정도가 다르다는 데 주목하였다. 이는 일상활동에 영향을 주어 위험한 장소, 시간, 사람에 대한 노출정도의 차이를 유발하게 된다.

나만의 독해법

흐름	내용

대한민국이라는 이름으로 새로 태어난 포스트 식민 국가에서 독립유공자 단체는 식민지 시기에 나라를 위하여 목숨을 바친 '순국(殉國)'을 '공적 기억'의 구축을 위한 핵심에 놓았다. 그리고 이를 통해 '순국선열(殉國先烈)'은 공적 공간의 핵심적 행위자로 자리 잡았다. 이런 맥락에서 일제에 의한 식민지 시대에 조국의 독립을 위하여 애국지사들이 갖은 옥고를 치르고 목숨까지 빼앗겼던 장소인 '서대문형무소'의 의미는 더더욱 극대화되며, 서대문형무소를 중심으로 조성된 '독립공원'은 '공적 기억'의 생산과 유포를 위한 대표적 장소로 위치하게 된다.

'독립공원'은 우리민족의 성지로, 크게 독립문, 서재필 선생 동상, 독립관, 3·1 독립선언 기념탑, 순국선열 추념탑 및 서대문형무소 역사관으로 구성되어 있다. 독립공원 입구에 있는 독립문에서 시작, 서재필 선생 동상을 지나 3·1 독립선언 기념탑과 순국선열 추념탑 및 서대문형무소 역사관에 이르는 도정에서, 방문객은 일본 제국주의의 탄압에도 불구하고 독립국가의 건설을 위해 목숨을 바쳐가며 싸웠던 독립투사들의 발자취에 대해 생각하게 된다.

나만의 독해법

흐름	내용

오늘날 죄수 수감시설을 통칭해 흔히 '감옥'이라고 부르지만, 이 용어는 근대 이후에 들어온 것이고 조선시대에는 엄밀히 말하면 '옥(獄)'이라 했다. 조선에서 죄인에 대한 형벌은 태·장으로 볼기를 치거나, 일정기간 노역에 처하거나, 종신 유배형을 내리거나, 심하면 사형에 처했지, 오늘날처럼 감옥에 가두는 징역형은 없었다. 그러므로 조선시대의 옥은 형벌이 확정되지 않은 미결수들이 수감되는 곳이었다.

조선의 수도 한양에 위치한 대표적인 감옥으로는 형조 소속의 구금 전담 기관인 전옥서(典獄署)를 들 수 있다. 국사범, 정치범을 심문·조사했던 의금부는 죄인을 심문하는 호두각(虎頭閣)과 함께 서쪽과 남쪽에 옥사를 두었으며, 그 가운데 남간옥(南間獄)은 사형수를 가두던 옥사였다. 이외에도 죄인을 직접 잡아서 구속할 권한을 가진 관청이 더 있었는데, 이를 직수아문(直囚衙門)이라고 했다. 직수아문은 병조, 한성부, 사헌부, 승정원, 비변사로 구성되었고, 이들 관청에서도 별도로 구류 시설을 두어 운영하였다.

전옥서는 죄인 구금을 전담하는 관청이었던 만큼 죄수 관리를 맡은 소속 관리나 아전이 적지 않았다. 『육전조례(六典條例)』 기록에 따르면 관리로는 제조(提調) 2명, 주부(主簿) 1명, 참봉(參奉) 2명이 배치되었는데, 주부, 참봉과 달리 제조는 겸직으로서 형조 참판과 승정원의 형방승지가 겸했다. 따라서 종6품 벼슬의 주부가 전옥서의 실질적인 책임자였으며, 그 밑의 참봉 2명은 중죄인을 안치시키거나 감옥에 비치해두는 형구를 관장했다. 옥내의 제반 실무는 이서(吏胥) 7명이 맡았으며, 이외에 형벌 집행, 시신 검시, 경계 및 감시 등을 위해 사령(使令) 10명, 오작(仵作) 1명, 군사(軍士) 10명, 행형쇄장(行刑鎖匠) 1명을 두었다.

나만의 독해법

흐름	내용

10 백과사전

1 대표지문

승정원은 조선시대 왕명 출납을 관장하던 관청으로 오늘날 대통령 비서실에 해당한다. 조선시대 대부분의 관청이 왕 – 의정부 – 육조 – 일반 관청이라는 계통 속에 포함된 것과는 달리 승정원은 국왕 직속 관청이었다.

승정원에는 대통령 비서실장 격인 도승지를 비롯하여 좌승지, 우승지, 좌부승지, 우부승지, 동부승지를 각각 1인씩 두었는데, 이를 통칭 6승지라 부른다. 이들은 모두 같은 품계인 정3품 당상관이었으며, 6승지 아래에는 각각 정7품 주서 2인이 있었다. 통상 6승지는 분방(分房)이라 하여 부서를 나누어 업무를 담당하였는데, 도승지가 이방, 좌승지가 호방, 우승지가 예방, 좌부승지가 병방, 우부승지가 형방, 동부승지가 공방 업무를 맡았다. 이는 당시 중앙부처 업무 분담이 크게 육조(이조, 호조, 예조, 병조, 형조, 공조)로 나누어져 있었고, 경국대전 구성이 6전 체제로 되어 있던 것과도 맥을 같이 한다.

한편 6명의 승지가 동등하게 대우받는 것은 아니었다. 같은 승지라 하더라도 도승지는 다른 나머지 승지들과 대우가 달랐고, 좌승지·우승지와 좌부승지·우부승지·동부승지의 관청 내 위계질서 역시 현격한 차이가 있었다. 관청 청사에 출입할 때도 위계를 준수하여야 했고, 도승지가 4일에 한 번 숙직하는 반면 하위인 동부승지는 연속 3일을 숙직해야만 하였다.

주서는 고려 이래의 당후관(堂後官)을 개칭한 것으로 승정원을 통과한 모든 공사(公事)와 문서를 기록하는 것이 그 임무였다. 주서를 역임한 직후에는 성균관 전적이나 예문관 한림 등을 거쳐, 뒤에는 조선시대 청직(淸職)으로 불리는 홍문관·사간원·사헌부 등의 언관으로 진출하였다가 승지를 거쳐 정승의 자리에 이르는 사람이 많았다. 따라서 주서의 자격 요건은 엄격하였다. 반드시 문과 출신자여야 하였고, 인물이 용렬하거나 여론이 좋지 않은 등 개인적인 문제가 있거나 출신이 분명하지 않은 경우에는 주서에 임명될 수 없었다.

나만의 독해법

흐름	내용

첫 문장	승정원은 대통령 비서실, 국왕 직속
정체	승정원의 구성, 6승지, 정3품 당상관, 정7품 주서 2인
정체	분방, 6승지의 업무, 육조, 경국대전
급정거	6승지가 동등하지 않음, 위계질서 차이 있음
서행	주서의 임무, 주서 이후의 단계
정지	주서는 반드시 문과 출신, 결격 사유

독해 고수의 팁

이른바 백과사전식 지문인데 사실상 모든 문장에서 선택지를 구성할 수 있을 만큼 정보의 양이 방대하다. 따라서 별다른 전략 없이 접근할 경우 소중한 시간을 허비할 가능성이 매우 높은 유형이다. 이런 경우 유용한 것은 바로 '급정거'를 활용하는 것이다. 꼭 반대의 의미가 아니더라도 '한편', '반드시'와 같이 뭔가 화제가 전환되는 느낌이 있다면 이를 활용하자.

실전문제

⏱ 제한시간 : 20초　⏳ 소요시간 :　　초

다음 글을 근거로 판단할 때 옳은 것은?

① 승정원 내에는 총 2명의 주서가 있었다.
② 승정원 도승지와 동부승지의 품계는 달랐다.
③ 양반자제로서 무과 출신자는 주서로 임명될 수 없었다.
④ 좌부승지는 병조에 소속되어 병방 업무를 담당하였다.
⑤ 홍문원·사간원 등의 언관이 승진한 후 승정원 주서를 역임하는 사례가 많았다.

> **정답** ③
> 주서의 자격 요건은 엄격하였는데 그중 하나가 반드시 문과 출신자여야 한다는 것이었으므로 옳은 내용이다.
>
> **오답분석**
> ① 승지 아래에는 각각 정7품 주서 2인이 있었고 승지는 총 6명(6승지)이므로, 승정원 내에는 총 12명의 주서가 있었다.
> ② 승정원에는 도승지를 필두로 좌승지, 우승지, 좌부승지, 우부승지, 동부승지 이렇게 6승지가 있었는데, 이들은 모두 같은 품계인 정3품 당상관이었으므로 옳지 않다.
> ④ 좌부승지가 병방의 업무를 담당했다는 것이지 소속이 병조라는 것이 아니다. 좌부승지를 포함한 6승지는 모두 승정원에 속해 있는 관리들이다.
> ⑤ 주서를 역임한 직후에는 성균관 전적이나 예문관 한림 등을 거쳐, 뒤에는 홍문관·사간원·사헌부 등의 언관으로 진출하였다고 하였다.

| 문제 1 |

조선의 수령은 그가 다스리는 군현의 행정권과 사법권을 독점하는 존재로서 막강한 권력을 행사하였다. 수령은 범죄의 유형이나 정도에 상관없이 태형 50대 이하의 처벌은 언제나 실행할 수 있고 경우에 따라서는 최고 형벌인 사형도 내릴 수 있는 사법권을 가지고 있었다.

수령이 사법권을 행사할 때에는 법전의 규정에 따라 신중하게 실행할 것이 요구되었다. 하지만 이러한 원칙은 어디까지나 법전 속 문구에 지나지 않았다. 실제로 수령 중에는 죄인을 마음대로 처벌하는 남형(濫刑)이나 법규 이상으로 혹독하게 처벌하는 혹형(酷刑), 죄인을 함부로 죽이는 남살(濫殺)을 행사하는 이들이 많았다. 예를 들어 고령현감에 재직 중이던 김수묵은 자신을 모함했다는 이유로 향리 이진신을 비롯한 가족 3명을 잔혹하게 곤장으로 쳐 죽였다. 그는 그들의 숨이 끊어질 때까지 형벌을 가했지만 어떤 문책도 당하지 않았다. 오히려 해이해진 기강을 단속하여 백성을 잘 다스린다는 평가를 받는 수령들은 남형이나 혹형, 남살을 일삼는 경우가 많았다.

그런데 수령의 남형이나 혹형, 남살보다 더 큰 문제는 하급 관속이 백성들에게 사적인 형벌을 마구 휘둘렀던 데 있었다. 특히 도적 체포와 치안 유지를 위해 백성들과 직접 접촉을 했던 포교, 포졸, 관교 등의 비리나 폭력이 심각하였다. 범죄자를 잡는다거나 치안을 유지한다는 명목으로 이들이 죄 없는 백성들에 대해 자행한 불법적인 폭력은 수령의 과도한 사법권 행사와 함께 사회 불안을 조장하는 주요 요소였다.

나만의 독해법

흐름	내용

🔍 독해 고수 따라잡기

첫 문장	수령은 행정권과 사법권 독점
가속	50대 이하의 태형은 언제나, 사형도 가능
신호등	법전의 규정에 따라 실행해야 함
급정거	지켜지지 않음, 남형, 혹형, 남살
정체	김수묵과 이진신 사례, 문책 당하지 않고, 잘 다스린다는 평가를 받음
급정거	더 큰 문제는 하급 관속의 사적 형벌
서행	사회 불안을 조장하는 주요 요소

중세 동아시아 의학의 특징은 강력한 중앙권력의 주도 아래 통치수단의 방편으로서 활용되었다는 점이다. 권력자들은 최상의 의료 인력과 물자를 독점적으로 소유함으로써 의료를 충성에 대한 반대급부로 삼았다. 이러한 특징은 국가 간의 관계에서도 나타나 중국의 황제는 조공국에게 약재를 하사함으로써 위세와 권위를 과시했다. 고려의 국왕 또한 가부장적 이데올로기에 입각하여 의료를 신민 지배의 한 수단으로 삼았다. 국왕은 일년 중 정해진 날에 종4품 이상의 신료에게 약재를 내렸는데, 이를 납약(臘藥)이라 하였다. 납약은 중세 국가에서 약재가 일종의 위세품(威勢品)으로 작용하였음을 잘 보여주는 사례이다. 역병이 유행하면 고려의 국왕은 이에 상응하는 약재를 분배하였다. 1018년 개경에 유행성 열병인 장역(瘴疫)이 유행하자 현종은 관의(官醫)에게 병에 걸린 문무백관의 치료를 명령하고 필요한 약재를 하사하였다. 하층 신민에 대해서는 혜민국과 구제도감 등 다양한 의료 기관을 설립하여 살피게 했다. 전염병이 유행하면 빈민들의 희생이 컸기에 소극적이나마 빈민을 위한 의료대책을 시행하지 않을 수 없었다. 1110년과 1348년 전염병이 유행하였을 때에는 개경 시내에 빈민의 주검이 많이 방치되어 있었고, 이는 전염병이 유행하게 되는 또 다른 요인이 되었다. 이들 빈민 환자를 한 곳에 모아 관리해야 할 필요성에서 빈민의료가 시작되었다. 그러나 혜민국은 상설 기관이 아니라 전염병 유행과 같은 비상시에 주로 기능하는 임시 기관이었다. 애민(愛民)정책 아래 만들어진 이들 기관의 실상은 치료보다는 통치를 위한 격리를 목적으로 하였다.

나만의 독해법

흐름	내용

🔍 독해 고수 따라잡기

첫 문장	중세 동아시아 의학, 중앙권력 주도, 통치수단
가속	의료자원 독점적 소유, 충성에 대한 반대급부
가속	중국과 조공국, 고려 국왕
서행	납약
신호등	역병 유행, 약재 분배
가속	문무백관에게 약재 하사, 하층 신민에게는 의료 기관(소극적)
급정거	혜민국은 임시 기관, 치료보다 통치를 위한 격리

| 문제 1 | 소요시간 :   초

초기 영국의 절대왕정체제는 봉건적 귀족계급을 견제했고 가톨릭을 억제했으며 의회를 존중하였다. 또한, 젠트리와 중산계급의 이익에 반하는 정책을 펴지 않았다. 그런데 1603년 엘리자베스 1세가 죽은 후 즉위한 제임스 1세는 의회를 무시하고 왕권신수설을 주장하면서 억압적인 전제정치를 실시하려 했다. 이 때문에 제임스 1세는 의회와 자주 충돌하게 되었다. 제임스 1세의 뒤를 이은 찰스 1세는 엄격한 국교회 의식을 강행하였다. 이를 스코틀랜드의 장로교까지 확대시키려 하였는데 이 때문에 1640년에 장로교도들이 반란을 일으키게 되었다. 반란을 진압하기 위해 자금이 필요하게 되자 찰스 1세는 의회를 소집하여 전쟁 자금을 요청하였다.

그러나 의회는 왕의 요구를 단호히 거절하였고, 찰스 1세는 의회를 해산했다가 전황이 여의치 않자 다시 의회를 소집하는 등 일관성 없는 행보를 보이기 시작했다. 이에 자신감이 생긴 의회는 왕권을 제한하고 의회를 강화시키는 일련의 작업을 추진하였다. 그러자 왕은 이에 격분하여 친위군대를 파견하여 주모자 5명을 체포하려 시도했다. 이 사건을 계기로 영국은 1642년부터 1646년까지 왕당군과 의회군 사이의 내전에 돌입하였다. 내전은 처음에는 왕당군에게 유리하게 전개되었으나 나중에는 전세가 바뀌어 올리버 크롬웰이 지휘한 의회군이 왕당군을 격파하고 승리를 거두었다.

나만의 독해법

흐름	내용

암의 원인이 되는 유전자의 이상을 바로잡을 수 있으면 암을 효과적으로 치료할 수 있을 것이다. 현대 의학에서 사용되는 표적 치료제들은 대부분 이러한 유전자에서 나온 특정 단백질을 공격 대상으로 한다.

예를 들어 폐암이나 대장암에서 발견되는 EGFR이라는 세포 성장에 관련되는 유전자에 이상이 있을 때에는 이 유전자에서 나온 단백질을 선택적으로 억제하는 '얼비툭스'나 '이레사'와 같은 약을 사용한다. 유방암에서 많이 발견되는 HER2라는 유전자 이상은 이를 특이적으로 공격하는 '허셉틴'과 같은 약을 사용하게 된다.

이 EGFR과 HER2는 모두 세포성장신호를 보내는 역할을 하는 대표적인 유전자로 그 기능이 잘 밝혀져 있고, 현재 암 치료에 가장 많이 활용되는 항암 표적 중 하나이다. 이러한 EGFR 혹은 HER2가 만약 유전자 이상에 의해서 '스위치'가 항상 켜져 있는 상태가 되어 있다면 그 '스위치'를 선택적으로 끌 수 있는 항암제를 투여하는 것이다.

하지만 만약 EGFR에 이상이 있는 환자에게 HER2 저해제를 투여하거나, 반대로 HER2에 이상이 있는 사람에게 EGFR 저해제를 투여한다면 그 효과는 매우 제한적일 것이다. 즉, 표적 치료는 환자에게 이상이 있는 유전자가 무엇인지를 정밀하게 진단하여, 이 특정 환자의 암을 발병시킨 근본 원인을 파악하는 것에서 시작한다. 더 나아가 그러한 원인인 유전 변이를 선택적으로 저해할 수 있는 표적 치료제를 사용하는 것이다. 그래서 종양의 크기를 줄이고 질병 진행을 늦추는 등의 치료 효과를 볼 수 있다.

나만의 독해법

흐름	내용

우리나라에서 '대중문화'라는 말이 최초로 사용된 것은 『조선일보』 1933년 4월 29일자 사설인 것으로 알려지고 있다. 그러나 당시의 대중문화는 오늘날 우리가 흔히 말하는 자본주의 대중문화와는 큰 거리가 있다. 우리나라에서 진정한 의미의 대중문화는 경제개발의 구호 아래 농촌이 해체되고 도시가 커지면서 교통, 통신, 교육, 대중매체 등이 발달하기 시작한 60년대부터 나타났다고 보아야 할 것이다. 1960년엔 전체 인구의 약 60%가 농촌에 산 반면에, 1970년엔 약 50%가 농촌에 살았고, 1976년엔 그 비율이 완전히 역전돼 약 60%가 도시에 살게 되었다. 도시에 사는 인구의 비율은 90년대에 이르러 80%에 이르게 되었다. 그러한 도시화율의 증가 추세를 대중문화의 성장 추세로 보아도 크게 틀리지는 않을 것이다.

대중문화가 곧 '대중매체의 문화'를 의미하는 것은 아니지만, 적어도 우리나라에서는 대중문화 발전이 절대적으로 대중매체에 의존하게 되었다. 거기에는 다음과 같은 사회, 정치적 배경이 자리잡고 있었다. 5·16 군사정변으로 집권한 군사정권은 경제 발전을 국가의 제1이념으로 삼고 다른 부문의 발전을 상대적으로 억눌렀다. 그런데 이러한 권위주의적 통제는 국민의 정치적 불만과 저항을 불러일으킬 위험을 안고 있었다. 게다가 사회 분위기가 억압적일수록 긴장을 풀어줄 오락과 유흥에 대한 욕구는 더 커지게 마련이었다.

나만의 독해법

흐름	내용

역사적으로 중국 구중궁궐에는 수천 수만의 궁녀들이 있었는데, 이러한 수치는 세계적으로 유일무이했다. 황후나 비빈들과 달리 궁녀에 대해서는 구체적인 제한 규정이 없었다. 그래서 여색을 밝히던 역대 황제들은 마음대로 미녀들을 구중궁궐로 불러들인 뒤 궁녀로 만들어 자신의 성적 욕구를 만족시켰다. 전한 무제 때 처음으로 궁녀가 천 명을 넘어섰다. 후한 환제 때는 6천 명에 달했고, 서진 무제 때는 무려 만 명을 넘어섰다. 당나라 때 시인 백거이는 후궁이 3천이라 했고, 시성 두보도 궁녀가 8천이라고 말했다. 하지만 당 태종 때의 대신 이백약이 '청방궁인봉사'라는 상서를 올려 궁에 쓸모없는 궁녀가 수만에 이른다고 한 것으로 보아 훨씬 더 많았을 것으로 추측된다.

황제의 후비들은 대부분 궁녀들 중에서 나왔다. 여인들마다 궁에 들어온 사연은 모두 제각각이지만 대부분은 선발되거나 진상되어 들어왔다. 당대 대호족 가문이나 평범한 관리 집안의 여인들은 모두 황실의 규정에 따라 선발된 다음 입궁했다. 황제의 친인척이거나 권문귀족 출신도 있었으며, 덕과 재능을 갖추거나 뛰어난 미모로 이름을 얻어 특별히 입궁하게 된 평범한 관리 집안의 자녀들도 있었다. 대표적인 예가 태종의 현비 서씨와 무측천이다. 서씨는 뛰어난 학문으로 이름을 날리다 재인이 되었고, 무측천은 아름다움 때문에 궁에 들어와 황제까지 되었다. 이렇게 특별히 뽑혀 궁에 들어온 여인들은 특별대우를 받다가 종종 비빈이 되거나 여관이 되어 평생을 구중궁궐에서 지냈다.

나만의 독해법

흐름	내용

1 대표지문

한복(韓服)은 한민족 고유의 옷이다. 삼국시대의 사람들은 저고리, 바지, 치마, 두루마기를 기본적으로 입었다. 저고리와 바지는 남녀 공용이었으며, 상하귀천에 관계없이 모두 저고리 위에 두루마기를 덧입었다. 삼국시대 이후인 남북국시대에는 서민과 귀족이 모두 우리 고유의 두루마기인 직령포(直領袍)를 입었다. 그런데 귀족은 직령포를 평상복으로만 입었고, 서민과 달리 의례와 같은 공식적인 행사에는 입지 않았다. 고려시대에는 복식 구조가 크게 변했다. 특히, 귀족층은 중국옷을 그대로 받아들여 입었지만, 서민층은 우리 고유의 복식을 유지하여 복식의 이중 구조가 나타났다. 조선시대에도 한복의 기본 구성은 지속되었다. 중기나 후기에 들어서면서 한복 디자인은 한층 단순해졌고, 띠 대신 고름을 매기 시작했다. 조선 후기에는 마고자와 조끼를 입기 시작했는데, 조끼는 서양 문물의 영향을 받은 것이었다.

한편 조선시대 관복에는 여러 종류가 있었다. 곤룡포(袞龍袍)는 임금이 일반 집무를 볼 때 입었던 집무복[상복 : 常服]으로, 그 흉배(胸背)에는 금색실로 용을 수놓았다. 문무백관의 상복도 곤룡포와 모양은 비슷했다. 그러나 무관 상복의 흉배에는 호랑이를, 문관 상복의 흉배에는 학을 수놓았다. 무관들이 주로 대례복으로 입었던 구군복(具軍服)은 무관 최고의 복식이었다. 임금도 전쟁 시에는 구군복을 입었는데, 임금이 입었던 구군복에만 흉배를 붙였다.

※ 흉배 : 왕을 비롯한 문무백관이 입던 관복의 가슴과 등에 덧붙였던 사각형의 장식품

나만의 독해법

흐름	내용

독해 고수 따라잡기

첫 문장	한복, 삼국시대, 저고리, 바지, 치마, 두루마기
갈림길	남북국시대, 직령포
갈림길	고려시대, 크게 변함, 귀족층은 중국옷, 이중 구조
갈림길	조선시대, 기본 구성 지속, 단순, 띠 대신 고름
갈림길	조선후기, 마고자, 조끼
신호등	조선시대 관복의 종류
정체	곤룡포, 문무백관의 상복
급정거	상복의 흉배(문관과 무관 차이)
서행	구군복

독해 고수의 팁

시대의 흐름에 따라 특정 대상의 변화를 설명하는 글의 경우는 단순히 각 시대별 특징을 평행하게 접근할 것이 아니라, 그 대상의 어떤 특징들이 변화하고 있는지를 파악하는 것이 핵심이다. 물론, 평소 연습 시 이를 굳이 정갈한 문장으로 나타낼 필요는 없다. 제시문의 경우는 '시대에 따라서 입는 옷이 변했는데, 삼국시대에는 차이가 없었고, 남북국시대에는 귀족이 다르게 입었고, 고려시대에는 그중에서도 귀족들이 중국옷을 입으며 이때 크게 변화했다고 하였다. 이후 조선시대에는 큰 변화없이 아이템들이 추가되었다.' 정도로 정리하며 읽으면 될 것이다.

실전문제

⏱ 제한시간 : 20초   ⧗ 소요시간 :   초

다음 글을 근거로 판단할 때 옳은 것은?

① 남북국시대의 서민들은 직령포를 공식적인 행사에도 입었다.
② 고려시대에는 복식 구조가 크게 변하여 모든 계층에서 중국옷을 그대로 받아들여 입는 현상이 나타났다.
③ 조선시대 중기에 들어서면서 고름을 매기 시작했고, 후기에는 서양 문물의 영향으로 인해 마고자를 입기 시작했다.
④ 조선시대 무관이 입던 구군복의 흉배에는 호랑이가 수놓아져 있었다.
⑤ 조선시대 문관의 경우 곤룡포와 비슷한 모양의 상복에 호랑이가 수놓아진 흉배를 붙였다.

> **정답** ①
> 귀족은 직령포를 평상복으로만 입었고, 서민과 달리 의례와 같은 공식적인 행사에는 입지 않았다고 하였다. 따라서 서민들은 공식적인 행사에서도 직령포를 입었음을 추론할 수 있다.
>
> **오답분석**
> ② 고려시대에는 복식 구조가 크게 변했는데 특히 귀족층은 중국옷을 그대로 받아들여 입었지만, 서민층은 우리 고유의 복식을 유지하여, 복식의 이중 구조가 나타났다고 하였다. 따라서 모든 계층에서 중국옷을 그대로 받아들여 입었던 것은 아니다.
> ③ 중기나 후기에 들어서면서 띠 대신 고름을 매기 시작했으며, 후기에는 마고자와 조끼를 입기 시작했는데, 조끼는 서양 문물의 영향을 받은 것이라고 하였다. 하지만 마고자에 대해서는 그러한 언급이 없으므로 옳지 않은 내용이다.
> ④ 임금이 입었던 구군복에만 흉배를 붙였다고 하였으므로 다른 무관들이 입던 구군복에는 흉배가 붙여져 있지 않았을 것이다.
> ⑤ 문무백관의 상복도 곤룡포와 모양은 비슷했으나 무관 상복의 흉배에는 호랑이를, 문관 상복의 흉배에는 학을 수놓았다고 하였으므로 옳지 않은 내용이다.

2 기본독해

| 문제 1 |

제한시간 : 30초　소요시간 :　초

고려시대에 지방에서 의료를 담당했던 사람으로는 의학박사, 의사, 약점사가 있었다. 의학박사는 지방에 파견된 최초의 의관으로서, 12목에 파견되어 지방의 인재들을 뽑아 의학을 가르쳤다. 반면, 의사는 지방 군현에 주재하면서 약재 채취와 백성의 치료를 담당하였다. 의사는 의학박사만큼 교육에 종사하기는 어려웠지만 의학교육의 일부를 담당했다. 의학박사에 비해 관품이 낮은 의사들은 실력이 뒤지거나 경력이 부족했으며 행정업무를 병행하기도 하였다.

한편, 지방 관청에는 약점이 설치되었고, 그곳에 약점사를 배치하였다. 약점사는 향리들 중에서 임명하였는데, 향리가 없는 개경과 서경을 제외한 전국의 모든 고을에 있었다. 약점은 약점사들이 환자들을 치료하는 공간이자 약재의 유통 공간이었다. 지방 관청에는 향리들의 관청인 읍사가 있었다. 큰 고을은 100여 칸, 중간 크기 고을은 10여 칸, 작은 고을은 4~5칸 정도의 규모였다. 약점도 읍사 건물의 일부를 사용하였다. 약점사들이 담당한 여러 일 중 가장 중요한 것은 인삼, 생강, 백자인 등 백성들이 공물로 바치는 약재를 수취하고 관리하여 중앙정부에 전달하는 일이었다. 약점사는 국왕이 하사한 약재들을 관리하는 일과 환자들을 치료하는 일도 담당하였다. 지방마다 의사를 두지는 못하였으므로 의사가 없는 지방에서는 의사의 업무 모두를 약점사가 담당했다.

나만의 독해법

흐름	내용

첫 문장	고려시대 의료 담당은 의학박사, 의사, 약점사
갈림길	의학박사 : 지방에 파견된 최초의 의관, 의학 가르침
갈림길	의사 : 약재 채취, 백성 치료, 교육 일부 담당, 행정업무 병행
급정거	지방 관청에 약점, 약점사, 향리, 개경과 서경 제외
가속	약점사들이 환자 치료하는 공간, 약재 유통 공간
가속	읍사 건물의 일부 사용
서행	공물 약재 수취와 관리, 국왕 하사 약재 관리와 치료
서행	의사가 없는 지방, 의사의 업무를 약점사가 담당

1970년대 이후 미국의 사회 규범과 제도는 소득 불균형을 심화시켰고 그런 불균형을 묵과했다고 볼 수 있다. 그 예로 노동조합의 역사를 보자. 한때 노동조합은 소득 불균형을 제한하는 역할을 하였고, 노동조합이 몰락하자 불균형을 억제하던 힘이 사라졌다.

제조업이 미국경제를 주도할 때 노동조합도 제조업 분야에서 가장 활발했다. 그러나 지금 미국경제를 주도하는 것은 서비스업이다. 이와 같은 산업구조의 변화는 기술의 발전이 주된 요인이지만 많은 제조업 제품을 주로 수입에 의존하게 된 것이 또 다른 요인이다. 이러한 사실에 기초하여 노동조합의 몰락은 산업구조의 변화가 그 원인이라는 견해가 지배적이었다. 그러나 노동조합이 전반적으로 몰락한 주요 원인을 제조업 분야의 쇠퇴에서 찾는 이러한 견해는 틀린 것으로 판명되었다.

1973년 전체 제조업 종사자 중 39%였던 노동조합원의 비율이 2005년에는 13%로 줄어들었을 뿐더러, 새롭게 부상한 서비스업 분야에서도 조합원들을 확보하지 못했다. 예를 들어 대표적인 서비스 기업인 월마트는 제조업에 비해 노동조합이 생기기에 더 좋은 조건을 갖추고 있었다. 월마트 직원들이 더 높은 임금과 더 나은 복리후생 제도를 요구할 수 있는 노동조합에 가입되어 있었더라면, 미국의 중산층은 수십만 명 더 늘었을 것이다. 그런데도 월마트에는 왜 노동조합이 없는가?

1960년대에는 노동조합을 인정하던 기업과 이에 관련된 이해집단들이 1970년대부터는 노동조합을 공격하기 시작했다. 1970년대 말과 1980년대 초에는 노동조합을 지지하는 노동자 20명 중 적어도 한 명이 불법적으로 해고되었다. 1970년대 중반 이후 기업들은 보수적 성향의 정치적 영향력에 힘입어서 노동조합을 압도할 수 있게 되었다. 소득의 불균형에 강력하게 맞섰던 노동조합이 축소된 것이다. 이처럼 노동조합의 몰락은 정치와 기업이 결속한 결과이다.

나만의 독해법

흐름	내용

첫 문장	70년대 이후 미국 사회 규범, 제도는 소득 불균형 심화, 묵과
가속	노동조합의 역사
신호등	제조업이 미국 경제 주도, 노동조합도 제조업에서 활발
급정거	지금은 서비스업
가속	기술 발전, 수입 의존, 노동조합의 몰락은 산업구조 변화가 원인
급정거	이러한 견해 틀림
신호등	서비스업에서도 조합원 확보 못함(월마트)
서행	70년대부터 이해집단들이 노동조합 공격
서행	기업들은 보수적 성향의 정치적 영향력에 힘입어 노동조합 압도
정지	정치와 기업이 결속한 결과

3 60초 독해연습

⏳ 소요시간 :   초

유럽인들이 이주해오기 전까지 남아프리카는 오랜 세월 부시맨이라 불리는 코이산(Khoisan)족의 삶의 터전이었다. 수렵과 채집으로 생활하는 코이산족은 뒤늦게 남하해 온 반투(Bantu)계 농경·유목 부족들과 함께 이 지역을 지켜온 원주민들이었다. 1652년 네덜란드의 동인도회사가 인도 항로의 중간 정박기지를 세우기 위해 100여 명의 인력을 파견하면서 케이프타운에 처음으로 백인 정착촌이 만들어졌다. 1657년에는 최초의 자발적인 이주자들이 자리를 잡았고, 1688 ~ 1689년에는 프랑스의 위그노 200여 가족이 종교 탄압을 피해 이주해 왔다. 백인 이주자들은 농업과 목축에 종사하면서 스스로를 '보어(Boer, 네덜란드어로 농부)' 또는 아프리카너(Afrikaner)라고 불렀다.

1814년 영국은 두 차례 케이프타운을 점령한 끝에 정식으로 자국 식민지로 편입했다. 이때부터 보어인과 영국계 사이의 갈등이 시작되었다. 케이프타운의 공용어는 영어로 바뀌었고, 1820년 영국 최초의 이민자가 케이프타운에 진입했다. 영국인들의 통치에 반발한 보어인들은 케이프타운을 떠나 북방의 내륙지방으로 집단 이동하는 '그레이트 트렉'을 결행하였고, 그 결과 1839년 '나탈 공화국', 1852년 '오렌지 자유국', 1854년 '트란스발 공화국' 등을 수립하였다. 그러나 영국은 두 차례의 보어전쟁에서 승리하여, 1910년 대영제국의 자치 식민지인 '남아프리카연방'을 출범시켰다.

나만의 독해법

흐름	내용

홍보실무자들은 긴급한 상황이 발생했을 경우를 대비해서 즉각 고지해야 할 내부공중과 외부공중의 목록을 작성해 두어야 한다. 최고경영자와 조직체의 고위간부가 내부공중에 해당된다. 비상 시의 외부공중은 그 우선순위로 볼 때, 법을 집행하는 공직자, 사상자의 이름이 공개되기 이전에 통보받은 희생자 가족, 대중매체, 정부의 해당기관, 소셜미디어 사이트, 거래처 간행물 등이 있다. 내부 및 외부공중들은 그 확인절차가 선행되어야 하는 위기관리홍보의 출발점이다. 홍보실무자들은 사건과 관계된 모든 당사자들에게 제때 고지할 수 있도록 비상연락망을 매우 구체적으로 작성할 필요가 있다.

위기관리를 위한 점검목록에는 위와 같은 고지와 연락망 작성 이외에도 언론에 필요한 자료의 준비, 공공정보센터의 운영 및 미디어정보센터의 역할에 관한 내용이 포함되어 있다. 우선 회사에 관한 기초정보, 사실을 정리한 서류 등을 준비해서 그 내용을 웹사이트에 게재하고, 위기에 관한 기본적인 뉴스 보도자료를 준비해야 한다. 뉴스 보도자료에는 긴급상황이 발생한 이유를 제외하고 무슨 일이, 어떻게, 언제, 어디서, 누가, 얼마나 관여되었는지에 대해 알려진 모든 사실을 포함시킨 완전공개의 원칙을 지키되 정보가 정확한지 확인하고 미확인 정보는 배포해서는 안 된다. 사상자의 가족이 통보받기 전까지 희생자의 명단은 제외하고 보고해야 한다.

나만의 독해법

흐름	내용

우리가 많이 사용하는 진통제 대부분은 비마약성 진통제로, 통증을 유발하는 물질이 생성되지 않도록 말초신경계에서 차단하여 통증이 뇌로 전달되는 것을 막아주는 역할을 한다. 대표적인 비마약성 진통제에는 아스피린, 아세트아미노펜 등이 있다. 비마약성 진통제를 사용해도 통증이 사라지지 않는 경우에는 중추신경계에 직접적으로 작용하는 마약성 진통제를 사용하기도 한다. 마약성 진통제로 가장 잘 알려진 모르핀은 양귀비에서 추출한 아편유도체(Opiate) 계통의 약물로, 암과 같이 일반적인 진통제가 듣지 않는 극심한 통증에 주로 쓰인다. 마약성 진통제는 척수나 뇌간에 작용해 통증 신호가 뇌의 감각피질에 도달하는 것을 차단한다.

1950년에 처음 소개된 뇌심부자극술(DBS; Deep Brain Stimulation) 요법은 뇌의 특정부위에 전극을 삽입한 뒤 자극을 줘서 신경세포의 활동을 억제하여 통증을 감소시키는 기법이다. 아직까지는 약물을 통해 통증을 치료하는 방법이 주로 쓰이고 있지만, 선진국에서는 통제하기 힘든 통증을 줄이기 위해 뇌심부자극술 요법을 꾸준히 연구하고 있다.

나만의 독해법

흐름	내용

1970년부터 2010년까지 167개 국가가 IMF의 지시를 따랐지만, 그중 9개국만이 저소득 상태에서 고소득 상태로 전환되었다. 9개의 국가 중 아시아 국가는 오직 한국과 타이완뿐이다. 중국과 싱가포르 및 말레이시아를 포함하여 성공 사례로 알려진 다른 모든 아시아 국가들은 소위 IMF가 말하는 '중등소득 함정'에 빠졌다. 한국은 중등소득 함정에서 벗어나 고소득 상태로 진입할 수 있었다. 이는 교육, 저축과 함께 조선, 자동차, 전자 등 핵심 분야에 대한 고부가가치 생산과 기술을 육성함으로써 가능했다. 오늘날 한국 경제는 신흥국보다 선진국에 가까우며, 그 성공을 당연히 자랑스러워할 만하다.

그러나 한국의 성공은 국제무대에서 몇 가지 문제를 동반했다. 한국의 원화는 일본이나 타이완, 말레이시아 등 지역의 다른 경쟁국들에 비해 더 강세를 보여 왔다. 이는 한국 경제의 핵심 분야에 해당되는 수출과 관광산업에 피해를 입혔고 한국의 성장을 둔화시켰다. 한국은 계속해서 화폐전쟁에 참여하고 있으며, 금리를 낮추는 방식으로 원화를 평가절하하고 있다. 이를 통해 수출을 증대시키고 수출과 관련된 고용을 창출하며, 경제성장을 촉진시킬 것이라는 믿음 때문이다.

나만의 독해법

흐름	내용

12 너무 자세한 설명

1 대표지문

> 상수도 요금을 결정하는 방식은 다음의 A, B, C, D 4가지 방식이 존재한다.
>
> A는 상수사용량에 관계없이 일정한 금액을 요금으로 부과하는 방식으로 수량이 풍부하던 19세기까지 선진국에서 많이 사용하던 방식이다. 이 방식은 요금징수가 편리하며 요금 체계가 단순하여 사용자의 이해나 적용의 측면에서 용이하고 재원 확보 확실성 등의 이점이 있다. 반면에, 사용자가 일정한 금액만 지불하면 얼마든지 상수를 사용할 수 있으므로 필요 이상의 상수가 낭비되어 자원의 비효율적인 사용을 유발할 수 있는 단점이 있다.
>
> B는 일정 사용 수준까지만 정액요금을 부과하고 그 이상을 초과하는 사용량에 대해서는 사용량에 비례하여 일정 요율을 적용하는 요금체계로 현실적으로 가장 많이 적용되고 있는 체계이다. 여기에서의 정액요금은 기본요금 또는 최저요금이라고도 불리우며, 정액요금제와는 달리 일정 수준의 상수 사용량까지만 동일한 정액요금을 부과하는 방식이다.
>
> C는 상수사용을 억제할 목적으로 상수 소비량이 증대할수록 단위당 적용요율이 상승하는 요금구조를 가지고 있으며 개도국을 중심으로 가장 많이 적용되고 있는 방법이다. 이 요금제도는 소득이 많은 사용자들이 상수를 더 많이 소비할 것이라는 가정에 근거를 두고 상수 소비를 많이 할수록 보다 높은 단위당 요율이 적용된다.
>
> D는 취수지점 또는 상수공급지점으로부터의 거리에 비례하여 요율에 차등을 두는 제도로 사용자에 도달하는 용수 비용에 따라 요율을 다르게 설정한다.

나만의 독해법

흐름	내용

첫 문장	상수도 요금 결정 방식 4가지
신호등	A방식, 일정한 금액, 선진국
가속	편리, 재원확보 확실, 낭비
신호등	B방식, 정액＋비례, 가장 많이 사용
가속	기본요금
신호등	C방식, 억제, 요율 상승, 개도국
가속	소득 많은 사용자들이 더 많이 소비
신호등	D방식, 거리 비례

🔍 **독해 고수의 팁**

이른바 A－B－C형 문제로서 가장 접근하기 쉬운 유형이다. 이러한 유형의 제시문은 각각의 대상이 무엇인지가 명확하게 드러나기 때문에 큰 문제가 없다. 많은 경우 각각의 항목에 대해 장단점을 같이 서술하고 있는 경우가 많으므로 이 부분에 힘을 실어서 읽도록 하자.

실전문제   ⏱ 제한시간 : 30초   ⧗ 소요시간 :   초

다음 글을 근거로 판단할 때, 〈보기〉에서 옳은 것만을 모두 고르면?

─〈 **보기** 〉─

ㄱ. 물 절약을 유도하기 위해서는 A를 채택하지 않는 것이 바람직하다.
ㄴ. 생활필수적인 기본수량에 저렴한 정액요금을 부여하기 위해서는 B를 적용하는 것이 바람직하다.
ㄷ. 계층 간의 소득을 고려한다면 C를 적용하는 것이 바람직하다.
ㄹ. 소득차를 반영하려면 D를 적용하는 것이 바람직하다.

① ㄱ, ㄴ   ② ㄴ, ㄷ
③ ㄷ, ㄹ   ④ ㄱ, ㄴ, ㄷ
⑤ ㄴ, ㄷ, ㄹ

정답 ④
ㄱ. A는 상수사용량에 관계없이 일정한 금액을 요금으로 부과하는 것이므로 물 절약을 유도하기 위해서는 A를 채택하지 않는 것이 바람직하다.
ㄴ. B는 일정 사용 수준(생활필수적인 기본수량)까지만 정액요금을 부과하고 그 이상을 사용하는 경우 사용량에 비례하여 일정 요율을 적용하는 것이므로 옳은 내용이다.
ㄷ. C는 소득이 많은 사용자들이 상수를 더 많이 소비할 것이라는 가정에 근거를 두고 상수 소비를 많이 할수록 보다 높은 단위당 요율이 적용된다고 하였으므로 옳은 내용이다.

오답분석
ㄹ. ㄷ에서 언급한 것처럼 소득에 따른 차등을 두는 효과를 가져올 수 있는 요금제도는 C이므로 옳지 않은 내용이다.

2 기본독해

| 문제 1 |

⏱ 제한시간 : 30초   ⌛ 소요시간 :   초

소리를 내는 것, 즉 음원의 위치를 판단하는 일은 복잡한 과정을 거친다. 사람의 청각은 '청자의 머리와 두 귀가 소리와 상호 작용하는 방식'을 단서로 음원의 위치를 파악한다.

음원의 위치가 정중앙이 아니라 어느 한쪽으로 치우쳐 있으면 소리가 두 귀 중에서 어느 한쪽에 먼저 도달한다. 왼쪽에서 나는 소리는 왼쪽 귀가 먼저 듣고, 오른쪽에서 나는 소리는 오른쪽 귀가 먼저 듣는다. 따라서 소리가 두 귀에 도달하는 데 걸리는 시간차를 이용하면 소리가 오는 방향을 알아낼 수 있다. 소리가 두 귀에 도달하는 시간의 차이는 음원이 정중앙에서 한쪽으로 치우칠수록 커진다.

양 귀를 이용해 음원의 위치를 알 수 있는 또 다른 단서는 두 귀에 도달하는 소리의 크기 차이다. 왼쪽에서 나는 소리는 왼쪽 귀에 더 크게 들리고, 오른쪽에서 나는 소리는 오른쪽 귀에 더 크게 들린다. 이런 차이는 머리가 소리 전달을 막는 장애물로 작용하기 때문이다. 하지만 이런 차이는 소리에 섞여 있는 여러 음파들 중 고주파에서만 일어나고 저주파에서는 일어나지 않는다. 따라서 소리가 저주파로만 구성되어 있는 경우 소리의 크기 차이를 이용한 위치 추적은 효과적이지 않다. 또 다른 단서는 음색의 차이이다. 고막에 도달하기 전에 소리는 머리와 귓바퀴를 지나는데 이때 머리와 귓바퀴의 굴곡은 소리를 변형시키는 필터 역할을 한다. 이 때문에 두 고막에 도달하는 소리의 음색 차이가 생겨난다. 이러한 차이를 통해 음원의 위치를 파악할 수 있다.

나만의 독해법

흐름	내용

🔍 **독해 고수 따라잡기**

첫 문장	음원의 위치를 판단하는 과정
가속	청자의 머리와 두 귀가 소리와 상호작용하는 방식
신호등	소리가 두 귀에 도달하는 데 걸리는 시간차로 방향
가속	시간차는 한쪽으로 치우칠수록 커짐
신호등	두 귀에 도달하는 소리의 크기 차이
가속	머리가 소리전달을 막는 장애물
급정거	고주파에서만 일어남
서행	음색의 차이, 머리와 귓바퀴의 굴곡이 필터 역할

인간이 서로 협력하지 않을 수 없게 하는 힘은 무엇인가? 사회는 타인과 어울리고 싶어 하는 끊임없는 충동이나 노동의 필요 때문에 생겨나지 않았다. 인간이 협력하고 단합하는 원인은 다름 아닌 폭력의 경험이다. 사회란 공동체의 구성원들끼리 공동의 보호를 위해 만든 예방조치이다. 사회가 구성되면 모든 것이 허용되는 시절은 끝나게 된다. 무제약적으로 자유를 추구하던 시절이 끝나게 되는 것이다.

행동을 제한하는 규약이 없다면 도처에 수시로 간섭이나 침해가 이뤄질 수밖에 없다. 결국 살아남기 위한 투쟁이 불가피해진다. 그런데 이 말은 누구나 항상 폭력을 행사하고 무법천지의 상태를 만든다는 뜻이 아니라 누구나 언제든지 의도적이건 의도적이지 않건 간에 주먹질을 할 가능성이 열려 있다는 뜻이다. 만인에 대한 만인의 투쟁 상태는 끊임없는 유혈 사태가 아니라 그런 사태가 일어날 가능성으로 인한 지속적인 불안감에서 비롯된다. 사회를 구성하는 동기와 근거는 바로 인간이 서로에 대해 느끼는 공포와 불안이다.

모든 인간은 신체를 갖고 있다는 점에서 동등하다. 사람들은 상처를 받을 수 있기 때문에, 그리고 자신의 몸에 발생할지도 모르는 고통의 가능성을 너무나 두려워하기 때문에 각종 계약을 맺어야 할 필요성을 느낀다. 상대방으로부터 안전을 확보하기 위해 서로 손을 잡고, 서로 관계를 맺음으로써 스스로를 보존한다. 결국 사회의 탄생은 인간이라는 존재의 육체적 속성에 뿌리를 두고 있다. 사회가 생겨난 근원은 신체상의 고통이다. 그래서 인간은 자신의 대인기피증을 완화하며 동시에 자신의 신체를 방어하기 위해 다양한 사회 형태를 고안했다.

나만의 독해법

흐름	내용

🔍 독해 고수 따라잡기

첫 문장	인간이 협력하게 하는 힘
서행	원인은 폭력의 경험
가속	사회는 공동의 보호를 위해 만든 예방조치, 무제약적 자유가 끝남
신호등	제한하는 규약 없다면 수시로 간섭, 침해
가속	무법천지가 아니라 그런 사태가 일어날 수 있다는 불안감
서행	신체적 고통의 가능성을 없애기 위해 계약을 맺음
서행	사회가 생겨난 근원은 신체상의 고통
정지	대인기피증 완화, 신체 방어하기 위한 사회 형태 고안

3 60초 독해연습

| 문제 1 |

⏳ 소요시간 :   초

군사발전사에서 16세기는 화기(火器)와 근접전투를 연결시키는 과정에서 전술과 전략상의 주요한 변혁이 이루어졌던 시기라는 의미를 가진다. 스페인은 그러한 변화를 다른 나라들보다 한 걸음 앞서 채택함으로써 유럽 최강국의 지위를 누릴 수 있었다. 전술상의 혁명을 국가의 군사력으로 전환하는 데는 그에 합당한 병력, 자원, 그리고 이것들을 효율적으로 운용할 수 있는 조직적 관리능력이 전제조건으로 요구되었다. 그러나 스페인의 경우 조직적 관리능력을 보유하지 못함으로써 이후 보유하던 자원마저 소멸시키는 결과를 빚게 되었다. 이 문제는 물론 스페인에만 국한된 것은 아니었으나 스페인의 경우 조직적 관리능력의 결핍이 가져오는 정치적 결과를 가장 잘 대변해 주는 사례이다.

이에 비해 17세기는 각국의 군사력 강화노력이 단순히 병력규모나 화력의 양적 증가에 머무르지 않고 군대조직과 군사력 증강에 직접 관련되는 사회적 자원동원 면에서 국가의 중앙적 관리와 통제를 조직화하는 방향으로 기울어진 시기로 지적할 수 있을 것이다. 바꿔 말해 이 시기는 군대를 국가의 바깥에 존재하는 별도 기구에서 국가의 유기적 부분으로 만드는 노력이 진행된 기간이었다.

나만의 독해법

흐름	내용

| 문제 2 |

입법과정을 평가하는 전통적인 기준으로 민주성과 효율성이 있다. 민주성은 입법에 있어서 국민 다수의 의사를 얼마나 충실하게 반영했는가를 나타내는 기준이며, 효율성은 얼마나 적은 비용으로 필요한 입법을 많이 산출했는가를 나타내는 기준이다. 따라서 입법과정에 참여하는 사람들의 수가 많아지고 참여의 폭이 넓어질수록 민주성이 높아진다고 볼 수 있다. 반면에, 입법에 투입되는 금전적 비용과 시간 등 기회비용을 줄이면서 제출된 법률안을 많이 통과시킬수록 입법과정의 효율성이 높아진다.

입법과정을 평가하는 또 다른 기준으로 다수편향과 소수편향이라는 기준이 있다. 다수편향(Majoritarian Bias)이란 다수자가 형식적이고 기계적이며 경직된 다수결논리에 기대어 그들의 의사나 이익을 일방적으로 관철하려는 것을 말한다. 가령 다수자가 자신들의 수적 우위를 바탕으로 일방적인 의사결정을 강행하는 경우가 이에 해당한다. 반면에, 소수편향(Minoritarian Bias)이란 소수자가 다수의 의사나 이익을 무시하고 그들의 의사나 이익을 일방적으로 관철하려는 것을 말한다. 가령 소수자가 위법하거나 부당한 수단을 이용하여 의사결정과정을 방해하는 경우가 소수편향에 해당한다. 이 기준은 입법과정이 다수의 이익과 소수의 이익을 얼마나 적절하게 조화시킬 수 있는지를 평가하는 기준이다.

나만의 독해법

흐름	내용

원측은 세 살 때 출가하고 열다섯 살 때 중국으로 유학을 가서 법상과 승변에게 가르침을 받았다. 불교의 여러 이론에 대해 폭 넓게 익혔지만 특히 유식(唯識)을 중심으로 배웠다. 그는 산스크리트어, 티벳어를 비롯한 6개국의 말에 통달했다고 한다. 그가 유식 철학을 배울 때에 직접 그것의 원래 의미에 대해서까지 꿰뚫고 있었음을 알 수 있다. 현장이 새로운 유식을 전래해 올 때까지 원측은 구유식에 입각해서 연구하고 있었다. 그런데 현장이 새로운 유식을 소개하자 원측은 그것을 적극적으로 받아들여 이제까지 연구해 온 구유식의 바탕 위에서 신구 유식을 비판적으로 종합했다. 그는 유식에만 한정지을 수 없을 정도로 다양한 불교 이론에 대해 연구하였으며 중관(中觀) 철학에 대해서도 인정하고 있기는 하지만, 그의 본령은 역시 유식 철학이라 할 수 있다.

유식 철학은 모든 것을 오직 의식의 흐름에 불과한 것으로 파악하는 대승불교의 한 학파이다. 이 학파는 단지 마음에 비추어 나타난 표상만이 있고 표상과 대응하는 외계의 존재물은 없다고 본다. 이 학파는 인간의 마음을 그만큼 중요하게 생각하고 있는 것이라 할 수 있다. 그리하여 인간의 의식에 대한 탐구가 이 학파의 중요한 작업이다. 유식 학파는 한편으로는 유가행 파라고도 불리는데, 요가의 수행을 위주로 하는 학파라는 의미이다. 모든 것이 마음에서 나온 것이라면 그 마음을 올바로 닦아서 불교의 목적인 해탈에 이를 수 있다는 것이 이 학파의 실천적인 전략이다. 유식 학파는 중관 학파와 더불어 인도 대승불교에서 가장 중요한 두 학파 중의 하나이다.

나만의 독해법

흐름	내용

불교에서는 사람이 죽으면 3일간 이승에서 머물다가 명부사자(冥府使者)의 인도로 명부에 간다고 믿는데, 이때 명부에서 죽은 자의 죄를 심판한다는 열 명의 왕이 바로 명부시왕이다. 시왕 신앙은 중국의 것이면서도 구체적으로는 도교적이라는 의견이 지배적이다. 즉 중국의 육조시대에 시작되었지만 도교와의 융합에 의하여 당나라 말기에 정립된 사상이라는 것이다. 또한, 시왕을 그린 그림을 가리켜 시왕도 혹은 시왕경변상이라 하는데, 돈황 문헌에도 이러한 그림이 담긴 사본이 전하는 등 중국이나 한국, 일본에 이르기까지 폭넓게 전파된 불교 신앙의 하나이다.

시왕도의 주요 내용은 인간이 죽어서 거치지 않으면 안 되는 시왕 세계의 모습을 순차적으로 묘사하는 것이다. 죽어서 다음 생을 받을 때까지의 49일 동안은 중음(中陰)의 신세가 되는데 이 기간 동안 7일 간격으로 7명의 시왕 앞에 나아가 생전에 지은 죄업의 경중과 선행·악행을 심판받는다고 한다. 불가에서 49재(四十九齋)를 지내는 것도 여기에서 연유한다. 7명의 시왕은 각각 다른 지옥을 관장하고 있으며 각기 다른 죄목에 대하여 심판한다. 그러나 살면서 죄업을 많이 지은 자는 49일 이후 3명의 대왕에게 다시 심판을 받는데, 죽은 후 백일이 되는 날은 평등대왕, 1년이 되는 날에는 도시대왕, 3년째에는 오도전륜대왕의 심판을 받아 총 3년의 기간 동안 시왕의 심판을 받는다. 모든 재판이 끝나면 망자는 육도문을 통해 축생, 인간, 아귀, 천상 등 다시 태어날 곳이 결정되어 환생하게 된다.

나만의 독해법

흐름	내용

1 대표지문

개발도상국으로 흘러드는 외국자본은 크게 원조, 부채, 투자가 있다. 원조는 다른 나라로부터 지원받는 돈으로 흔히 해외 원조 혹은 공적개발원조라고 한다. 부채는 은행 융자와 정부 혹은 기업이 발행한 채권, 투자는 포트폴리오 투자와 외국인 직접투자로 이루어진다. 포트폴리오 투자는 경영에 대한 영향력보다는 경제적 수익을 추구하기 위한 투자이고, 외국인 직접투자는 회사 경영에 일상적으로 영향력을 행사하기 위한 투자이다.

개발도상국에 유입되는 이러한 외국자본은 여러 가지 문제점을 보이고 있다. 해외 원조는 개발도상국에 대한 경제적 효과가 있다고 여겨져 왔으나 최근 경제학자들 사이에서는 그러한 경제적 효과가 없다는 주장이 점차 힘을 얻고 있다.

부채는 변동성이 크다는 단점이 지적되고 있다. 특히, 은행 융자는 변동성이 큰 것으로 유명하다. 예컨대 1998년 개발도상국에 대하여 이루어진 은행 융자 총액은 500억 달러였다. 하지만 1998년 러시아와 브라질, 2002년 아르헨티나에서 일어난 일련의 금융 위기가 개발도상국을 강타하여 1999 ~ 2002년의 4개년 동안에는 은행 융자 총액이 연평균 -65억 달러가 되었다가, 2005년에는 670억 달러가 되었다. 은행 융자만큼 변동성이 큰 것은 아니지만, 채권을 통한 자본 유입 역시 변동성이 크다. 외국인은 1997년에 380억 달러의 개발도상국 채권을 매수했다. 그러나 1998 ~ 2002년에는 연평균 230억 달러로 떨어졌고, 2003 ~ 2005년에는 연평균 440억 달러로 증가했다.

한편 포트폴리오 투자는 은행 융자만큼 변동성이 크지는 않지만 채권에 비하면 변동성이 크다. 개발도상국에 대한 포트폴리오 투자는 1997년의 310억 달러에서 1998 ~ 2002년에는 연평균 90억 달러로 떨어졌고, 2003 ~ 2005년에는 연평균 410억 달러에 달했다.

나만의 독해법

흐름	내용

첫 문장	개도국으로 흘러가는 외국자본의 종류, 원조, 부채, 투자
정체	원조, 부채, 투자(포트폴리오 투자, 외국인 직접투자)의 정의
신호등	경제적 효과가 없다는 주장이 힘을 얻고 있음
서행	부채는 변동성이 큼(특히 은행 융자)
갈림길	채권도 변동성 큼, 은행 융자보다는 작음
급정거	포트폴리오 투자도 변동성 큼, 채권에 비해 큼

🔍 **독해 고수의 팁**

제시문과 같이 수치 자료가 많이 등장하는 경우는 거의 대부분 그 수치를 이용한 선택지가 주어지기 마련이다. 하지만, 지문을 읽을 때에는 일단 패스하는 것이 좋다. 왜냐하면, 그 수치들을 어떤 측면에서 바라보고 선택지를 구성했는지를 모르는 상태에서 아무리 수치들을 살펴봐봤자 큰 도움이 되지 않을 뿐만 아니라 역으로 수치를 이용하지 않은 선택지가 정답일 가능성도 있기 때문이다.

실전문제

⏱ 제한시간 : 20초　⏳ 소요시간 :　　초

다음 글을 근거로 판단할 때 옳지 않은 것은?

① 개발도상국에 대한 투자는 경제적 수익뿐만 아니라 회사 경영에 영향력을 행사하기 위해서도 이루어질 수 있다.

② 해외 원조는 개발도상국에 대한 경제적 효과가 없다고 주장하는 경제학자들이 있다.

③ 개발도상국에 유입되는 외국자본에는 해외 원조, 은행 융자, 채권, 포트폴리오 투자, 외국인 직접투자가 있다.

④ 개발도상국에 대한 2005년의 은행 융자 총액은 1998년의 수준을 회복하지 못하였다.

⑤ 1998 ~ 2002년과 2003 ~ 2005년의 연평균을 비교할 때, 개발도상국에 대한 포트폴리오 투자가 채권보다 증감액이 크다.

정답 ④

1998년 개발도상국에 대한 은행 융자 총액은 500억 달러였지만 2005년에는 이것이 670억 달러가 되어 1998년의 수준을 회복하였다.

오답분석

① 경제적 수익을 추구하기 위한 것으로 포트폴리오 투자를 들 수 있으며, 회사 경영에 영향력을 행사하기 위한 것으로 직접투자를 들 수 있다.

② 지금까지 해외 원조는 개발도상국에 대한 경제적 효과가 있다고 여겨져 왔으나 최근 경제학자들 사이에서는 그러한 경제적 효과가 없다는 주장이 힘을 얻고 있다고 하였다.

③ 개발도상국으로 흘러드는 외국자본은 크게 원조, 부채, 투자가 있는데, 그중 부채는 은행 융자와 채권으로, 투자는 포트폴리오 투자와 외국인 직접투자로 나눌 수 있다.

⑤ 개발도상국에 대한 포트폴리오 투자액은 90억 달러에서 410억 달러로 320억 달러 증가하였고, 채권은 230억 달러에서 440억 달러로 210억 달러 증가하였다. 따라서 전자의 증감액이 더 크다.

| 문제 1 |

1950년대 이후 부국이 빈국에 재정지원을 하는 개발원조계획이 점차 시행되었다. 하지만 그 결과는 그다지 좋지 못했다. 부국이 개발협력에 배정하는 액수는 수혜국의 필요가 아니라 공여국의 재량에 따라 결정되었고, 개발지원의 효과는 보잘 것 없었다. 원조에도 불구하고 빈국은 대부분 더욱 가난해졌다. 개발원조를 받았어도 라틴 아메리카와 아프리카의 많은 나라들이 부채에 시달리고 있다.

공여국과 수혜국 간에는 문화 차이가 있기 마련이다. 공여국은 개인주의적 문화가 강한 반면 수혜국은 집단주의적 문화가 강하다. 공여국 쪽에서는 실제 도움이 절실한 개인들에게 우선적으로 혜택이 가기를 원하지만, 수혜국 쪽에서는 자국의 경제 개발에 필요한 부문에 개발원조를 우선 지원하려고 한다.

개발협력의 성과는 두 사회 성원의 문화 간 상호 이해 정도에 따라 결정된다는 것이 최근 분명해졌다. 자국민 말고는 어느 누구도 그 나라를 효율적으로 개발할 수 없다. 그러므로 외국 전문가는 현지 맥락을 고려하여 자신의 기술과 지식을 이전해야 한다. 원조 내용도 수혜국에서 느끼는 필요와 우선순위에 부합해야 효과적이다. 이 일은 문화 간 이해와 원활한 의사소통을 필요로 한다.

나만의 독해법

흐름	내용

첫 문장	개발원조계획 시행, 결과 좋지 않음
가속	공여국의 재량, 효과 미비
신호등	공여국과 수혜국 간 문화 차이
가속	공여국 개인주의, 수혜국 집단주의
서행	공여국 도움 필요한 개인, 수혜국 경제 개발
신호등	성과는 문화 간 상호 이해 정도에 따라 결정
정지	현지 맥락을 고려하여 지식 이전
서행	수혜국의 우선순위에 부합, 원활한 의사소통

국내에서 벤처버블이 발생한 1999 ~ 2000년 동안 한국뿐 아니라 미국, 유럽 등 전세계 주요 국가에서 벤처버블이 나타났다. 미국 나스닥의 경우 1999년 초 이후에 주가가 급상승하여 2000년 3월을 전후해서 정점에 이르렀는데, 이는 한국의 주가 흐름과 거의 일치한다. 또한, 한국에서는 1998년 5월부터 외국인의 종목별 투자한도를 완전 자유화하였는데, 외환위기 이후 해외투자를 유치하기 위한 이런 주식시장의 개방은 주가 상승에 영향을 미쳤다. 외국인 투자자들은 벤처버블이 정점에 이르렀던 1999년 12월에 벤처기업으로 구성되어 있는 코스닥 시장에서 투자금액을 이전 달의 1조 4천억 원에서 8조원으로 늘렸으며, 투자비중도 늘렸다.

벤처버블 당시 국내에서는 인터넷이 급속히 확산되고 있었다. 초고속 인터넷 서비스는 1998년 첫 해에 1만 3천 가구에 보급되었지만 1999년에는 34만 가구로 확대되었다. 또한, 1997년 163만 명이던 인터넷 이용자는 1999년에 천만 명으로 폭발적으로 증가하였다. 이처럼 초고속 인터넷의 보급과 인터넷 사용인구의 급증은 뚜렷한 수익모델이 없는 업체라 할지라도 인터넷을 활용한 비즈니스를 내세우면 투자자들 사이에서 높은 잠재력을 가진 기업으로 인식되는 효과를 낳았다.

한편, 1997년 8월에 시행된 벤처기업 육성에 관한 특별조치법은 다음과 같은 상황으로 인해 제정되었다. 법 제정 당시 우리 경제는 혁신적 기술이나 비즈니스 모델에 의한 성장보다는 설비확장에 토대한 외형성장에 주력해 왔다. 그러나 급격한 임금상승, 공장용지와 물류 및 금융 관련 비용 부담 증가, 후발국가의 추격 등은 우리 경제가 하루빨리 기술과 지식을 경쟁력의 기반으로 하는 구조로 변화해야 할 필요성을 높였다. 게다가 1997년 말 외환위기로 30대 재벌의 절반이 부도 또는 법정관리에 들어가게 되면서 재벌을 중심으로 하는 경제성장 방식의 한계가 지적되었고, 이에 따라 우리 경제는 고용창출과 경제성장을 주도할 새로운 기업군을 필요로 하게 되었다. 이로 인해 시행된 벤처기업 육성 정책은 벤처기업에 세제 혜택은 물론, 기술개발, 인력공급, 입지공급까지 다양한 지원을 제공하면서 벤처기업의 폭증에 많은 영향을 주게 되었다.

나만의 독해법

흐름	내용

첫 문장	전 세계 주요 국가에서 벤처버블
가속	나스닥, 한국의 주가 흐름 일치
가속	외국인 투자한도 자유화, 주가 상승
신호등	인터넷 급속 확산
가속	인터넷과 연결되면 높은 잠재력 가진 기업으로 인식
급정거	벤처기업 육성 특별조치법 제정
서행	당시에는 외형성장에 치중
가속	경제 상황 변화, 기술과 지식을 기반으로 하는 구조로 변화해야
가속	외환위기, 재벌 부도
서행	새로운 기업군 필요, 벤처기업 육성 정책 대두

3 60초 독해연습

| 문제 1 |

오늘날 '그리스'라는 명칭은 로마인들이 사용한 것으로 라틴어인 '그라이키아'에서 비롯되었다. 반면, 그리스인 스스로는 자신들을 '헬레네스'라고 했다. 헬렌의 자손이라는 뜻이다. 헬렌은 제우스가 일으킨 대홍수로부터 살아남은 데우칼리온의 아들이고, 데우칼리온은 인간에게 불을 전달한 신 프로메테우스의 아들이다.

하지만 헬레네스가 그리스의 주인이 되기 전인 선사시대에 펠로폰네소스 반도를 중심으로 거주하던 민족이 있었으니, 이들이 오늘날의 터키 영토에 해당되는 소아시아 계통의 사람들이었다는 주장과 팔레스타인 지역에서 이주해온 사람들이었다는 주장이 있다. 헤로도토스가 펠라스고이라고 명명했던 이들을 오늘날의 그리스인들은 희미한 기억으로 간직하고 있을 뿐이지만, 그리스인들은 이들 원주민들로부터 수많은 지명, 종교의식, 그리고 신들까지도 물려받았다. 아득한 구석기 시대부터 형성된 것으로 보이는 펠라스고이 신화는 훗날 올림포스 신앙의 바탕이 된다.

나만의 독해법

흐름	내용

『조선왕조실록』 중 『인조실록』에는 "밤에 기운과 같은 흰 구름 한 줄기가 동쪽에서 일어나 곧바로 서북방을 가리켰는데 길이가 하늘 끝까지 닿았다. 남서쪽에 불빛 같은 기운이 있었다."라는 기록이 존재한다. 『인조실록』에는 무려 약 50회나 이 수상한 불빛의 출현에 대한 기록이 보이는데, 이는 특히 1624년(인조 2년)에서 1626년(인조 4년) 사이에 집중되어 있다. 더구나 이 불빛 기운에 대한 기록은 『조선왕조실록』 이외에도 B.C. 35년경인 고구려 시조 동명성왕 때의 『삼국사기』 기록을 시작으로 하여 조선 중기 때까지 무려 700여 회나 등장한다. 도대체 이 불빛 기운의 정체는 무엇이었을까?

지난 2008년 '영국 왕립천문학회'가 발간하는 과학전문지에 「불빛기운은 한국의 오로라였다」라는 제목의 논문이 게재되었다. 이 논문에 의하면 1626년 초는 태양 흑점이 가장 많아지는 시기였는데, 당시 기록의 시간대와 관측 방향 등을 분석한 결과 1624년부터 1626년까지 『조선왕조실록』과 『승정원일기』에 연평균 20여 차례씩 등장하는 불빛 기운은 오로라일 가능성이 높다는 결론을 내리고 있다.

나만의 독해법

흐름	내용

조사 '와'와 '과'는 한 형태소의 변이형태들이다. 모음으로 끝난 말 다음에 '와'가 오고, 자음으로 끝난 말 다음에는 '과'가 온다. 너와 나, 사람과 사랑, 하늘과 바람과 별과 시, 이런 식으로 접속조사로 많이 쓰인다.

그런데 와/과는 접속조사만이 아니라 부사격 조사로도 쓰인다. 예컨대 '시민이 경찰과 싸운다.'에서 '과'는 부사격 조사이다. 동사 '싸우다'가 부사격 조사를 포함한 부사어 '경찰과'와 호응하고 있는데, 이런 종류의 동사를 대칭성 동사라고 한다. 대칭성 동사의 주어에는 반드시 짝이 필요하다. 상대도 없이 그냥 싸울 수는 없기 때문이다. 반드시 누구랑 같이, 다시 말해 누구에게 맞서 싸워야 한다. 동사 '마주치다'도 마찬가지이다. 누구와 마주쳐야 한다. 또한, '~와 경쟁하다.', '~와 연애하다.', '~와 혼인하다.', '~와 상담하다.', '~와 어울리다.', '~와 합치다.'와 같은 동사들도 대칭성 동사이다.

대칭성 동사를 수식하는 부사어의 '와'나 '과'는 두 주어를 이어주는 역할을 할 수도 있다. 자리를 옮길 수 있다는 것인데 이때는 부사격 조사가 아니라 접속조사가 된다. 예컨대 '나는 너와 연애한다.'라는 문장의 부사격 조사 '와'는 이 문장과 동일한 의미를 지닌 '나와 너는 연애한다.'라는 문장에서는 접속조사로 쓰인다. 물론 뉘앙스는 조금 다를 수 있다. '은/는'은 흔히 토픽, 화제를 나타내는 보조사이다. 그래서 '나는 너와 연애한다.'는 '내 얘기를 해보자면, 너와 연애해.' 그런 뜻이다. '나와 너는 연애한다.'는 '나와 너에 대해서 얘기하자면, 우리는 서로 연애해.' 이런 뜻이다. 그렇지만 뉘앙스는 문법 수준에서는 분석이 안 된다. 다시 말해 대칭성 동사가 쓰일 때 '와/과'는 자유롭게 자리를 옮길 수 있다는 것이다.

나만의 독해법

흐름	내용

베를루스코니가 총리에 당선되었을 때 이탈리아에서는 국민연금 개혁 문제가 큰 논란이 되고 있었다. 1919년 시작된 이탈리아 국민연금을 두고 '곧 기금이 고갈될 것'이라는 우려가 끊임없이 제기되었던 것이다. 기금이 고갈되면 미래세대의 부담이 크게 늘어날 것이 분명했지만, 이미 연금을 수령하고 있거나 수령이 임박한 고령층의 반대에 밀려 국민연금 개혁 시도는 매번 실패를 거듭하고 있었다. 보수 우파를 기치로 내세운 베를루스코니의 이탈리아당은 복지제도를 대폭 축소하겠다는 목표 아래 야심차게 연금 개혁에 도전했지만, 이탈리아의 고령층은 자신들의 연금액이 줄어들 것을 우려해 격렬히 반대했다. 베를루스코니가 연금 개혁을 추진하자마자 그의 인기는 순식간에 추락했고, 때마침 부패 스캔들마저 터지면서 정권을 잡은 지 단 7개월 만에 실각했다.

미국은퇴자협회는 국가와 사회 문제에 대한 관심이 크고 높은 투표 참여율을 보이는 등 응집력이 강하기로 유명하다. 정치적 이슈가 있을 때마다 정부와 의회를 상대로 영향력을 행사하는 미국은퇴자협회의 로비를 미국에서는 '그레이 로비(Grey Lobby)'라고 부른다. 다른 연령층을 위한 복지제도가 매우 빈약한 미국에서 유독 노인들을 위한 복지제도가 발달한 것은 이 은퇴자협회의 활약과 무관하지 않다. 특히 공공의료보험 체계가 부실한 미국에서 1965년 노인들을 위한 공공의료보험 체계인 메디케어(Medicare)를 도입하는 데 가장 큰 역할을 한 것도 바로 이 은퇴자협회였다.

나만의 독해법

흐름	내용

14 반드시 멈춰라

1 대표지문

오늘날에는 매우 다양한 모양의 바퀴가 사용되고 있는데, 통나무를 잘라 만든 원판 모양의 나무바퀴는 기원전 5,000년경부터 사용된 것으로 추정된다. 이후 나무바퀴는 세 조각의 판자를 맞춘 형태로 진화했다. 현존하는 유물로는 기원전 3,500년경에 제작된 것으로 추정되는 메소포타미아의 전차(戰車)용 나무바퀴가 가장 오래된 것이다.

바퀴가 처음부터 모든 문명에서 사용된 것은 아니다. 이집트에서는 피라미드를 만들 때 바퀴가 아닌 썰매를 사용했다. 잉카 원주민과 아메리카 원주민은 유럽인이 전파해 주기 전까지 바퀴의 존재조차 몰랐다. 유럽인이 바퀴를 전해 준 다음에도 아메리카 원주민들은 썰매를 많이 이용했다. 에스키모는 지금도 개가 끄는 썰매를 이용하고 있다.

바퀴가 수레에만 사용된 것은 아니다. 도자기를 만드는 데 사용하는 돌림판인 물레는 바퀴의 일종으로 우리나라에서는 4,000년 전부터 사용했다. 메소포타미아에서도 바퀴는 그릇을 빚는 물레로 쓰였다.

바퀴의 성능은 전쟁용 수레인 전차가 발달하면서 크게 개선되었다. 기원전 2,000년경 히타이트족은 처음으로 바퀴살이 달린 바퀴를 전차에 사용하였다. 그 뒤 산업혁명기에 발명된 고무타이어가 바퀴에 사용되면서 바퀴의 성능은 한층 개선되었다. 1885년 다임러와 벤츠가 최초로 가솔린 자동차를 발명했다. 자동차용 공기압 타이어는 그로부터 10년 후 프랑스의 미쉘린 형제에 의해 처음으로 개발되었다. 1931년 미국 듀퐁사가 개발한 합성고무가 재료로 사용되면서 타이어의 성능은 더욱 발전하고 종류도 다양해졌다.

나만의 독해법

흐름	내용

첫 문장	통나무 원판 모양 나무바퀴는 기원전 5,000년
가속	이후 세 조각의 판자, 메소포타미아의 전차용 바퀴(기원전 3,500년)
신호등	모든 문명에서 사용한 것은 아님. 이집트, 잉카, 아메리카, 에스키모
급정거	바퀴가 수레에만 사용되지 않음, 우리나라 물레(4,000년 전), 메소포타미아
신호등	전차 발달하면서 크게 개선, 히타이트족(처음)
정체	산업혁명기 고무타이어, 가솔린 자동차, 미쉘린
서행	1931년 듀퐁사의 합성고무 사용

🔍 **독해 고수의 팁**

'급정거'는 반드시 역접 내지는 내용을 전환하는 표현이 명시적으로 드러나야만 하는 것은 아니다. 제시문의 경우 '바퀴가 수레에만 사용된 것은 아니다.'라는 표현이 있는데 이는 문장 앞에 '그러나'라는 표현이 생략되어 있는 것과 같다. 따라서 문장의 의미가 바로 앞까지의 내용과 반대되거나 뭔가 방향을 바꾸는 듯한 느낌을 강하게 준다면 접속사 내지는 부사어의 유무에 관계없이 '급정거'한 후 해당 문장을 확실히 정리하기 바란다. 거의 예외없이 이 문장들은 표현을 달리해 선택지에 등장하기 때문이다.

실전문제　　　　　　⏱ 제한시간 : 20초　⌛ 소요시간 :　　초

다음 글을 근거로 판단할 때 옳은 것은?

① 바퀴를 처음 만들고 사용한 사람은 기원전 3,500년경 메소포타미아인이다.
② 19세기 초반부터 이미 자동차에 공기압 타이어가 사용되었다.
③ 전차의 발달과 고무타이어의 발명은 바퀴의 성능 개선에 기여했다.
④ 바퀴가 없었던 지역에 바퀴가 전해진 이후 그 지역에서 썰매는 사용되지 않았다.
⑤ 바퀴가 수레를 움직이는 것 외에 다른 용도로 사용되기 시작한 것은 산업혁명기 이후였다.

> **정답** ③
> '바퀴의 성능은 전쟁용 수레인 전차가 발달하면서 크게 개선되었고, 산업혁명기에 발명된 고무타이어가 바퀴에 사용되면서 바퀴의 성능은 한층 개선되었다.'고 하였으므로 옳은 내용이다.
>
> **오답분석**
> ① 통나무를 잘라 만든 원판 모양의 나무바퀴는 기원전 5,000년경부터 사용된 것으로 추정된다고 하였고, 메소포타미아의 전차용 나무바퀴는 기원전 3,500년경에 제작된 것으로 추정되는 현존하는 가장 오래된 유물일 뿐이다.
> ② '1885년 다임러와 벤츠가 최초로 가솔린 자동차를 발명했고 자동차용 공기압 타이어는 그로부터 10년 후 프랑스의 미쉘린 형제에 의해 처음으로 개발되었다.'고 하였으므로 자동차용 공기압 타이어가 사용된 것은 19세기 후반이다.
> ④ '유럽인이 바퀴를 전해 준 다음에도 아메리카 원주민들은 썰매를 많이 이용했다. 에스키모는 지금도 개가 끄는 썰매를 이용하고 있다.'고 하였으므로 옳지 않은 내용이다.
> ⑤ '바퀴가 수레에만 이용된 것은 아니다. 도자기를 만드는 데 사용하는 돌림판은 물레는 바퀴의 일종으로 우리나라에서는 4,000년 전부터 사용했다.'고 하였으므로 옳지 않은 내용이다.

2 기본독해

| 문제 1 |

⏱ 제한시간 : 30초   ⏳ 소요시간 :   초

고려시대에 철제품 생산을 담당한 것은 철소(鐵所)였다. 철소는 기본적으로 철산지나 그 인근의 채광과 제련이 용이한 곳에 설치되었다. 철소 설치에는 몇 가지 요소가 갖추어져야 유리하였다. 철소는 철광석을 원활하게 공급받을 수 있고, 철을 제련하는 데 필수적인 숯의 공급이 용이해야 하며 채광, 선광, 제련 기술을 가진 장인 및 채광이나 숯을 만드는 데 필요한 노동력이 존재해야 했다. 또한, 철 제련에 필요한 물이 풍부하게 있는 곳이어야 했다.

망이와 망소이가 반란을 일으킨 공주의 명학소는 철소였다. 하지만 다른 철소와 달리 그곳에서 철이 생산된 것은 아니었다. 철산지는 인근의 마현이었다. 명학소는 제련에 필요한 숯을 생산하고, 마현으로부터 가져온 철광석을 가공하여 철제품을 생산하는 곳이었다. 마현에서 채취된 철광석은 육로를 통해 명학소로 운반되었고, 이곳에서 생산된 철제품은 명학소의 갑천을 통해 공주로 납부되었다. 갑천의 풍부한 수량은 철제품을 운송하는 수로로 적합했을 뿐 아니라 제련에 필요한 물을 공급하는 데에도 유용하였다.

하지만 명학소민의 입장에서 보면, 마현에서 철광석을 채굴하고 선광하여 명학소로 운반하는 작업, 철광석 제련에 필요한 숯을 생산하는 작업, 철제품을 생산하는 작업, 생산된 철제품을 납부하는 작업에 이르기까지 감당할 수 없는 과중한 부담을 지고 있었다. 이는 일반 군현민의 부담뿐만 아니라 다른 철소민의 부담과 비교해 보아도 훨씬 무거운 것이었다. 더군다나 명종 무렵에는 철 생산이 이미 서서히 한계를 드러내고 있었음에도 할당된 철제품의 양은 줄어들지 않았다. 이러한 것이 복합되어 망이와 망소이의 반란이 일어난 것이다.

나만의 독해법

흐름	내용

🔍 **독해 고수 따라잡기**

첫 문장	고려시대 철제품 생산 담당은 철소
가속	철산지, 채광, 제련 용이한 곳에 설치
서행	철소 설치의 요소 : 철광석, 숯, 노동력, 물, 장인
신호등	공주 명학소
가속	명학소는 철산지가 아님, 숯 생산, 마현에서 철 가져옴, 갑천
급정거	명학소민에게 너무 많은 부담
서행	철 생산 한계, 철제품의 양은 줄어들지 않음, 망이 망소이의 반란

연금 제도의 금융 논리와 관련하여 결정적으로 중요한 원리는 중세에서 비롯된 신탁 원리다. 12세기 영국에서는 미성년 유족(遺族)에게 토지에 대한 권리를 합법적으로 이전할 수 없었다. 그럼에도 불구하고 영국인들은 유언을 통해 자식에게 토지 재산을 물려주고 싶어 했다. 이런 상황에서 귀족들이 자신의 재산을 미성년 유족이 아닌 친구나 지인 등 제3자에게 맡기기 시작하면서 신탁 제도가 형성되기 시작했다. 여기서 재산을 맡긴 성인 귀족, 재산을 물려받은 미성년 유족, 그리고 미성년 유족을 대신해 그 재산을 관리·운용하는 제3자로 구성되는 관계, 즉 위탁자, 수익자, 그리고 수탁자로 구성되는 관계가 등장했다. 이 관계에서 주목해야 할 것은 미성년 유족은 성인이 될 때까지 재산권을 온전히 인정받지는 못했다는 점이다. 연금 제도가 이 신탁 원리에 기초해 있는 이상, 연금 가입자는 연기금 재산의 운용에 대해 영향력을 행사하기 어렵게 된다. 왜냐하면 신탁의 본질상 공·사 연금을 막론하고 신탁 원리에 기반을 둔 연금 제도에서는 수익자인 연금 가입자의 적극적인 권리 행사가 허용되지 않기 때문이다. 결국 신탁 원리는 수익자의 연금 운용 권리를 현저히 약화시키는 것을 기본으로 한다. 그 대신 연금 운용을 수탁자에게 맡기면서 '수탁자 책임'이라는 논란이 분분하고 불분명한 책임이 부과된다. 수탁자 책임 이행의 적절성을 어떻게 판단할 수 있는가에 대해 많은 논의가 있었지만 수탁자 책임의 내용에 대해서 실질적인 합의가 이루어지지는 못했다.

중세에서 기원한 신탁 원리가 연금 제도와 연금 산업에 미치는 효과는 현재까지도 여전히 유효하고 강력하다. 신탁 원리의 영향으로 인해 연금 가입자의 자율적이고 적극적인 권리 행사가 철저하게 제한되어 왔다. 그 결과 연금 가입자는 자본 시장의 최고 원리인 유동성을 마음껏 누릴 수 없었으며 결국 연기금 운용자인 수탁자의 재량에 종속되는 존재가 되고 말았다.

나만의 독해법

흐름	내용

독해 고수 따라잡기

첫 문장	연금 제도는 신탁 원리에 기반
가속	미성년 유족에게 합법적 이전 불가, 물려주고 싶음
가속	제3자에게 맡김, 신탁제도 형성
서행	위탁자, 수익자, 수탁자의 관계
급정거	미성년 유족의 재산권 온전히 인정 못 받음
신호등	연금이 신탁 원리에 기초한다면 연금 가입자 영향력 행사 어려움
서행	수익자의 적극적 권리 행사 허용 불가, 수익자 연금 운용 권리 약화
서행	수탁자 책임 부과, 수탁자 책임의 내용 실질적 합의 안 됨
서행	신탁원리 현재도 유효, 연금 가입자의 권리 제한, 수탁자에 종속

⏳ 소요시간 :　　초

의심의 여지없이 뇌는 무척 섬세하다. 그러나 뇌 자체에는 통각수용기가 없다. 그래서 압박하거나, 으깨거나, 잘라도 고통을 느끼지 못한다. 대뇌피질이 직접적인 기계, 화학 자극에 전혀 반응하지 않는다는 사실은 대뇌피질이 중요한 기능을 한다는 주장에 대한 반론으로 19세기까지 활용되었다. 또한, 상당수의 뇌세포가 손상되더라도 일상생활에는 지장이 없다. 확실히 예비력이 남아돈다. 그래서 축구선수는 매번 헤딩을 한다든가 하는 상당수의 뇌세포가 손상을 당할 수 있는 여러 상황에서도 큰 지장을 받지 않는다.

그러나 이런 예비력이 무한한 것은 아니다. 그런 경우를 은퇴한 일부 프로 권투선수에게서 확실히 볼 수 있다. 그들은 너무 많은 뉴런을 손실해 치매나 파킨슨병 같은 질환이 진행되곤 한다. 이런 미만성 뇌손상(Diffuse Brain Injuries)의 위험과는 별개로 뇌의 특정 부위의 직접적 손상과 그에 따른 기능의 상실 위험도 존재한다. 가령 몸에 마비가 온다거나 언어나 시력을 상실하는 것들이다. 따라서 외상으로부터 뇌를 보호하기 위한 단단한 외피가 필요하다. 그 역할을 두개골이 한다.

나만의 독해법

흐름	내용

비언어성 학습장애인들은 일반적으로 언어발달이 빠르고, 고난도의 어휘력과 일반 상식을 갖추고 있으며 풍부한 언어 능력을 보인다. 잘 발달된 언어 능력, 훌륭한 작동기억, 초기 음운 인지 기술 때문에 비언어성 학습장애로 진단을 받은 개인들의 의뢰 사유는 종종 학업 문제보다는 다른 문제들에 집중된다. 일반적으로 부모와 교사는 비언어성 학습장애 학생들을 처음 관찰한 결과 '행동', '사회 및 감정부분에서의 우려', '감각 입력에 문제가 있음(예를 들어, 큰 소리나 밝은 빛 등에 과도하게 민감함)', '운동이 서툴고, 어설프며, 협력이 잘 되지 않음', '친구를 사귀거나 관계 유지에 어려움이 있음', '다양한 청자에게 적합한 대화 수준을 조정하는 데 어려움이 있음', '개인적인 영역과 경계를 인지하는 데 어려움이 있음' 등의 증상 중에서 일부가 결합되어 나타나는 경향이 있다는 것을 발견하였다.

이들을 더욱 혼란스럽게 하는 것은 많은 비언어성 학습장애 학생들이 우수하거나 매우 우수한 언어 능력을 지니고 있다는 점이다. 이는 그들과 함께 살거나 가르치는 사람의 입장에서는 수수께끼와 같으며 그와 같은 학생들에게 어떤 종류의 학습장애가 있을 수 있다는 사실과 타협하는 데 극도의 어려움을 겪기도 한다. 이러한 아이들은 어휘나 일반적인 지식의 습득에 종종 뛰어난 실력을 보이고 조금 더 어려운 색칠하기, 쓰기와 다른 소근육 과제들은 지루해하는 것으로 보고되기 때문에 오히려 일반적으로 영재성 평가에 의뢰된다. 따라서 부모들은 조숙한 언어 능력보다 감정적 조숙이 포함되는 비언어적 능력이 실제 학습에서 더 요구된다는 사실에 큰 충격을 받는다.

나만의 독해법

흐름	내용

어떤 개인이 얼마나 사교적인가(Social)를 테스트해 보기 위하여 뉴욕 맨해튼의 전화번호부에서 뽑은 248개의 성(姓) 목록을 주고 그러한 성씨를 갖는 사람을 몇 명이나 알고 있는지 점수를 매겨보는 실험을 수행하였다. 실험 방법은 하나의 성에 대해 복수의 사람을 생각하는데, 리스트에 있는 존스(Jones)라는 성을 가진 사람을 3명 알고 있다면 3점이 추가되는 식이다. 최근에 이민 온 20대 초반 학생들이 대부분인 맨해튼 시립대학 학생들에게 테스트해 본 결과 평균 점수는 21점이었다. 쉽게 얘기하면 그들은 리스트에 있는 성씨의 사람을 평균적으로 21명 정도 알고 있는 것이다.

실험 결과 주목할 만한 발견은 점수의 분포였다. 대학생들 집단의 점수 분포는 2점에서 95점까지였고, 고학력 백인교수 집단의 최저점은 9점이고 최고점은 118점이었다. 거의 비슷한 연령, 교육수준, 소득수준을 갖고 있는 사람들 사이에서조차 최저점은 16점인 반면 최고점은 108점으로 큰 차이를 보였다. 총 400여 명의 사람들을 대상으로 조사한 결과 모든 사회집단에서 높은 점수를 나타낸 소수의 사람들을 발견할 수 있었다. 따라서 "모든 계층을 막론하고 친구나 아는 사람을 만드는 데에 있어서 극히 예외적인 솜씨를 가진 소수의 사람들이 있으며, 그들은 커넥터(Connector)라 할 수 있다."고 결론지었다.

나만의 독해법

흐름	내용

좋은 과학이론이 되기 위해서 만족되어야 할 조건들 중에는 다음과 같은 것들이 고려될 수 있다. 우선, 새로운 이론은 가능한 한 과거 이론이 관찰에서 거둔 성공을 보존해야 한다. 과학의 목표가 진리에 보다 가까이 다가가는 설명적 이론의 발견에 있고 진리근접성의 주된 지표가 관찰에서의 성공이라고 할 때, 새로운 이론이 기존의 이론이 거둔 관찰에서의 성공을 재현할 수 없는 경우 이는 새로운 이론에 불리하게 작용할 것이다. 만일 어떤 이론이 관찰에서의 성공을 보존할 뿐 아니라 예측의 정확도나 예측의 적용범위를 성공적으로 확장한다면 이는 분명히 그 이론에 유리하게 작용할 것이다.

또한, 이론은 그 향후 발전에 관한 전망, 즉 연구를 안내하는 지침이나 아이디어를 지니고 있어야 한다. 이론의 이런 풍부한 생산성은 초기의 이상 기체 이론에서와 같이 비유적 요소에 기인할 수도 있고, 플랑크가 흑체 복사 분포를 설명하는 과정에서 도입했던 작용의 양자와 같이 참신한 아이디어에 기인할 수도 있다. 이런 요인이 좋은 이론의 조건으로 간주되는 이유는 이런 요인을 지닌 이론들이 과거에 성공적이었기 때문이다. 궁극적으로 성공적인 것으로 여겨진 이론들은 대부분 향후 발전을 위한 아이디어와 연관되어 나타났다.

나만의 독해법

흐름	내용

15 달려야 하는 순간

1 대표지문

여러분이 컴퓨터 키보드의 '@' 키를 하루에 몇 번이나 누르는지 한번 생각해 보라. 아마도 이메일 덕분에 사용 빈도가 매우 높을 것이다. 이탈리아에서는 '달팽이', 네덜란드에서는 '원숭이 꼬리'라 부르고 한국에서는 '골뱅이'라 불리는 이 '앳(at)' 키는 한때 수동 타자기와 함께 영영 잊혀질 위기에 처하기도 하였다.

6세기에 @은 라틴어 전치사인 'ad'를 한 획에 쓰기 위한 합자(合字)였다. 그리고 시간이 흐르면서 @은 베니스, 스페인, 포르투갈 상인들 사이에 측정 단위를 나타내는 기호로 사용되었다. 베니스 상인들은 @을 부피의 단위인 암포라(Amphora)를 나타내는 기호로 사용하였으며 스페인과 포르투갈의 상인들은 질량의 단위인 아로바(Arroba)를 나타내는 기호로 사용하였다. 스페인에서의 1아로바는 현재의 9.5kg에 해당하며 포르투갈에서의 1아로바는 현재의 12kg에 해당한다. 이후에 @은 단가를 뜻하는 기호로 변화하였다. 예컨대 '복숭아 12개@1.5달러'로 표기한 경우 복숭아 12개의 가격이 18달러라는 것을 의미했다.

@ 키는 1885년 미국에서 언더우드 타자기에 등장하였고 20세기까지 자판에서 자리를 지키고 있었지만 사용 빈도는 점차 줄어들었다. 그런데 1971년 미국의 한 프로그래머가 잊혀지다시피 하였던 @ 키를 살려냈다. 연구개발 업체에서 인터넷상의 컴퓨터 간 메시지 송신기술 개발을 담당했던 그는 @ 키를 이메일 기호로 활용했던 것이다.

※ ad : 현대 영어의 'at' 또는 'to'에 해당하는 전치사

나만의 독해법

흐름	내용

독해 고수 따라잡기

첫 문장	@ 키, 이메일에 사용
가속	달팽이, 원숭이 꼬리, 골뱅이
신호등	6세기에 'ad', 이후 베니스 등 상인들의 측정 단위
정체	베니스, 스페인, 포르투갈의 사례
서행	1885년 미국 언더우드 타자기, 20세기까지 유지
급정거	1971년 이메일 기호로 살려냄

독해 고수의 팁

시간이 흘러감에 따라 특정 대상이 어떻게 변화하는지를 나타내는 유형의 지문은 실제 시험장에서도 자주 접하게 되는 유형이다. 이때, 한 가지 간과하기 쉬운 것이 바로 그 대상이 처음 시작되었을 때에 관한 것이다. 이 내용은 제시문의 초반부에 등장하는 것이 대부분인데 다른 내용들에 비해 별로 부각되어 보이지도 않을뿐더러 그 내용 자체도 중요해 보이지 않기 때문에 가볍게 터치하고 넘어가는 경우가 많다. 하지만 의외로 어떤 대상의 시작에 대한 내용이 선택지로 구성되는 경우가 많으며 경우에 따라서는 그것이 정답이 되는 경우도 종종 있다는 점을 꼭 기억해 두자.

실전문제

제한시간 : 20초   소요시간 :   초

다음 글을 근거로 판단할 때 옳지 않은 것은?

① 1960년대 말 @ 키는 타자기 자판에서 사라지면서 사용빈도가 점차 줄어들었다.
② @이 사용되기 시작한 지 1,000년이 넘었다.
③ @이 단가를 뜻하는 기호로 쓰였을 때, '토마토 15개@3달러'라면 토마토 15개의 가격은 45달러였을 것이다.
④ @은 전치사, 측정 단위, 단가, 이메일 기호 등 다양한 의미로 활용되어 왔다.
⑤ 스페인 상인과 포르투갈 상인이 측정 단위로 사용했던 1@는 그 질량이 동일하지 않았을 것이다.

> 정답 ①
> 1971년 미국의 프로그래머가 잊혀지다시피 하였던 @ 키를 살려내기 전까지 @ 키는 자판에서 자리를 지키고 있었다. 단지 사용빈도가 점차 줄어들었을 뿐이다.
>
> 오답분석
> ② 제시문에서 6세기에 @이 라틴어 전치사인 'ad'를 한 획에 쓰기 위한 합자로 사용되었음을 알 수 있으므로 @이 사용되기 시작한 것은 1,000년은 넘었다는 것을 알 수 있다.
> ③ '토마토 15개@3달러'라는 의미는 1개당 3달러인 토마토가 15개라는 의미이므로 전체 가격은 45달러였을 것이다.
> ④ 제시문을 통해 ad는 현대 영어의 'at' 또는 'to'에 해당하는 전치사, 부피, 질량의 단위, 이메일 기호로 사용되었음을 알 수 있다.
> ⑤ 스페인과 포르투갈의 상인들은 @를 질량의 단위인 아로바를 나타내는 기호로 사용하였는데 스페인에서의 1아로바는 현재의 9.5kg에 해당하며 포르투갈에서의 1아로바는 현재의 12kg에 해당한다고 하였다. 따라서 두 나라의 상인이 측정단위로 사용했던 1@는 질량이 동일하지 않을 것이다.

안심Touch

| 문제 1 |

현존하는 한국 범종 중에서 신라 범종이 으뜸이다. 신라 범종으로는 상원사 동종, 성덕대왕 신종, 용주사 범종이 있으며 모두 국보로 지정되어 있다. 이 가운데 에밀레종이라 알려진 성덕대왕 신종은 세계의 보배라고 여겨진다. 그러나 이러한 평가는 미술이나 종교의 차원에 국한될 뿐, 에밀레종이 갖는 음향공학 차원의 가치는 간과되고 있다.

에밀레종을 포함한 한국 범종은 종신(鐘身)이 작고 종구(鐘口)가 벌어져 있는 서양 종보다 종신이 훨씬 크다는 점에서는 중국 범종과 유사하다. 또한, 한국 범종은 높은 종탑에 매다는 서양 종과 달리 높지 않은 종각에 매단다는 점에서도 중국 범종과 비슷하다. 하지만 중국 범종은 종신의 중앙 부분에 비해 종구가 나팔처럼 벌어져 있는 반면, 한국 범종은 종구가 항아리처럼 오므라져 있다. 또한, 한국 범종은 중국 범종에 비해 지상에 더 가까이 땅에 닿을 듯이 매단다.

나아가 한국 범종은 종신과 대칭 형태로 바닥에 커다란 반구형의 구덩이를 파두는데, 바로 여기에 에밀레종이나 여타 한국 범종의 숨은 진가가 있다. 한국 범종의 이러한 구조는 종소리의 조음에 영향을 미쳐 독특한 음향을 내게 한다. 이 구덩이는 100Hz 미만의 저주파 성분이 땅속으로 스며들게 하고, 커다란 울림통으로 작용하여 소리의 여운을 길게 한다.

땅속으로 음파를 밀어 넣어주려면 뒤에서 받쳐 주는 지지대가 있어야 하는데, 한국 범종에서는 땅에 닿을 듯이 매달려 있는 거대한 종신이 바로 이 역할을 한다. 이를 음향공학에서는 뒷판이라 한다. 땅을 거쳐 나온 저주파 성분은 종신 꼭대기에 있는 음통관을 거쳐 나온 고주파 성분과 조화를 이루면서 인간이 듣기에 가장 적합한 소리, 곧 장중하고 그윽하며 은은히 울려 퍼지는 여음이 발생하는 것이다.

나만의 독해법

흐름	내용

첫 문장	신라 범종, 상원사 동종 등 3개, 모두 국보
서행	에밀레종(성덕대왕 신종), 미술, 종교 차원에 국한, 음향공학 차원의 가치 간과
가속	한국 범종은 종신이 서양 종보다 큼, 중국 범종과 유사
가속	한국 범종은 높지 않은 종각에 매닲, 중국 범종과 유사
가속	한국 범종은 종구가 항아리처럼 오므라져 있음, 중국 범종에 비해 지상에 더 가까이
신호등	반구형의 구덩이
가속	독특한 음향, 저주파 성분 땅속으로, 커다란 울림통, 여운
신호등	음파를 밀어 주기 위한 지지대, 거대한 종신, 뒷판
서행	저주파 성분, 고주파 성분과 조화, 여음

국민주권에 바탕을 둔 민주주의 원리는 모든 국가기관의 의사가 국민의 의사로 귀착될 수 있어야 한다는 것이다. 이러한 민주주의 원리로부터 국민의 생활에 중요한 영향을 미치는 국가기관일수록 국민의 대표성이 더 반영되어야 한다는 '민주적 정당성'의 원리가 도출된다. 헌법재판 역시 그 중대성을 감안할 때 국민의 대의기관이 직접 담당하는 것이 민주적 정당성의 원리에 부합할 것이다. 헌법재판은 과거 세대와 현재 및 미래 세대에게 아울러 적용되는 헌법과 인권의 가치를 수호하는 특수한 기능을 수행한다. 헌법재판소는 항구적인 인권 가치를 수호하기 위하여 의회입법이나 대통령의 행위를 위헌이라고 선언할 수 있다. 이는 현재 세대의 의사와 배치될 수도 있는 작업이다. 하지만 이는 의회와 같은 현 세대의 대표자가 직접 담당하기에는 부적합하다. 헌법재판관들은 현재 다수 국민들의 실제 의사를 반영하기 위하여 임명되는 것이 아니다. 그들의 임무는 현재 국민들이 헌법을 개정하지 않는 한 헌법에 선언된 과거 국민들의 미래에 대한 약정을 최대한 실현하는 것이다. 따라서 헌법재판은 의회로부터 어느 정도 독립되고, 전문성을 갖춘 재판관들이 담당해야 한다.

한편, 헌법재판은 사법적으로 이루어질 때보다 공정하고 독립적으로 이루어질 수 있다. 이는 독립된 재판관에 의하여 이루어지는 법해석을 중심으로 판단이 이루어져야 한다는 것을 말한다. 그런데 독립된 헌법재판소를 두더라도 헌법재판관의 구성 방법이 문제된다. 헌법 제1조 제2항에 따라 모든 국가권력은 국민에게 귀착되어야 하는 정당성의 사슬로 연결되어 있기에 헌법재판관 선출은 국민의 직접 위임에 의한 것이 이상적이다. 그러나 현실적으로 국민의 직접선거로 재판관을 선출하는 것은 용이하지 않다. 따라서 대의기관이 관여하여 헌법재판관을 임명함으로써 최소한의 민주적 정당성을 갖추어야 할 것이다. 그러므로 헌법재판관들이 선출되지 않은 소수 혹은 국민에 대하여 책임지지 않는 소수라는 이유만으로 민주적 정당성이 없다고 하는 것은 헌법재판관 선출에 의회와 대통령이 관여한다는 점에서 무리한 비판이라고 볼 것이다.

나만의 독해법

흐름	내용

첫 문장	모든 국가기관의 의사가 국민의 의사로 귀착되어야 함
서행	중요한 영향을 미치는 국가기관은 대표성 반영, 민주적 정당성
가속	헌법재판은 대의기관이 직접 담당해야 함
가속	항구적 인권 가치 수호, 현재 세대의 의사와 배치될 수도 있음
서행	현 세대의 대표자가 직접 담당하는 것은 부적합
가속	헌법재판관들은 미래에 대한 약정 실현, 의회로부터 독립된 재판관
급정거	사법적으로 이루어져야 공정, 독립적
가속	독립된 재판관에 의한 법해석 중심
급정거	헌법재판관의 구성방법에 문제 발생, 국민의 직접 위임이 이상적
급정거	현실적으로 어려움, 대의기관이 관여, 최소한의 민주적 정당성
정지	헌법재판관의 선출에 민주적 정당성 있음

③ 60초 독해연습

1962년 미국의 수학자 코엔은 칸토어의 연속체 가설과 선택 공리라는 잘 알려진 공리가 집합론의 공리계에 대해 결정 불가능한 명제라는 것을 증명한다. 이로써, "산술 체계를 포함하여 모순이 없는 모든 공리계에는 참이지만 증명할 수 없는 명제가 존재하며 또한, 그 공리계는 자신의 무모순성을 증명할 수 없다."는 괴델의 정리가 수학의 가장 기초적인 영역인 집합론 안에서 수학적 확증을 얻게 된다.

그런데 괴델의 불완전성에 대한 증명이 집합론을 붕괴로 이끌지 않았다. 마치 평행선 공리의 부정이 유클리드 기하학을 붕괴시키지 않고 오히려 새로운 기하학의 탄생과 부흥을 가져왔던 것처럼 공리계의 불완전성은 수학자의 작업이 결코 종결될 수 없음을 뜻했다. 결정 불가능한 명제. 진리가 끝나기에 수학이 끝나는 지점이 아니라 반대로 진리라는 이름으로 봉인되었던 기존의 체계를 벗어나서 새로운 수학이 시작되는 지점이 되었다.

이런 결정 불가능한 명제는 주어진 공리계 안에서 참임을 증명할 수 없는 명제지만 반대로 거짓임을 증명할 수도 없는 명제다. 다시 말해 그 공리계 안에서 반드시 모순을 일으키지 않는 명제다. 따라서 이런 명제를 공리로 채택한다면 그 공리계 안으로 포섭할 수 있다. 모순을 일으키지 않으니 차라리 쉬운 셈이다. 하지만 여기서 중요한 사실을 하나 추가해야만 한다. 그것은 결정 불가능한 명제를 공리로 추가한다고 그 공리계가 완전한 것이 되지는 않는다는 것이다. 새로운 공리계에 대해서도 또다시 결정 불가능한 명제가 있다는 것이 괴델 정리의 또 다른 의미이기 때문이다.

나만의 독해법

흐름	내용

숙종 4년(1678) 4월 2일 공사천의 양처 소생에 대하여 어머니 역을 따르는 것을 폐지하자는 논의가 있었다. 대신과 비변사의 제신을 인견하다 형조판서(刑曹判書) 이원정이 말하기를, "공천(公賤)·사천(私賤)의 양처 소생이 모역을 따른다는 법은 진실로 이것은 국가를 위하는 계책입니다. 하온데 근래의 민속(民俗)이 극도로 간사하여 사천이 양녀(良女)를 취하여 처(妻)를 삼은 자는 양역(良役)을 꺼리고 피하며, 반비(班婢)를 청탁하여 사실대로 현록(懸錄)한 자는 열에 한둘 밖에 없으니 본시 양민(良民)이 되는 길을 넓히고자 한 것인데 마침 간사하고 거짓된 자질만 자라게 하였습니다. 당초의 사목(事目)은 기유년 정월 1일 자시(子時)로써 한정하였으나 주인을 배반한 종[奴]이 생년월일을 마음대로 늘였다 줄였다 하여 이 때문에 노주(奴主) 사이에 사송(詞訟)이 더욱 번거로와 허실(虛實)을 분변하지 못해서 법을 베푼 지 오래 되지도 않아 폐단이 벌써 자심(滋甚)하니 변통(變通)하는 길이 있어야 합당하겠습니다." 하였다. 영의정(領議政) 허적이 말하기를, "기유년에 송시열이 건의할 때, 신은 앞으로 난처(難處)한 일이 반드시 있을 것이라고 진달(陳達)하였습니다. 이제 겨우 10년 만에 그 폐단이 이와 같습니다. 노주간의 사송이 분운(紛紜)해서 윤기(倫紀)가 무너지게 되었는데 이제 와서 변경(變更)하는 것은 일이 중대한 데에 관계되니 다시 다른 대신(大臣)에게 물으심이 어떻겠습니까?" 하였다. 임금이 말하기를, "그렇다." 하였다. 뒤에 제대신(諸大臣)의 의논으로 인하여 양녀 소생을 도로 부역(父役)을 따르게 하였다.

나만의 독해법

흐름	내용

대중적 취향은 삶의 일상적 환경 속에 뿌리박고 있는 에토스의 도식을 정통적인 예술작품에 적용하며, 이를 통해 예술에 관한 사항을 체계적으로 삶으로 환원시키는 기능을 한다. 이러한 대중적 취향이 픽션이나 이러저러한 표상에 투여하는 진지함은 '소박한' 참여를 유예하도록 하는 순수한 취향과는 정반대의 모습을 보여주는데, 이것은 세계의 여러 요구와 맞게 되는 '유사 – 유희적' 관계의 한 차원을 구성한다. 통상 지식인들은 재현되는 사물보다도 재현 자체 즉 문학, 연극, 회화를 더 믿는 반면, 대중들은 표상이나 이러한 표상을 지배하고 있는 실천이 재현 대상들을 '그 모습 그대로' 믿을 수 있도록 만들어 준다고 믿는다. 순수미학은 윤리적 요소에 뿌리를 두고 있다. 또는 사회세계와 자연세계의 요구로부터 선별적으로 거리를 두려는 에토스에 뿌리를 두고 있다고 할 수 있는데, 이것은 오히려 도덕적 불가지론 또는 미학적 성향을 보편타당한 원리로 제시하며 사회세계를 거부하는 부르주아적 태도를 극단으로 끌고 가려는 유미주의 형태를 취할 수도 있다. 순수한 시선의 초연함은 부정적인 경제요구, 즉 안락한 삶을 위해 적극적으로 다양한 필요나 요구로부터 거리를 두도록 유도하는 경제적 조건화의 역설적 산물로 나타나는 세계에 대한 일반적 태도와 분리할 수 없다.

나만의 독해법

흐름	내용

개인적 인문주의란 문예부흥운동 초기에 이탈리아 반도에서 전개된 인문주의 경향으로 이를 시기적으로는 '초기 인문주의', 지역적으로는 알프스산맥 이남의 '남부 인문주의'라고도 부른다. '개인적 인문주의'라고 부르는 까닭은 그것이 개인의 교양을 넓히는 데 치중했기 때문이다. 중세적 삶과 스콜라주의 교육에 염증을 느낀 사람들은 개인의 삶을 보다 품위 있게 해줄 교양을 넓히고 다방면의 재능을 발휘하게 해 주는 새로운 삶을 추구했으며 고대의 건축양식이나 예술, 고전문학 등을 공부함으로써 그러한 욕구를 충족하고자 했다. 그러므로 초기 인문주의 교육은 개인적이고 심미적인 것이 특징이었다.

사회적 인문주의란 15세기 중반 이후에 문예부흥의 기운이 알프스산맥 이북으로 전파되면서 북유럽 지역에서 전개된 인문주의 경향으로 '후기 인문주의' 또는 '북부 인문주의'라고도 부른다. 북부 인문주의 운동은 이탈리아 반도의 인문주의 운동과는 여러 차이가 있었다. 북유럽 지역은 중세적 관습과 사고방식에 젖어 있어서 이탈리아 반도에서와 같은 삶의 활기가 없었고, 되살려야 할 조상의 문화적 전통도 없었다. 그런데 네덜란드 지역을 중심으로 이탈리아와의 해상무역이 활발해지면서 문예부흥의 기운이 전파되고 인문주의 운동이 시작되었던 것이다. 그러므로 북부의 인문주의 운동은 이탈리아로부터 수입된 것이었고, 이전에는 전혀 경험한 적이 없는 고대 그리스·로마의 문화를 새롭게 학습하기 위한 것이었다. 이 운동은 이탈리아 반도의 삶의 분위기를 직·간접적으로 경험하고 그러한 삶을 동경하는 극소수의 예술가와 학자에 의해 은밀하게 시작되었다. 그러나 북유럽 사람들은 그 운동을 점차 조직화해 나갔다.

나만의 독해법

흐름	내용

16 긴 문장들이 모여 있는 단락

1 대표지문

판옥선은 조선 수군의 주력 군선(軍船)으로 왜구를 제압하기 위해 1555년(명종 10년) 새로 개발된 것이다. 종전의 군선은 갑판이 1층뿐인 평선인 데 비하여 판옥선은 선체의 상부에 상장(上粧)을 가설하여 2층 구조로 만든 배이다. 이 같은 구조로 되어 있기 때문에 노를 젓는 요원인 격군(格軍)은 1층 갑판에서 안전하게 노를 저을 수 있고, 전투요원들은 2층 갑판에서 적을 내려다보면서 유리하게 전투를 수행할 수 있었다.

전근대 해전에서는 상대방 군선으로 건너가 마치 지상에서처럼 칼과 창으로 싸우는 경우가 흔했다. 조선 수군은 기본적으로 활과 화약무기 같은 원거리 무기를 능숙하게 사용했지만 칼과 창 같은 단병무기를 운용하는 데는 상대적으로 서툴렀다. 이 같은 약점을 극복하고 조선 수군이 해전에서 승리하기 위해서는 적이 승선하여 전투를 벌이는 전술을 막으면서 조선 수군의 장기인 활과 대구경(大口徑) 화약무기로 전투를 수행할 수 있도록 선체가 높은 군선이 필요했다.

선체 길이가 20 ~ 30m 정도였던 판옥선은 임진왜란 해전에 참전한 조선·명·일본의 군선 중 크기가 큰 편에 속한 데다가 선체도 높았기 때문에 일본군이 그들의 장기인 승선전투전술을 활용하기 어렵게 하는 효과도 있었다. 이 때문에 임진왜란 당시 도승지였던 이항복은 "판옥선은 마치 성곽과 같다."라고 그 성능을 격찬했다. 판옥선은 1592년 발발한 임진왜란에서 일본의 수군을 격파하여 조선 수군이 완승할 수 있는 원동력이 되었다. 옥포해전·당포해전·한산해전 등 주요 해전에 동원된 군선 중에서 3척의 거북선을 제외하고는 모두가 판옥선이었다.

판옥선의 승선인원은 시대와 크기에 따라 달랐던 것으로 보인다. 『명종실록』에는 50여 명이 탑승했다고 기록되어 있는 반면에, 『선조실록』에 따르면 거북선 운용에 필요한 사수(射手)와 격군을 합친 숫자가 판옥선의 125명보다 많다고 되어 있어 판옥선의 규모가 이전보다 커진 것을 알 수 있다.

나만의 독해법

흐름	내용

독해 고수 따라잡기

첫 문장	판옥선, 1555년(명종 10년)
가속	2층, 노젓기 1층, 전투 2층
신호등	전근대에는 칼과 창, 조선 수군은 원거리 무기에 강점
서행	적의 승선 막고, 대구경 무기 활용으로 승리
신호등	선체길이 20 ~ 30m, 일본군의 승선 저지
가속	임진왜란의 주력 군선
서행	승선인원 다름, 명종실록, 선조실록

독해 고수의 팁

2 ~ 3개 정도의 문장으로 단락이 구성된 경우는 각 단락별 내용이 서로 연결되지 않는 독자적인 형태가 많다. 따라서 단락이 4개 이상으로 제시된 글이라면 각 단락의 첫 문장은 '신호등' 내지는 '서행'으로 놓고 내용을 확실하게 정리하도록 하자.

실전문제

제한시간 : 20초　소요시간 :　　초

다음 글을 근거로 판단할 때 옳은 것은?

① 판옥선은 갑판 구조가 단층인 군선으로 선체의 높이가 20 ~ 30m에 달하였다.

② 판옥선의 구조는 적군의 승선전투전술 활용을 어렵게 하여 조선 수군이 전투를 수행하는 데 유리하였을 것이다.

③ 『선조실록』에 따르면 판옥선의 격군은 최소 125명 이상이었다.

④ 판옥선은 임진왜란 때 일본의 수군을 격파하기 위해 처음 개발되었다.

⑤ 판옥선은 임진왜란의 각 해전에서 주력 군선인 거북선으로 대체되었다.

정답 ②

조선 수군은 칼과 창 같은 단병무기를 운용하는 데는 상대적으로 서툴렀는데, 판옥선의 선체가 높은 것은 일본군의 장기인 승선전투전술을 활용하기 어렵게 하였다. 이는 상대적으로 조선 수군이 전투를 수행하는 데 유리하게 작용하였을 것이다.

오답분석

① 판옥선은 '선체의 상부에 상장을 가설하여 2층 구조로 만든 배'라고 하였고, 선체의 길이가 20 ~ 30m 정도라고 하였다. 선체의 높이는 제시문을 통해서는 알 수 없다.

③ 『선조실록』에서 거북선 운용에 필요한 사수와 격군을 합친 숫자가 판옥선의 125명보다 많다고 하였지만, 그중 격군의 숫자는 알 수 없다.

④ 판옥선은 왜구를 제압하기 위해 1555년(명종 10년) 새로 개발된 것이다. 임진왜란은 1592년에 발발하였으므로 옳지 않은 내용이다.

⑤ '옥포해전·당포해전·한산해전 등 주요 해전에 동원된 군선 중에서 3척의 거북선을 제외하고는 모두가 판옥선이었다.'고 하였으므로 여전히 주력 군선은 판옥선이었음을 알 수 있다.

| 문제 1 |

현상의 원인을 찾는 방법들 가운데 최선의 설명을 이용하는 방법이 있다. 우리는 주어진 현상을 일으키는 원인을 찾아 이 원인이 그 현상을 일으켰다고 말함으로써 현상을 설명하곤 한다. 우리는 여러 가지 가능한 설명들 중에서 가장 좋은 설명에 나오는 원인이 현상의 진정한 원인이라고 결론을 내릴 수 있다.

지구에 조수 현상이 있는데 이 현상의 원인은 무엇일까? 우리는 조수 현상을 일으킬 수 있는 원인들을 일종의 가설로서 설정할 수 있다. 만일 지구의 물과 달 사이에 중력이나 자기력 같은 인력이 작용한다면 이런 인력은 지구에 조수 현상을 일으키는 원인일 수 있다. 지구와 달 사이에 유동 물질이 있고 그 물질이 지구를 누른다면 이런 누름은 지구에 조수 현상을 일으키는 원인일 수 있다. 지구가 등속도로 자전하지 않아 지구 전체가 흔들거린다면 이런 지구의 흔들거림은 지구에 조수 현상을 일으키는 원인일 수 있다.

우리는 이런 설명들을 견주어 어떤 것이 다른 것보다 낫다는 것을 언제든 주장할 수 있으며 나은 순으로 줄을 세워 가장 좋은 설명을 찾을 수 있다. 우리는 조수 현상에 대한 설명으로 지구의 물과 달 사이에 인력 때문에 조수가 생긴다는 설명, 지구와 달 사이의 물질이 지구를 누르기 때문에 조수가 생긴다는 설명, 지구 전체의 흔들거림 때문에 조수가 생긴다는 설명을 갖고 있다. 이 설명들 가운데 지구 전체의 흔들거림 때문에 조수가 생긴다는 설명보다 지구와 달 사이의 물질이 지구를 누르기 때문에 조수가 생긴다는 설명이 더 낫다. 또한, 지구와 달 사이의 물질이 지구를 누르기 때문에 조수가 생긴다는 설명보다 지구의 물과 달 사이에 인력 때문에 조수가 생긴다는 설명이 더 낫다. 따라서 우리는 조수 현상의 원인이 지구의 물과 달 사이에 작용하는 인력이라고 결론 내릴 수 있다.

나만의 독해법

흐름	내용

🔍 **독해 고수 따라잡기**

첫 문장	최선의 설명을 이용하는 방법
가속	원인이 그 현상을 일으켰음, 가장 좋은 설명에 나오는 원인
신호등	조수현상의 원인
정체	인력이 작용, 유동물질, 흔들거림이 원인일 가능성
신호등	더 나은 순으로 줄을 세워 가장 좋은 설명 찾기
서행	흔들거림보다 유동물질의 설명이 더 낫고, 유동물질보다 인력이 더 나음
정지	조수 현상의 원인은 인력 때문

이동통신이 유선통신에 비하여 어려운 점은 다중 경로에 의해 통신채널이 계속적으로 변화하여 통신 품질이 저하된다는 것이다. 다중 경로는 송신기에서 발생한 신호가 수신기에 어떠한 장애물을 거치지 않고 직접적으로 도달하기도 하고 장애물을 통과하거나 반사하여 간접적으로 도달하기도 하기 때문에 발생한다. 이 다중 경로 때문에 송신기에서 발생한 신호가 안테나에 도달할 때 신호들마다 시간 차이가 발생한다. 이렇게 하나의 송신 신호가 시시각각 수신기에 다르게 도달하기 때문에 이동통신 채널은 일반적으로 유선통신 채널에 비해 빈번히 변화한다. 일반적으로 거쳐 오는 경로가 길수록 수신되는 진폭은 작아지고 지연시간도 길어지게 된다. 다중 경로를 통해 전파가 전송되어 오면 각 경로의 거리 및 전송 특성 등의 차이에 의해 수신기에 도달하는 시간과 신호 세기의 차이가 발생한다.

시간에 따라 변화하는 이동통신의 품질을 극복하기 위해 개발된 것이 A기술이다. 이 기술을 사용하면 하나의 송신기로부터 전송된 하나의 신호가 다중 경로를 통해 안테나에 수신된다. 이때, 안테나에 수신된 신호들 중 일부 경로를 통해 수신된 신호의 크기가 작더라도 나머지 다른 경로를 통해 수신된 신호의 크기가 크면 수신된 신호들 중 가장 큰 것을 선택하여 안정적인 송수신을 이루려는 것이 A기술이다. A기술은 마치 한 종류의 액체를 여러 배수관에 동시에 흘려보내 가장 빨리 나오는 배수관의 액체를 선택하는 것에 비유할 수 있다. 여기서 액체는 신호에 해당하고, 배수관은 경로에 해당한다.

나만의 독해법

흐름	내용

독해 고수 따라잡기

첫 문장	이동통신이 어려운 점은 통신채널이 변화하여 품질이 저하된다는 것
가속	다중 경로, 직접 도달, 간접 도달
서행	신호들마다 시간 차이 발생
가속	유선통신 채널에 비해 빈번히 변화
서행	경로가 길수록 진폭은 작아지고 지연시간도 길어짐
신호등	A기술, 다중 경로를 통해 안테나에 수신
서행	수신된 신호들 중 가장 큰 것을 선택하여 안정적인 송수신 가능하게 함
가속	배수관과 액체의 비유

3 60초 독해연습

우리는 어떻게 대상에 이름을 붙이고 이해하며 사용할까? 예를 들어 우리가 '새'라고 부르는 것들은 날개와 부리가 있고, 다리가 두 개다. 이러한 특징을 가지는 것들에는 참새, 비둘기, 까치 등이 있는데, 이것들을 구성원으로 하는 '새'라는 범주를 설정하는 문제를 범주화라고 한다. 어떤 대상에 이름을 붙여 사용하는 문제는 모두 범주화의 문제라고 할 수 있다. 범주화 이론에 대한 고전적 견해는 아리스토텔레스로 거슬러 올라가는데, 그는 사물은 본질적 자질로 정의된다고 생각했다. 고전적 범주화 이론에서는 범주가 객관적으로 주어지는 의미자질을 바탕으로 구성되며, 범주를 충분한 자격 요건을 갖춘 구성원의 집합으로 보았다. 한 예로 '총각' 범주의 구성원이 되려면 [인간], [어른], [남자], [미혼]이라는 의미자질을 가지고 있어야 한다는 것이다.

사회언어학자 윌리엄 라보브는 학생들에게 여러 가지 그릇 그림을 보여주면서 컵, 꽃병, 사발로 나누어 보라고 하였다. 학생들은 높이가 높고 폭이 좁은 그릇을 꽃병으로, 높이가 낮고 넓적한 그릇을 사발로 간주했는데, 높이나 넓이가 어중간한 그릇의 경우에는 병인지 사발인지 판단하기 어려워했다. 라보브는 학생들에게 사발인 것을 확인시킨 후에 으깬 감자를 담아서도 보여주고 꽃을 담아서도 보여주었으며 커피를 담아서도 보여주었는데, 학생들은 으깬 감자가 있을 때는 사발, 꽃을 담았을 때는 꽃병, 커피가 들어 있을 때는 컵으로 대답했다. 이는 고전적 범주 이론에서 주장하던 것과는 다른 현상이었다.

나만의 독해법

흐름	내용

역사학에서의 설명은 문제의 사건이 우연히 일어난 것이 아니라 일정한 선행적 혹은 동시적인 조건에 비추어 예상될 수 있었던 사건임을 보일 수 있어야 한다. 여기서 말하는 예상은 예언이나 계시가 아니라 일반법칙에 기반을 두는 합리적이고 과학적인 예상이다. 만약 이 견해가 옳다면 대부분의 역사가들이 역사적 사건을 실제로 설명하면서도 역사학이 일반법칙에 의존한다는 점은 부인한다는 사실이 이상해 보일 것이다. 이를 이해하려면 역사학에서의 설명을 보다 면밀히 살펴보아야 한다. 역사학에서의 설명에서 때로는 설명의 배후에 놓여 있는 보편가설들이 꽤 명시적으로 진술되기도 하지만 설명에 전제된 일반적 규칙성이 명시적으로 진술되는 경우는 거의 없다. 적어도 두 가지 이유를 들어 이 점을 설명할 수 있을 것이다.

첫째, 문제의 보편가설이 개인심리학이나 사회심리학과 관련되는 경우가 자주 있고, 개인심리학이나 사회심리학은 일상경험을 통해 우리가 잘 알고 있다고 가정되기 때문이다. 그래서 그런 가설들은 암암리에 당연한 것으로 간주된다. 둘째, 때로는 배후에 있는 가정을 우리가 가진 모든 경험적 증거에 맞도록 명시적으로 정확히 정식화하기가 매우 어렵기 때문이다. 제시된 설명이 적합한지를 검토할 때, 그 설명이 근거하고 있는 보편가설이 무엇인지를 재구성해 본다면 큰 시사점을 얻을 수 있을 것이다. 예를 들어 '계속된 가뭄으로 자신들의 생존이 점차 위협받게 되었고 캘리포니아가 더 나은 삶의 터전을 마련해 주는 것으로 보였기 때문에 미시시피 서부지역의 농부들이 캘리포니아로 이주하게 되었다.'는 진술을 생각해 보자. 이 설명은 더 나은 삶의 터전을 갖춘 지역으로 인구가 이동하는 경향이 있다는 보편가설에 의존하고 있다. 그러나 이 가설을 모든 관련 증거에 의해 잘 입증된 일반법칙의 형태로 정확히 진술하기는 힘들다. 사회적 불만이나 환경조건에 의한 혁명의 설명, 계급투쟁이나 경제적, 지리적 조건 등에 의한 역사적 설명에도 같은 이야기를 할 수 있다. 이런 설명은 모두 보편가설을 가정하고, 이를 통해 개인이나 집단생활의 어떤 특징을 다른 것과 연결짓는다. 그러나 이런 경우 우리는 주어진 설명에 암암리에 가정되어 있는 가설의 내용을 대략적으로 재구성할 수 있을 뿐이다.

나만의 독해법

흐름	내용

우리가 시간에 대해서 느끼는 것은 과거에서 미래로의 시간의 흐름이다. 물리학에서는 이 흐름을 날아가는 화살에 비유해서 '시간의 화살'이라고 부른다. 시간의 화살의 존재가 불가사의한 것은 그것이 언뜻 물리 법칙과는 양립할 수 없는 것으로 보이기 때문이다. 입자 하나하나의 운동을 지배하는 물리 법칙은 시간의 미래와 과거를 구별하지 않는다. 어떤 운동이 가능하다면 그것과 반대의 운동도 똑같이 가능하다. 따라서 운동을 보고 있는 한 시간의 과거와 미래를 구별하는 것은 불가능하다. 예를 들어 보자. 뜨거운 물과 찬물을 섞으면 열은 뜨거운 쪽에서 차가운 쪽으로 흘러서 마지막에는 물 전체가 같은 온도가 된다. 이 현상을 비디오로 찍어 거꾸로 돌리면 그 영상이 거꾸로 돌리는 것임을 알 수 있다. 똑같은 온도의 물이 뜨거운 물과 찬물로 저절로 나누어지는 일은 없기 때문이다. 다음으로 물 속의 분자 하나에 착안해서 그 운동을 추적해 보자. 물 분자는 몇 번이나 다른 분자와 충돌하며 지그재그 운동을 한다. 그 모습을 비디오로 찍어 거꾸로 돌려도 그것이 거꾸로 돌고 있는지 아닌지 알 수 없다.

그럼에도 불구하고 물 전체의 운동에서는 과거와 미래의 상태가 확실히 다르다. 뜨거운 물과 찬물로 나누어져 있는 상태가 과거이고, 온도가 똑같아진 상태가 미래이다. 이처럼 시간의 화살은 막대한 수의 입자가 관계하는 현상에만 나타난다. 또한, 처음 상태가 특별한 상태여야 한다. 뜨거운 물과 찬물로 나누어진 상태는 똑같은 온도의 물보다는 실현하기 어렵다. 실현하기 어려운 상태를 '엔트로피가 낮다.'고 표현한다. 자연 현상은 반드시 엔트로피가 낮은 상태에서 높은 상태로 변화한다. 이것을 '엔트로피 증대의 법칙'이라고 한다.

나만의 독해법

흐름	내용

영화 〈스타워즈〉의 아나킨은 이분법적인 사고로 아군과 적을 구분하면서도 상황에 따라 둘 사이의 경계를 오고가며 입장의 과격한 변화를 보인다. 가장 극명한 사례는 '다스 베이더'가 된 직후 '제다이 기사' 시절 스승이었던 오비 – 완 케노비에게 던진 유명한 대사 "나와 함께하지 않으면 당신도 나의 적입니다."이다. 다스 시디우스가 악의 세력인 '시스'임을 동료 제다이 들에게 알려 그를 체포하도록 시도하게 한 장본인이 아나킨 자신임에도 불구하고 시디우스와 새롭게 형성된 도제관계로 인 하여 그는 시디우스를 체포하려는 제다이들의 행위를 권력 찬탈이라 비난하며 옛 스승인 오비 – 완 케노비와 사생결투를 벌인다.

이렇듯 극단적인 사고가 압축된 아나킨의 대사는 미국대폭발테러사건 이후 부시 대통령의 발언 "우리와 함께 하지 않는다면 당신은 테러리스트 편입니다."와 겹쳐져 영화 〈스타워즈〉의 제작자인 루카스가 부시 대통령을 악의 세력에 견준 것이 아니 냐는 파장을 불러일으킨 바 있다. 아나킨의 도발적 발언에 오비 – 완 케노비는 "오로지 시스만이 절대성을 다룬다."라고 대 답함으로써 관점의 차이로 인한 상대성 혹은 다름을 포용하는 제다이의 차별성을 부각시킨다.

나만의 독해법

흐름	내용

17 / 오르락내리락 파도타기

1 대표지문

인류가 카펫을 사용한 기간은 2,500년이 넘는다. 1949년 카자흐스탄의 파지릭 고분에서 기원전 4 ~ 5세기의 것으로 추정되는 카펫이 발굴되었다. 이 카펫은 인류가 발견한 최고(最古)의 것으로 높은 수준의 채색·직조 기술을 담고 있다.

카펫은 이슬람의 긴 역사와 삶의 애환, 무슬림의 예술성과 기술, 일상의 시간들이 축적되어 있는 종합 예술품이다. 이슬람교에서 우상숭배를 금지하면서 사람이나 동물을 형상화할 수 없게 되자 풀과 나무, 코란의 서체를 이용한 독특한 예술적 문양을 창출해 냈다.

이슬람 카펫의 아름다움이 서구에 소개되어 각광을 받은 것은 베네치아 상인들 덕분이다. 베네치아는 유럽에 카펫을 소개하는 중요한 통로였다. 베네치아인들은 집안에 카펫을 깔거나 창문에 드리웠으며, 유람선을 카펫으로 치장했었다.

카펫은 디자인 예술이다. 디자인만 보고도 그것이 언제 어디에서 생산된 것인지 알 수 있을 정도다. 페르시아와 인도에서는 꽃무늬 양식의 카펫이, 카프카스 및 중앙아시아의 투르크만 지역에서는 기하학적 무늬의 카펫이 주로 생산되었다. 터키에서는 두 가지 양식 모두 사용되었지만 기하학적 무늬가 더 많이 애용되었다. 중국의 카펫에는 용이나 봉황, 간혹 도깨비 양식이 등장한다. 그런데 같은 디자인이라도 문화권에 따라 그 의미가 다르다. 예를 들어 중국에서 용은 황제를 상징하지만, 페르시아에서는 악마를, 인도에서는 죽음을 의미한다.

나만의 독해법

흐름	내용

독해 고수 따라잡기

첫 문장	최고의 카펫, 카자흐스탄, 기원전 4 ~ 5세기
신호등	이슬람, 우상숭배 금지
서행	베네치아 상인이 카펫을 유럽에 소개
서행	카펫은 디자인 예술, 지역에 따른 카펫 디자인의 차이
급정거	문화권에 따른 의미의 차이(중국, 페르시아, 인도)

독해 고수의 팁

'급정거'와 사례가 연이어 나오는 경우는 매우 주의해서 보아야 한다. 제시문의 경우 마지막 단락의 후반부가 이에 해당하는데 많은 경우 그 사례들을 활용한 선택지가 출제되며 그 선택지가 정답이 되는 경우도 빈번하다. 제시문의 처음에 '기원전 4 ~ 5세기'라는 부분을 통해 초기 카펫의 사용 시기를 정리해야 하는 것도 잊지 말자.

실전문제

⏱ 제한시간 : 30초   ⧗ 소요시간 :   초

다음 글을 근거로 판단할 때, 〈보기〉에서 옳게 추론한 사람을 모두 고르면?

〈 보기 〉

甲 : 우상숭배를 금지한 이슬람 국가에서 생산하고 있는 카펫의 문양은 식물과 동물, 코란의 서체 등 다양하군.

乙 : 베네치아 사람들은 카펫을 여러 가지 용도로 활용했나봐.

丙 : 페르시아에서 생산된 카펫은 기하학적 무늬를 주로 사용했었구나.

丁 : 용이 그려진 카펫을 중국인이 호의로 선물했더라도 이를 받은 인도의 왕은 선물한 사람의 본래 의도를 오해할 수 있겠어.

① 甲

② 乙, 丁

③ 丙, 丁

④ 甲, 丙, 丁

⑤ 乙, 丙, 丁

정답 ②

乙 : 베네치아인들은 집안에 카펫을 깔거나 창문에 드리웠으며, 유람선을 카펫으로 치장했었다고 하는 등 여러 용도로 카펫을 사용하였다.

丁 : 중국에서 용은 황제를 상징하지만 인도에서는 죽음을 의미한다고 하였으므로 이를 받은 인도의 왕은 본래 의도를 오해할 수 있었을 것이다.

오답분석

甲 : 이슬람교에서는 우상숭배를 금지하면서 사람이나 동물을 형상화할 수 없게 하였으므로 카펫의 문양에 동물을 이용할 수는 없었을 것이다.

丙 : '페르시아와 인도에서는 꽃무늬 양식의 카펫이, 카프카스 및 중앙아시아의 투르크만 지역에서는 기하학적 무늬의 카펫이 주로 생산되었다.'고 하였다.

| 문제 1 | ⏱ 제한시간 : 40초 ⧗ 소요시간 : 초

심각한 수준의 멸종 위기에 처한 생태계를 보호하기 위해 생물다양성 관련 정책이 시행되고 있다. 먼저 보호지역 지정은 생물다양성을 보존하는 데 반드시 필요한 정책 수단이다. 이 정책 수단은 각국에 의해 빈번히 사용되었다. 그러나 보호지역의 숫자는 생물다양성의 보존과 지속가능한 이용 정책의 성공 여부를 피상적으로 알려주는 지표에 지나지 않으며 보호조치 없이는 생물다양성의 감소를 막을 수 없다. 세계자연보전연맹에 따르면 보호지역으로 지정되었음에도 실제로는 최소한의 것도 실시되지 않는 곳이 많다. 보호지역 관리에 충분한 인력을 투입하는 것은 보호지역 수를 늘리는 것만큼이나 필요하다.

경제 유인책은 민간시장에서 '생물다양성 관련 제품과 서비스'가 갖는 가치와 사회 전체 내에서 그것이 갖는 가치 간의 격차를 해소하기 위해 도입된다. 이를 통해 생태계 훼손에 대한 비용 부담은 높이고 생물다양성의 보존, 강화, 복구 노력에 대해서는 보상을 한다. 상품으로서의 가치와 공공재로서의 가치 간의 격차를 좁히는 데 원칙적으로 이 제도만큼 적합한 것이 없다.

생물다양성을 증가시키는 유인책 중에서 생태계 사용료의 효과가 큰 편이다. 시장 형성이 마땅치 않아 이전에는 무료로 이용할 수 있었던 것에 대해 요금을 부과함으로써 생태계의 무분별한 이용을 억제하는 것이 이 제도의 골자이다. 최근 이 제도의 도입 사례가 증가하고 있으며 앞으로도 늘어날 전망이다.

생물다양성 친화적 제품 시장에 대한 전망에는 관련 정보를 지닌 소비자들이 생물다양성 보호 제품을 선택할 것이라는 가정이 전제되어야 한다. 친환경 농산물, 무공해 비누, 생태 관광 등에 대한 인기가 증대되고 있는 현상은 소비자들이 친환경 제품이나 서비스에 더 비싼 값을 지불할 수도 있다는 사실을 보여주는 사례이다.

나만의 독해법

흐름	내용

첫 문장	생물다양성 관련 정책들 시행 중
갈림길	보호지역지정, 반드시 필요한 정책, 빈번히 사용
급정거	보호지역 숫자는 피상적인 지표일 뿐임, 실질적 보호조치 필요
가속	지정만 되어 있고 실시되지 않은 곳 많음
갈림길	경제 유인책, 민간시장과 사회 전체의 가치 격차 좁힘
가속	상품과 공공재로서의 가치 격차
갈림길	생태계 사용료, 요금 부과
가속	최근 도입 사례 증가, 앞으로도 늘어날 전망
갈림길	생물다양성 친화적 제품 시장
가속	소비자들이 친환경 제품, 서비스에 더 비싼 값을 지불할 수도 있음

갈릴레오는 『두 가지 주된 세계 체계에 관한 대화』에서 등장인물인 살비아티에게 자신을 대변하는 역할을 맡겼다. 심플리치오는 아리스토텔레스의 자연철학을 대변하는 자로서 살비아티의 대화 상대역을 맡고 있다. 또 다른 등장인물인 사그레도는 건전한 판단력을 지닌 자로서 살비아티와 심플리치오 사이에서 중재자 역할을 맡고 있다.

이 책의 마지막 부분에서 사그레도는 나흘 간의 대화를 마무리하며 코페르니쿠스의 지동설을 옳은 견해로 인정한다. 그리고 그는 그 견해를 지지하는 세 가지 근거를 제시한다. 첫째는 행성의 겉보기 운동과 역행 운동에서, 둘째는 태양이 자전한다는 것과 그 흑점들의 운동에서, 셋째는 조수 현상에서 찾아낸다.

이에 반해 살비아티는 지동설의 근거로서 사그레도가 언급하지 않은 항성의 시차(視差)를 중요하게 다룬다. 살비아티는 지구의 공전을 입증하기 위한 첫 번째 단계로 지구의 공전을 전제로 한 코페르니쿠스의 이론이 행성의 겉보기 운동을 얼마나 간단하고 조화롭게 설명할 수 있는지를 보여준다. 그런 다음 그는 지구의 공전을 전제로 할 때, 공전 궤도의 두 맞은편 지점에서 관측자에게 보이는 항성의 위치가 달라지는 현상, 곧 항성의 시차를 기하학적으로 설명한다.

그렇다면 사그레도는 왜 이 중요한 사실을 거론하지 않았을까? 그것은 세 번째 날의 대화에서 심플리치오가 아리스토텔레스의 이론을 옹호하면서 지동설에 대한 반박 근거로 공전에 의한 항성의 시차가 관측되지 않음을 지적한 것과 관련이 있다. 당시 갈릴레오는 자신의 망원경을 통해 별의 시차를 관측하지 못했다. 그는 그 이유가 항성이 당시 알려진 것보다 훨씬 멀리 있기 때문이라고 주장하였지만, 반대자들에게 그것은 임기응변적인 가설로 치부될 뿐이었다. 결국 그 작은 각도가 나중에 더 좋은 망원경에 의해 관측되기까지 항성의 시차는 지동설의 옹호자들에게 '불편한 진실'로 남아 있었다.

나만의 독해법

흐름	내용

첫 문장	갈릴레오는 살비아티에게 자신을 대변하는 역할 맡김
가속	심플리치오는 아리스토텔레스의 자연철학을 대변, 사그레도는 중재자 역할
신호등	사그레도는 지동설 지지
정체	3가지 근거(겉보기 운동 등)
급정거	살비아티는 항성의 시차 중요시함
가속	공전 전제로 한 코페르니쿠스의 이론으로 겉보기 운동, 항성 시차 기하학적 설명
급정거	사그레도는 이를 거론하지 않음
서행	항성의 시차가 관측되지 않음
가속	훨씬 멀리 있다는 갈릴레오의 주장이 임기응변적 가설로 치부
정지	후대에 더 좋은 망원경에 의해 관측될 때까지 항성 시차는 불편한 진실

3 60초 독해연습

소요시간 :　　　초

중국의 법개념은 서양의 법개념과는 근본적으로 달랐다. 법률은 사회에서 외재적이고 절대적인 요소로서 간주되지 않았다. 신의 계시로 인류에게 주어진 '상위법'의 개념은 중국에서 존재하지 않았다. 법률은 도덕에 종속되어 있었다. 중국에서의 법률의 제재는 이성이나 도덕을 뒷받침하는 공통된 사회적인 경험에 의한 것이었다. 이러한 체제는 상식적인 도덕적 명령과 법률 조문 사이에 싹튼 서양의 불행한 이중성을 피할 수 있도록 해 주었다.

중국의 법전은 주로 형벌을 위한 것이었고 순화되지 않는 자를 교정하는 수단이었다. 그것은 또한 행정적이었고, 자세한 의례를 규정하고 있었다. 법전은 부분적으로는 행정적인 결정이 축적됨으로써 이루어졌다. 그것은 거의 모두 공법이었으며 절차, 결혼, 상속이나 정부의 통치 등의 사항을 다루고 있었다. 법의 정의는 관청이 정했고, 언제나 국가와 사회질서의 편에 무게중심이 치우쳐 있었다. 정의는 수평적으로 작용하고, 개인 간의 갈등을 해소하는 것이라기보다는 수직적으로 작용하고, 국가가 아래로 개인에게 덮어씌우는 것이었다.

청조의 법률체계는 제한된 범위 내에서는 세밀하게 구성되어 있었으며 일단 적용이 되면 정교하게 기능했다. 다섯 가지의 형벌은 지현(知縣)의 아문에서 부를 거쳐 성에서 수도로, 그리고 최종적으로는 즉 사형선고를 위해서는 황제에게까지 올라가는 체계에 의해서 결정되었다. 모든 사안은 상급으로 보고되었고 검토되었다. 지방관들은 범법자들을 체포하는 데 열심이었고, 잘못된 재판을 한 관리는 심한 징계를 받았다. 대청률은 436개 조의 주요 조항과 약 1,900개 조의 보조 조항으로 이루어져 있었다. 지방관의 임무는 각 사안에 대하여 적용할 수 있는 가장 근접한 조항을 발견하는 것이었다. 그럴 경우 그는 선례를 따르거나 유추에 의한 판단을 할 수 있었으나, 법률이 사안별로 분류되어 축적된 것은 아니었다.

나만의 독해법

흐름	내용

에모토 마사루는 1943년에 출생한 일본의 작가이자 사업가로 '감정이 물체에 주는 영향'이라는 문제에 오랫동안 각별한 관심을 가졌다. 그리고 자신의 궁금증을 해결하기 위해 다음과 같은 실험을 실시했다. 먼저 물이 담긴 용기 앞에서 '고마워.', '사랑해.'와 같은 긍정적인 문장이나, '네가 싫어.', '넌 바보야.'와 같은 부정적인 문장을 소리 내어 읽어 준다. 그리고 이 물을 얼린 다음 현미경으로 얼음 결정의 형태를 촬영했다. 에모토에 따르면 다정한 말을 들은 물에는 그렇지 못한 물에 비해 훨씬 아름다운 결정이 생성되었다고 한다. 이에 제임스 랜디는 에모토가 이중 은폐 조건에서 실험을 다시 실시해 같은 결과를 얻으면 백만 달러를 내놓겠다고 도발했다. 에모토는 이 제안을 거절했다.

에모토는 쌀밥도 물처럼 감정의 영향을 받는다고 믿었다. 쌀밥 실험에서 에모토는 사람들에게 쌀밥이 든 용기에 대고 긍정적인 말 또는 부정적인 말을 하게 했다. 에모토는 긍정적인 말을 들은 쌀이 부정적인 말을 들은 쌀에 비해 천천히 부패했다고 주장했다. 인터넷에서 검색해 보면, 집에서 비슷한 실험을 실시해 에모토와 같은 결과를 얻었다거나 다른 결과를 얻었다고 주장하는 몇몇 웹사이트를 찾을 수 있다.

나만의 독해법

흐름	내용

일본 이와테대학의 수의과학자 미야자키 마사오 교수팀을 비롯한 국제 공동 연구진은 실험용 고양이, 야생 고양이, 아무르 표범, 재규어, 스라소니 등 고양잇과 동물들을 이용해 개다래에 대한 실험을 진행했다. 연구진은 우선 개다래의 추출물에서 화학물질을 분리해 일일이 동물들의 반응을 조사했다. 그 결과 개다래 잎에서 추출한 화학물질 성분 중 '네페탈락톨(Nepetalactol)'이라는 새로운 유효 성분이 동물들의 반응을 가장 강하게 유도한다는 사실이 밝혀졌다. 개다래의 네페탈락톨은 그간 개박하의 이리도이드 중 하나로 널리 알려진 '네페탈락톤(Nepetalactone)'과 비슷하지만 이번 연구로 존재가 처음 확인되었다. 네페탈락톨에 끌리는 것은 가축화된 고양이나 야생 고양이는 물론 밀림에 사는 대형 고양잇과 동물들도 마찬가지였다. 그러나 개와 실험용 쥐는 네페탈락톨 성분에 전혀 관심을 보이지 않는 것으로 나타났다.

이어서 연구진은 개다래에 반응하는 고양잇과 동물들의 신경생리학적 메커니즘을 밝히기 위한 실험을 진행했다. 사람은 뇌속 신경 호르몬인 베타 – 엔도르핀이 뮤(μ) – 오피오이드 수용체에 결합하면서 행복감을 느끼는 것으로 알려져 있다. 연구진은 고양이도 같은 수용체가 활성화되는지 알아보았다. 네페탈락톨에 노출되기 5분 전후의 고양이의 혈장 수치를 비교한 결과, 노출된 후 베타 – 엔도르핀 수치가 증가했고 다른 물질보다 증가 정도가 훨씬 컸다. 고양이가 네페탈락톨에 노출된 후에는 베타 – 엔도르핀의 수치가 높아진다는 것이다. 하지만 고양이의 뮤 – 오피오이드 수용체를 약리학적으로 억제할 경우 고양이는 더 이상 네페탈락톨에 반응하지 않았다. 개다래가 고양이의 행복감을 촉진하는 신경계를 활성화시킨다는 사실이 확인된 것이다.

나만의 독해법

흐름	내용

DNA를 구성하는 단위체인 뉴클레오타이드는 염기의 종류에 따라 4가지로 구별된다. 염기의 종류로는 아데닌(Adenine, A), 사이토신(Cytosine, C), 구아닌(Guanine, G), 타이민(Thymine, T)이 있다. 뉴클레오타이드 여러 개가 일렬로 연결되어 긴 가닥을 형성한 것을 폴리뉴클레오타이드라 한다. DNA는 이러한 폴리뉴클레오타이드 두 가닥이 이중나선을 이루는 구조로 되어 있다. DNA가 이중나선 구조를 형성하기 위해서는 각각의 폴리뉴클레오타이드 가닥에 있는 염기들이 각각 다른 가닥의 염기와 수소결합을 형성하여야 한다. 이때, 염기들은 무작위적으로 수소결합을 형성하는 것이 아니라 아데닌(A)은 다른 가닥의 타이민(T)과, 구아닌(G)은 다른 가닥의 사이토신(C)과 특이적으로 수소결합을 형성한다. 이 상보적인 수소결합으로 인해 DNA의 이중나선 구조가 안정적으로 유지될 수 있다.

정보과학의 관점에서는 DNA도 정보를 표현하는 수단으로 볼 수 있다. 한 가닥의 폴리뉴클레오타이드의 염기서열은 4진 코드로 이루어진 정보이다. 'A', 'C', 'G', 'T'만을 써서 순서가 정해진 연속된 n개의 코드를 만들 경우 총 $4n$개의 정보를 표현할 수 있으며 하나의 특정한 서열에 하나의 정보를 대응시킬 수 있다. 또한, 상보적으로 결합할 수 있는 염기쌍을 활용하면 염기서열을 활용한 정보의 표현은 더욱 다양화될 수 있다. 예를 들어, 염기서열 코드 'AACCGGTT'는 상보적 염기서열 코드 'TTGGCCAA'로 전환하여 표현될 수 있다.

나만의 독해법

흐름	내용

18 가운데 단락이 뚱뚱한 경우

1 대표지문

헌법은 국민의 기본권을 보장하고 국가의 통치조직과 통치작용의 원리를 정하는 최고법이다. '헌법'이라는 용어는 영어의 'Constitution', 'Constitutional Law'를 번역한 것이다. 근대 초기에 우리나라와 중국은 이 단어를 국제(國制), 헌장(憲章), 국헌(國憲) 등으로 다양하게 번역하였는데, 오늘날에는 공동체의 최고법규범을 지칭하는 용어로 사용하고 있다. 그런데 엄격히 보면 Constitution은 일정한 구성체(공동체)를 의미하고, Constitutional Law는 그 구성체를 규율하는 최고의 법규범을 일컫는다. 따라서 헌법학에서 헌법이라는 용어는 문맥에 따라 이 둘 가운데 어느 하나를 지칭하기도 하고, 둘을 같이 지칭하기도 한다.

역사적으로 헌법이라는 단어의 어원은 중국 전국시대 문헌인 『국어』 진어편(篇)의 '상선벌간 국지헌법야(賞善罰姦 國之憲法也)'라는 문장에서 찾아볼 수 있다. 또한, 『후한서』, 『서경』, 『예기』 등 중국의 옛 문헌에도 헌법이라는 단어가 나타나는데, 여기에서 헌법은 모든 종류의 법을 통틀어 지칭하는 법의 통칭어이다. 우리나라에서는 법령을 통칭하는 '국제(國制)'라는 용어가 조선시대에 편찬된 『고려사』에 보이고, 헌법이라는 말은 1884년 1월 30일 한성순보에 실린 '구미입헌정체(歐美立憲政體)'라는 글에서 오늘날 의미로 사용되었다. 헌법이라는 단어가 실정법에서 처음 사용된 것은 1919년 9월 11일 공포된 '대한민국 임시헌법'이다.

한편, 헌법은 시대 흐름에 따라 고유한 의미의 헌법, 근대 입헌주의 헌법 등으로 나눌 수 있다. 고유한 의미의 헌법은 국가의 최고기관을 조직·구성하고, 이들 기관의 권한행사 방법, 국가기관의 상호 관계 및 활동범위를 정한 기본법이다. 이러한 의미의 헌법은 국가가 존재하는 한 어떠한 형태로든 존재한다. 근대 입헌주의 헌법이란 개인의 자유와 권리를 보장하고, 권력분립에 의하여 국가권력의 남용을 억제하는 것을 내용으로 하는 헌법을 말한다.

나만의 독해법

흐름	내용

독해 고수 따라잡기

첫 문장	헌법의 의의
가속	Constitution, Constitutional Law의 번역
서행	공동체의 최고법규범
급정거	Constitution, Constitutional Law의 의미
정체	헌법이라는 단어의 어원, 중국과 우리나라(고려, 한성순보, 임시헌법)
급정거	고유한 의미의 헌법, 근대 입헌주의 헌법
서행	이들의 의미

독해 고수의 팁

두 번째 단락과 같이 세부적인 내용으로만 가득 찬 단락을 어떻게 공략해야 하는지에 대한 질문을 종종 받는다. 답변은 늘 같은데, 이러한 부분은 살짝살짝 터치해 주는 느낌으로 빠르게 지나가야 한다는 것이다. 즉, 이 내용들을 꼼꼼하게 정리하며 읽을 것이 아니라 이러이러한 내용이 여기 있었다는 수준으로 읽고 넘어간 후 선택지를 읽으면서 해당 부분을 찾아 다시 읽어야 한다.

실전문제

⏱ 제한시간 : 20초   ⏳ 소요시간 :   초

다음 글을 근거로 판단할 때 옳은 것은?

① 개인의 자유를 보장하지 않은 헌법도 근대 입헌주의 헌법이라 할 수 있다.
② 고려사에 기록된 국제(國制)라는 용어는 오늘날 통용되는 헌법의 의미로 사용되었다.
③ 헌법학에서 사용하는 헌법이라는 용어는 최고의 법규범이 아닌 일정한 구성체를 지칭하기도 한다.
④ 근대 입헌주의 헌법과 비교할 때, 고유한 의미의 헌법은 국가권력의 조직·구성보다는 국가권력의 제한에 그 초점을 둔다고 할 수 있다.
⑤ 중국에서 헌법이라는 용어는 처음에는 최고법규범을 의미했지만, 현재는 다양한 종류의 법이 혼합된 형태를 의미하는 용어로 사용된다.

정답 ③

헌법학에서 헌법이라는 용어는 문맥에 따라 일정한 구성체(공동체)를 의미하거나 그 구성체를 규율하는 최고의 법규범이라는 의미로 사용되기도 한다고 하였다.

오답분석

① 근대 입헌주의 헌법이란 개인의 자유와 권리를 보장하고, 권력분립에 의하여 국가권력의 남용을 억제하는 것을 내용으로 하는 헌법을 말한다고 하였다. 따라서 개인의 자유를 보장하지 않은 헌법은 근대 입헌주의 헌법이라 할 수 없다.
② 고려사에 기록된 '국제'라는 용어는 법령을 통칭하는 것이고, 오늘날 통용되는 헌법의 의미로 처음 사용된 것은 1884년 1월 30일 한성순보에 실린 '구미입헌정체'에서 사용된 것이다.
④ 고유한 의미의 헌법은 국가의 최고기관을 조직·구성하고, 이들 기관의 권한행사 방법, 국가기관의 상호관계 및 활동범위를 정한 기본법이고, 국가권력의 제한에 초점을 두는 것은 근대 입헌주의 헌법이다.
⑤ 중국의 옛 문헌에서 사용되는 헌법이라는 단어는 모든 종류의 법을 통틀어 지칭하는 것이었지만 오늘날에는 공동체의 최고법규범을 지칭하는 용어로 사용하고 있다.

2 기본독해

⏱ 제한시간 : 30초   ⏳ 소요시간 :   초

진화론에서는 인류 진화 계통의 초기인 약 700만 년 전에 인간에게 털이 거의 없어졌다고 보고 있다. 털이 없어진 이유에 대해서 학자들은 해부학적, 생리학적, 행태학적 정보들을 이용하는 한편 다양한 상상력까지 동원해서 이와 관련된 진화론적 시나리오들을 제안해 왔다.

가설 A는 단순하게 고안되어 1970년대 당시 많은 사람들이 고개를 끄덕였던 설명으로 현대적 인간의 출현을 무자비한 폭력과 투쟁의 산물로 설명하던 당시의 모든 가설을 대체할 수 있을 정도로 매력적으로 보였다. 이 가설에 따르면 인간은 진화 초기에 수상생활을 시작하였다. 인간 선조들은 수영을 하고 물속에서 아기를 키우는 등 즐거운 활동을 하기 위해서 수상생활을 하였다. 오랜 물속 생활로 인해 고대 초기 인류들은 몸의 털이 거의 없어졌다. 그 대신 피부 아래에 지방층이 생겨났다. 그 이후에 나타난 가설 B는 인간의 피부에 털이 없으면 털에 사는 기생충들이 감염시키는 질병이 줄어들기 때문에 생존과 생식에 유리하다고 주장하였다. 털은 따뜻하여 이나 벼룩처럼 질병을 일으키는 체외 기생충들이 살기에 적당하기 때문에 신체에 털이 없으면 그러한 병원체들이 자리 잡기 어렵다는 것이다. 이 가설에 따르면 인간이 자신을 더 효과적으로 보호할 수 있는 의복이나 다른 수단들을 활용할 수 있었을 때 비로소 털이 없어지는 진화가 가능하다. 옷이 기생충에 감염되면 벗어서 씻어 내면 간단한데, 굳이 영구적인 털로 몸을 덮을 필요가 있겠는가?

나만의 독해법

흐름	내용

🔍 독해 고수 따라잡기

첫 문장	진화론에서는 700만 년 전에 인간에게 털이 거의 없어졌다고 봄
가속	털이 없어진 이유에 대한 학자들의 제안
갈림길	가설 A, 당시 매우 매력적
가속	수상생활, 피부 아래 지방층 생김
갈림길	가설 B, 털에 사는 기생충으로 인한 질병 줄어듦, 털은 따뜻함
가속	의복같은 수단을 활용할 수 있을 때 털이 없어지는 진화 가능
가속	옷을 벗어 씻으면 됨

> 오늘날 대부분의 경제 정책은 경제의 규모를 확대하거나 좀 더 공평하게 배분하는 것을 도모한다. 하지만 뉴딜 시기 이전의 상당 기간 동안 미국의 경제 정책은 성장과 분배의 문제보다는 '자치(Self Rule)에 가장 적절한 경제 정책은 무엇인가?'의 문제를 중시했다.
>
> 그 시기에 정치인 A와 B는 거대화된 자본 세력에 대해 서로 다르게 대응하였다. A는 거대 기업에 대항하기 위해 거대 정부로 맞서기보다 기업 담합과 독점을 무너뜨려 경제권력을 분산시키는 것을 대안으로 내세웠다. 그는 산업 민주주의를 옹호했는데 그 까닭은 그것이 노동자들의 소득을 증진시키기 때문이 아니라 자치에 적합한 시민의 역량을 증진시키기 때문이었다. 반면, B는 경제 분산화를 꾀하기보다 연방 정부의 역량을 증가시켜 독점자본을 통제하는 노선을 택했다. 그에 따르면, 민주주의가 성공하기 위해서는 거대 기업에 대응할 만한 전국 단위의 정치권력과 시민 정신이 필요하기 때문이었다. 이렇게 A와 B의 경제 정책에는 차이점이 있지만, 둘 다 경제 정책이 자치에 적합한 시민 도덕을 장려하는 경향을 지녀야 한다고 보았다는 점에서는 일치한다.

나만의 독해법

흐름	내용

🔍 독해 고수 따라잡기

첫 문장	오늘날은 경제 규모 확대, 공평한 배분
급정거	뉴딜 이전에는 자치에 적절한 경제 정책 중시
신호등	A와 B의 자본 세력에 대한 다른 대응
갈림길	A는 거대권력보다는 경제권력의 분산
가속	산업 민주주의, 소득 증진 아님, 자치 시민 역량 증진
급정거	B는 경제 분산화보다는 연방 정부 역량 증대
가속	전국 단위의 정치권력, 시민 정신
서행	자치에 적합한 시민 도덕 장려는 일치

3 60초 독해연습

| 문제 1 |

⏳ 소요시간 :　　초

드론은 각각의 프로펠러의 회전속도에 따라서 운동상태가 달라진다. 각각의 프로펠러가 회전하는 방향은 시계 방향 또는 시계 반대 방향으로 고정되어 있다. 대각선으로 마주보는 프로펠러는 같은 방향으로 회전하고, 옆에 인접한 프로펠러는 반대 방향으로 회전하여 기체가 균형을 유지할 수 있도록 한다.

드론의 운동상태를 결정하는 것은 각각의 프로펠러가 회전하는 상대적인 속도의 차이다. 드론이 앞쪽으로 이동하기 위해서는 뒤쪽에 위치한 두 개의 프로펠러의 회전속도가 앞쪽에 위치한 두 개의 프로펠러의 회전속도보다 빨라야 한다. 드론이 제자리에서 왼쪽으로 회전하기 위해서는 시계 방향으로 회전하는 프로펠러의 회전속도가 시계 반대 방향으로 회전하는 프로펠러의 회전속도보다 빨라야 한다. 다른 운동상태도 같은 원리로 이해하면 된다.

조종스틱은 각각 상하·좌우로 두 개의 다른 명령을 드론에 전달한다. 조종기에 조종스틱이 두 개이므로 조종 명령은 총 네 가지다. 첫째, '스로틀'은 드론을 상승·하강시키는 기능을 의미한다. 스틱을 위로 올리면 모든 프로펠러의 회전속도가 빨라지며 기체가 상승하고, 아래로 내리면 회전속도가 느려지며 하강하게 된다. 둘째, '엘리베이터'는 드론을 전후로 움직이는 기능이다. 스틱을 위로 올리면 기체가 앞으로, 아래로 내리면 뒤로 이동한다. 셋째, '에일러론'은 드론을 좌우로 움직이는 기능이다. 스틱을 좌로 밀면 기체는 좌측 방향으로, 우로 밀면 우측 방향으로 이동한다. 넷째, '러더'는 드론의 기수를 좌우로 돌리는 기능이다. 스틱을 좌로 밀면 기체의 기수는 좌측 방향으로, 우로 밀면 우측 방향으로 회전한다. 특히 러더는 기수의 방향을 변화시키기 때문에 전후좌우를 구분하기 어려운 드론의 특성상 오조작의 원인이 될 수 있으므로 사용 시 매우 주의가 필요하다.

나만의 독해법

흐름	내용

소요시간 :　　초

A국은 도매시장을 통해서만 채소의 거래가 이루어지고, 연초에 도매시장에서 정해진 품목별 채소 가격은 연말까지 동일하게 유지된다. A국은 채소가격안정제를 2017년에 도입하여 시행하고 있다. 채소가격안정제란 수급조절 기능 강화를 위하여 도입한 제도로, 대상 품목별로 해당 연도의 도매시장 가격이 기준가격(전년도 도매시장 평균가격의 80%)보다 하락할 경우 차액[=(기준가격)−(해당 연도의 도매시장 가격)]을 국가 등이 농업인에게 보전하는 제도이다. 채소가격안정제는 2017년 배추, 무, 마늘, 양파만을 대상품목으로 하여 시행되었다. 동 제도는 2018년부터 고추와 대파까지 추가하여 총 6개로 대상품목을 확대 시행 중이다. 농업인에게 소득을 보전해 주는 대신 농업인은 농산물 유통이 과잉될 경우 정부의 지침에 따라 계약물량의 50%까지 출하물량을 감축할 의무를 부여받고, 농산물 유통이 부족할 경우 정부의 지침에 따라 계약물량의 50%까지 출하물량을 선제적으로 수급할 의무를 부여받는다.

계약물량을 살펴보면 2017년은 각 대상품목별로 10만 톤이었지만, 2018년은 각 대상품목별로 12만 톤, 2019년은 14만 톤, 2020년은 15만 톤으로 확대되었다. 장기적으로 계약물량을 지속적으로 확대할 예정이며, 2021년은 계약물량을 대상품목별로 17만 톤으로 확대할 예정이다.

나만의 독해법

흐름	내용

'플래니버스(Planiverse)'는 가로와 세로만으로 이루어진 평면 공간에 비가역적인 시간이 흐르는 가상의 세계를 말한다. 가로와 세로, 그리고 높이로 이루어진 입체 공간에 비가역적인 시간이 흐르는 현실 세계를 '불완전 4차원 공간'으로 정의한다면, 플래니버스는 한 차원 더 단순화된 '불완전 3차원 공간'이라고 할 수 있다. 1984년에 듀드니(A. K. Dewdney)가 처음으로 명명한 이후, 플래니버스는 다양한 영역에서 현실 세계와 차이가 있을 것으로 상상되고 있다. 플래니버스 중에서 현실 세계처럼 항성(태양)과 그 주위를 도는 행성(V), 그리고 행성의 주위를 도는 위성(달)이 존재하는 경우를 상정해 보자. 시계방향으로 자전하는 행성 V는 태양의 주변을 시계 반대방향으로 일정하게 공전하며 행성 V의 주변을 시계 반대 방향으로 일정하게 공전하는 위성 달이 존재한다. 각각의 천체는 완전한 원형이며, 원의 중심을 향해 중력이 작용하고 있다. 행성 V의 주민들은 행성의 호(Arc) 바깥에 거주한다. 이들 주민은 행성 V의 호 바깥을 따라서 선형으로만 이동할 수 있다. 이들이 볼 수 있는 것은 1차원의 선(Line) 뿐이고 2차원의 면(Plane)은 보지 못한다.

행성 V의 주민들이 관측한 달의 모습은 어떠할까? 플래니버스의 달은 태양의 빛을 받아 빛난다는 점에서 현실 세계의 달과 비슷하지만, 행성 V의 주민들은 면을 인식할 수 없으므로 플래니버스의 달은 밤하늘에 하얗게 빛나는 선의 길고 짧음으로만 관측될 것이다.

나만의 독해법

흐름	내용

2019년도 X국에 신고된 법정감염병 환자(결핵, 후천성면역결핍증 및 표본감시 감염병 제외)는 총 159,885명이었고, 2018년에 비하여 신고된 환자가 6.5% 감소하였다. 지난해보다 증가한 주요 감염병은 제1군 감염병 중 파라티푸스, 장출혈성대장균 감염증, A형 간염, 제2군 감염병 중 홍역, 일본뇌염, 제3군 감염병 중 레지오넬라증, 렙토스피라증, 카바페넴내성장내세균속균종(CRE) 감염증, 제4군 감염병 중 뎅기열, 유비저, 치쿤구니야열 등이다. 지난해보다 감소한 주요 감염병은 제1군 감염병 중 콜레라, 장티푸스, 세균성 이질, 제2군 감염병 중 백일해, 유행성이하선염, 수두, B형 헤모필루스 인플루엔자, 폐렴구균, 제3군 감염병 중 말라리아, 성홍열, 쯔쯔가무시증, 신증후군 출혈열, 제4군 감염병 중 중증열성혈소판감소증후군 등이다.

A형 간염은 오염된 조개젓 섭취가 주요 원인으로 2019년 A형 간염 환자는 총 17,568명이 신고되어 전년 대비 620% 증가하였다. 홍역은 전 세계적인 유행에 따라 국외유입 사례가 증가하여 2019년 홍역 환자는 총 194명이 신고되어 전년 대비(2018년 15명) 1193.3% 증가하였다. 194명 중 국외유입 85명(베트남 47명, 필리핀 16명, 태국 8명, 싱가포르 2명, 우즈베키스탄 2명, 우크라이나 2명, 유럽 2명, 캄보디아 2명, 대만 1명, 마다가스카르 1명, 중국 1명, 키르기스스탄 1명), 국외유입 연관 104명, 감염원 확인이 불가한 사례 5명으로 확인되었다.

나만의 독해법

흐름	내용

19 / 마지막 단락이 다 중요한 것은 아니다

1 대표지문

봉수대 위에서 생활하면서 근무하는 요원으로 봉군(烽軍)과 오장(伍長)이 있었다. 봉군은 주야(晝夜)로 후망(堠望)을 게을리해서는 안 되는 고역을 직접 담당하였고, 오장은 대상(臺上)에서 근무하면서 봉군을 감시하는 임무를 맡았다.

경봉수는 전국의 모든 봉수가 집결하는 중앙봉수로서 서울에 위치하였고, 연변봉수는 해륙변경(海陸邊境)의 제1선에 설치한 것으로 그 임무수행이 가장 힘들었다. 내지봉수는 연변봉수와 경봉수를 연결하는 중간봉수로 수적으로 대다수였다. 『경국대전』에 따르면 연변봉수와 내지봉수의 봉군 정원은 매소(每所) 6인이었다. 오장의 정원은 연변봉수·내지봉수·경봉수 모두 매소 2인이었다. 봉군은 신량역천(身良役賤), 즉 신분상으로는 양인(良人)이나 국역담당에 있어서는 천인(賤人)이었다.

『대동지지』에 수록된 파발(擺撥)의 조직망을 보면 서발은 의주에서 한성까지 1,050리의 직로(直路)에 기마통신(騎馬通信)인 기발로 41참(站)을 두었고, 북발은 경흥에서 한성까지 2,300리의 직로에 도보통신인 보발로 64참을 설치하였다. 남발은 동래에서 한성까지 920리의 직로에 보발로 31참을 설치하였다. 발군(撥軍)은 양인(良人)인 기보병(騎步兵)으로만 편성되었다. 파발은 긴급을 요하기 때문에 주야로 달렸다. 기발의 속도가 1주야(24시간)에 약 300리 정도로 중국의 400~500리보다 늦은 것은 산악이 많은 지형 때문이었다.

봉수는 경비가 덜 들고 신속하게 전달할 수 있는 장점이 있으나 적의 동태를 오직 봉수의 개수로만 전하기 때문에 그 내용을 자세히 전달할 수 없고 또한 비와 구름·안개로 인하여 판단이 곤란하고 중도에 단절되는 결점이 있었다. 반면에 파발은 경비가 많이 소요되고 봉수보다는 전달속도가 늦은 결점이 있으나 문서로 전달되기 때문에 보안유지는 물론 적의 병력수·장비·이동상황 그리고 아군의 피해상황 등을 상세하게 전달할 수 있는 장점이 있었다.

나만의 독해법

흐름	내용

첫 문장	봉수대 요원, 봉군과 오장의 임무
정체	경봉수, 연변봉수, 내지봉수
신호등	경국대전의 정원, 봉군의 신분
신호등	대동지지의 파발 조직망(서발, 북발, 남발, 리, 참, 주야)
서행	기발이 늦은 이유는 산악이 많은 탓
신호등	봉수의 장단점, 파발의 장단점

독해 고수의 팁

두 번째 단락과 같이 수치와 단위가 주어지는 경우는 100% 이를 이용한 간단한 계산 문제가 출제된다고 봐야 한다. 다만, 그 단락 속에 들어 있는 많은 수치들과 단위들 중 어느 것이 문제화되었는지를 알 수 없으므로 기준이 되는 단어들(제시문에서는 서발, 북발 등)과 단위들을 표시해 두고 일단 넘어가기 바란다. 하지만, 단순히 표시만 해서는 별 도움이 되지 않으므로 해당 수치들이 어떤 관계를 가지고 연결되어 있는지 정도는 파악해 두어야 한다.

실전문제   제한시간 : 30초   소요시간 :   초

다음 글을 근거로 추론할 때, 〈보기〉에서 옳지 않은 것만을 모두 고르면?

─〈 **보기** 〉─

ㄱ. 『경국대전』에 따를 때 연변봉수의 근무자 정원은 총 6명이었을 것이다.
ㄴ. 발군의 신분은 봉군의 신분보다 낮았을 것이다.
ㄷ. 파발을 위한 모든 직로에 설치된 참과 참 사이의 거리는 동일했을 것이다.
ㄹ. 의주에서 한성까지 기발로 문서를 전달하는 데 통상 2주야가 걸렸을 것이다.

① ㄱ   ② ㄴ, ㄷ
③ ㄱ, ㄴ, ㄹ   ④ ㄴ, ㄷ, ㄹ
⑤ ㄱ, ㄴ, ㄷ, ㄹ

정답 ⑤

ㄱ. 봉수의 근무자로는 봉군과 오장이 있었는데, 『경국대전』에 따르면 연변봉수의 봉군 정원은 매소 6인이고, 오장의 정원은 매소 2인이라고 하였다. 따라서 연변봉수의 근무자 정원은 8명이다.
ㄴ. 봉군은 신량역천, 즉 신분상으로는 양인이나 국역담당에 있어서는 천인이었다고 하였고, 발군은 양인인 기보병으로만 편성되었다고 하였다. 따라서 신분상으로는 봉군과 발군 모두 양인이었으므로 발군의 신분이 봉군의 신분보다 낮았다고 보기 어렵다.
ㄷ. 제시문을 통해서는 북발은 2,300리의 직로에 보발로 64참을 설치하였고, 남발은 920리의 직로에 보발로 31참을 설치하였다고 하였을 뿐, 이것만으로는 참과 참 사이의 거리를 판단할 수 없다.
ㄹ. 의주에서 한성까지가 1,050리이고 기발은 1주야에 약 300리 정도로 달렸다고 하였으므로 약 3.5주야가 소요되었을 것이다.

| 문제 1 | ⏱ 제한시간 : 30초 ⧗ 소요시간 :   초

체험사업을 운영하는 이들은 아이들에게 다양한 직업의 현장과 삶의 실상, 즉 현실을 체험하게 해 준다고 홍보한다. 직접 겪지 못하는 현실을 잠시나마 체험함으로써 미래에 더 좋은 선택을 할 수 있게 한다는 것이다. 체험은 생산자에게는 홍보와 돈벌이 수단이 되고, 소비자에게는 교육의 연장이자 주말 나들이 거리가 된다. 이런 필요와 전략이 맞물려 체험사업이 번성한다. 그러나 이때의 현실은 체험하는 사람의 필요와 여건에 맞추어 미리 짜놓은 현실, 치밀하게 계산된 현실이다. 다른 말로 하면 가상현실이다. 아이들의 상황을 고려해서 눈앞에 보일 만한 것, 손에 닿을 만한 것, 짧은 시간에 마칠 수 있는 것을 잘 계산해서 마련해 놓은 맞춤형 가상현실인 것이다. 눈에 보이지 않는 구조, 손에 닿지 않는 제도, 장기간 반복되는 일상은 체험행사에서는 제공될 수 없다.

여기서 주목해야 할 것은 경험과 체험의 차이이다. 경험은 타자와의 만남이다. 반면, 체험 속에서 인간은 언제나 자기 자신만을 볼 뿐이다. 타자들로 가득한 현실을 경험함으로써 인간은 스스로 변화하는 동시에 현실을 변화시킬 동력을 얻는다. 이와 달리 가상현실에서는 그것을 체험하고 있는 자신을 재확인하는 것으로 귀결되기 마련이다. 경험 대신 체험을 제공하는 가상현실은 실제와 가상의 경계를 모호하게 할 뿐만 아니라 우리를 현실에 순응하도록 이끈다. 요즘 미래 기술로 각광받는 디지털 가상현실 기술은 경험을 체험으로 대체하려는 오랜 시도의 결정판이다. 버튼 하나만 누르면 3차원으로 재현된 세계가 바로 앞에 펼쳐진다. 한층 빠르고 정교한 계산으로 구현한 가상현실은 우리에게 필요한 모든 것을 눈앞에서 체험할 수 있는 본격 체험사회를 예고하는 것만 같다.

나만의 독해법

흐름	내용

첫 문장	체험사업 운영자들은 현실을 체험하게 해 준다고 홍보
가속	미래에 더 좋은 선택을 할 수 있게 함
가속	홍보와 돈벌이, 교육의 연장, 주말 나들이 거리
급정거	현실은 짜놓은 현실, 맞춤형 가상현실
가속	제공하지 못하는 것들
신호등	경험과 체험의 차이, 경험은 타자와의 만남
급정거	체험은 자기 자신만을 볼 뿐임
가속	경험은 타자들을 경험, 스스로 변화, 현실 변화
급정거	가상현실에서는 자신을 재확인할 뿐임
가속	가상현실은 실제와 가상의 경계 모호화, 현실에 순응하도록 함
가속	디지털 가상현실, 경험을 체험으로 대체, 본격 체험사회 예고

A효과란 기업이 시장에 최초로 진입하여 무형 및 유형의 이익을 얻는 것을 의미한다. 반면, 뒤늦게 뛰어든 기업이 앞서 진출한 기업의 투자를 징검다리로 이용하여 성공적으로 시장에 안착하는 것을 B효과라고 한다. 물론 B효과는 후발 진입기업이 최초 진입기업과 동등한 수준의 기술 및 제품을 보다 낮은 비용으로 개발할 수 있을 때만 가능하다.

생산량이 증가할수록 평균생산비용이 감소하는 규모의 경제 효과 측면에서 후발 진입기업에 비해 최초 진입기업이 유리하다. 즉, 대량 생산, 인프라 구축 등에서 우위를 조기에 확보하여 효율성 증대와 생산성 향상을 꾀할 수 있다. 반면, 후발 진입기업 역시 연구개발 투자 측면에서 최초 진입기업에 비해 상대적으로 유리한 면이 있다. 후발 진입기업의 모방 비용은 최초 진입기업이 신제품 개발에 투자한 비용 대비 65% 수준이기 때문이다. 최초 진입기업의 경우 규모의 경제 효과를 얼마나 단기간에 이룰 수 있는가가 성공의 필수 요건이 된다. 후발 진입기업의 경우 절감된 비용을 마케팅 등에 효과적으로 투자하여 최초 진입기업의 시장 점유율을 단기간에 빼앗아 오는 것이 성공의 핵심 조건이다.

규모의 경제 달성으로 인한 비용상의 이점 이외에도 최초 진입기업이 누릴 수 있는 강점은 강력한 진입 장벽을 구축할 수 있다는 것이다. 시장에 최초로 진입했기에 소비자에게 우선적으로 인식된다. 그로 인해 후발 진입기업에 비해 적어도 인지도 측면에서는 월등한 우위를 확보한다. 또한, 기술적 우위를 확보하여 라이센스, 특허 전략 등을 통해 후발 진입기업의 시장 진입을 방해하기도 한다. 뿐만 아니라 소비자들이 후발 진입기업의 브랜드로 전환하려고 할 때 발생하는 노력, 비용, 심리적 위험 등을 마케팅에 활용하여 후발 진입기업이 시장에 진입하기 어렵게 할 수도 있다. 결국 A효과를 극대화할 수 있는지는 규모의 경제 달성 이외에도 얼마나 오랫동안 후발주자가 진입하지 못하도록 할 수 있는가에 달려 있다.

나만의 독해법

흐름	내용

첫 문장	A효과란 최초 진입하여 이익을 얻는 것
급정거	B효과란 앞의 기업의 투자를 활용하여 시장에 안착하는 것
가속	B효과는 후발기업이 동등한 수준, 낮은 비용이 가능해야 함
가속	규모의 경제, 최초 진입기업이 유리, 효율성, 생산성
급정거	후발기업은 연구개발 측면에서 상대적으로 유리
가속	모방비용은 65% 수준
서행	최초 진입기업은 규모의 경제를 단기간에 달성
서행	후발기업은 절감된 비용을 마케팅 등에 투자하여 점유율 탈환
신호등	최초 진입기업은 강력한 진입 장벽 구축
가속	인지도, 라이센스, 특허, 전환 어렵게 함
정지	얼마나 오랫동안 후발주자가 진입할 수 없도록 하는가에 달림

3 60초 독해연습

| 문제 1 |

매년 선박으로부터 배출되는 SOx는 대략 450만 톤에서 650만 톤으로 전세계 SOx 배출량의 4.1%를 차지하고 있으며 특히 영국해협(English Channel), 남중국해(South China Sea), 말라카해협(Strait of Malacca)에서 큰 환경문제를 일으키고 있다. 그리고 매년 선박으로부터 배출되는 NOx는 500만 톤으로 전세계 NOx 배출량의 약 7%를 차지하고 있다. 이러한 심각성에 대한 인식으로 1991년 국제해사기구(International Maritime Organization)는 선박으로부터의 대기오염방지 협약[Resolution A. 719(17)]을 채택하였다. 매년 선박에서 배출되는 CO_2가 전세계 운송부문 CO_2 배출량에서 차지하는 비중이 약 15%인 것에 반해, 선박에서 배출되는 NOx는 전세계 운송부문 NOx 배출량에서 약 40%를 차지하고 있다. 그리고 선사들이 운항비용을 절감하기 위해서 황(Sulphur)함유량이 많은 저품질의 연료를 사용하고 있어 선박에서 배출되는 SOx가 전세계 운송부문 SOx 배출량에서 차지하는 비중이 약 60%로 매우 높다. 특히, 선박에서 배출되는 배기가스의 약 70% 정도가 해안으로부터 400km 이내에서 발생하고 있으며 이러한 배기가스는 해안지역의 대기오염뿐만 아니라 산성비를 유발하고 해안지역 거주민의 건강, 특히 폐에 나쁜 영향을 미친다. 예를 들면 북미지역의 SOx, NOx에 대한 배출 통제가 강화됨으로써 2020년까지 매년 3,700명에서 8,300명의 미국인과 캐나다인의 생명을 구하고 의료보험 재정에도 긍정적 영향을 미친다고 미국환경보호국(Environmental Protection Agency)이 발표할 정도다. 이에 SOx, NOx에 대한 배출규제 수위는 강화되고 있는 추세다.

나만의 독해법

흐름	내용

A와 B 두 지역은 오랜 기간 서로 다른 화폐와 무게 단위를 이용해 왔다. 이들 지역에 살고 있는 주민들은 케로티(Keroti)라는 식물을 주식으로 삼아왔는데, 주민 1명이 하루에 소비하는 케로티는 15투릭(Turic)이었다. 투릭은 A지역에서 사용하는 무게 단위로 1투릭은 A지역에서 제일 높은 산 정상에 위치한 돌로 된 작은 웅덩이에 가득 찬 물의 무게와 같다. A지역은 금이 포함된 케르야(Kerya)라는 금속 화폐를 사용하였는데 1케르야로 10투릭의 케로티를 구매할 수 있었다. 한편 B지역은 뜨릭(Ttric)이라는 무게 단위를 이용하고 있었는데 이 지역의 1뜨릭은 A지역의 1.2투릭과 같다. B지역의 금속 화폐 쩨르야(Tzerya) 또한 금이 포함되어 있으며, 주민 1명이 하루 평균 소비하는 케로티를 구매하기 위해 3쩨르야가 필요했다.

시간이 지나면서 도로가 늘어나고 교류가 점점 활발해지자 서로 다른 화폐와 무게 단위로 인해 물자의 거래 과정에서 혼란과 분쟁이 빈번하게 발생하였다. 이에 두 지역의 정부는 화폐와 무게 단위를 통일하여 문제를 해결하기로 결정하였다. 통일된 화폐의 단위는 쨀(Tzael), 무게 단위는 뚤(Ttul)이었다. 1뚤은 3투릭과 같고 1쨀에는 0.05뚤의 금이 포함되도록 하였는데, 두 지역에서 사용되었던 기존 금속 화폐에 포함된 금의 양을 기준으로 각 지역 주민이 보유한 화폐를 쨀로 교환할 수 있도록 하였다.

나만의 독해법

흐름	내용

전이(Transfer)란 외국어 학습에서 긍정적이든 부정적이든 학습자의 모국어가 학습 대상 언어의 습득에 미치는 영향을 일컫는 말로서 긍정적 전이, 부정적 전이, 무전이로 나눌 수 있다. 긍정적 전이인 유용(facilitation)은 학습 내용이 두 언어에서 같거나 거의 같을 때 일어나며 부정적 전이인 간섭(Interference)은 두 언어가 연관은 있으나 다를 때 일어난다. 무전이는 학습 내용이 두 언어에서 관련성이 없을 때 일어난다. 대조 분석 가설에서는 이들 중 학습의 장애 요인이 되는 간섭을 상대적으로 더 중요하게 다룬다.

간섭에는 언어 간 간섭과 언어 내 간섭이 있는데 전자는 언어 간 범주의 차이와 구조, 규칙, 의미의 차이에 의해 나타난다. 언어 간 간섭은 배제적(Exclusive)이거나 침입적(Intrusive)인데 배제적 간섭은 학습 대상 언어의 어떤 요소나 특성이 학습자의 모어에는 없어서 일어나는 간섭을 일컫는다. 이와는 달리 침입적 간섭은 학습자의 모어에 있는 어떤 요소나 특성이 학습 대상 언어의 것과 서로 같은 것도 있지만 서로 다른 것도 있는 경우 서로 다른 부분이 학습 대상 언어의 학습을 방해하는 것이다. 언어 내 간섭은 학습자가 이미 알고 있는 학습 대상 언어의 어떠한 특징을 새로 학습할 내용에 그대로 적용함으로써 나타난다. 이는 이미 학습한 내용과 학습할 내용 간에 보이는 불규칙성이나 복잡성, 비대칭성으로 인해 학습자가 과잉일반화(Overgeneralization)를 함으로써 발생한다.

나만의 독해법

흐름	내용

신재생에너지 연료 혼합의무화 제도(RFS; Renewable Fuel Standards)는 수송용 연료 공급자(혼합 의무자)로 하여금, 기존 화석연료에 일정 비율 이상의 신재생에너지 연료를 혼합하여 공급하도록 의무화한 제도이다. 이 제도는 2013년 법률 개정을 통해 국내에 도입되었으며 법 개정 후 2년의 유예기간을 거쳐 2015년부터 시행되었다. 근거 법령에 따르면 혼합 의무자는 '석유 정제업자 및 석유 수출입업자 중 수송용 연료를 생산 또는 수입하는 자'를 의미한다. 의무혼합량은 의무혼합 적용 대상 수송용 화석연료별로 내수판매량에 연도별 혼합의무비율을 곱한 값으로 결정되며 국내 의무혼합 적용 대상 수송용 화석연료와 신·재생에너지 연료는 각각 '자동차용 경유'와 '바이오 디젤'뿐이다. 혼합의무비율은 제도 시행 초기(2015년)부터 2017년까지는 2.5%였으며 2018년부터 3.0%로 상향되었다. 연도별 국내 전체 혼합 의무자들의 혼합의무비율 평균 이행실적을 살펴보면 2015년부터 2018년까지 각각 2.58%, 2.52%, 2.53%, 3.03%로 나타났다.

미국은 연방정부 차원에서 모든 수송용 화석연료 공급업자(석유 정제업자, 수입업자, 혼합업자)들로 하여금 수송용 화석연료에 재생에너지 연료를 의무적으로 혼합하도록 하는 RFS 제도를 시행하고 있다. 의무대상자들은 '연간 화석연료 총 생산량'에 당해 연도 의무혼합비율을 곱한 의무량만큼의 신재생에너지 연료를 의무 공급하여야 한다. 이때, 의무이행 실적 증명에는 RIN(Renewable Identification Number)이라는 크레딧 개념이 활용된다. RIN 보유량에 따라 의무이행 실적이 평가되며 실제 연료 혼합으로 의무를 이행하기 어려운 의무이행 대상자들은 시장에서 RIN을 구입하는 방식으로 대신할 수 있도록 유연성을 두고 있다. 미국의 RFS 제도는 2007년 처음 시행된 이후 제도의 확대와 개선에 대한 필요성이 대두되어 2010년부터는 RFS 2라는 명칭으로 변경 후 지속 시행되고 있다. 기존 RFS 제도(RFS 1)는 휘발유와 이에 혼합하는 신·재생에너지 연료로서 바이오 에탄올만을 제도 적용 대상으로 하였으나 RFS 2는 휘발유 및 경유를 포함한 모든 수송용 연료를 제도 적용 대상으로 하고 있다.

나만의 독해법

흐름	내용

20 새로운 내용의 시작, 신호등

1 대표지문

과거에는 질병의 '치료'를 중시하였으나 점차 질병의 '진단'을 중시하는 추세로 변화하고 있다. 조기진단을 통해 질병을 최대한 빠른 시점에 발견하고 이에 따른 명확한 치료책을 제시함으로써 뒤늦은 진단 및 오진으로 발생하는 사회적 비용을 최소화하고 질병 관리능력을 증대시키고 있다. 조기진단의 경제적 효과는 실로 엄청난데 관련 기관의 보고서에 의하면 유방암 치료비는 말기진단 시 60,000 ~ 145,000달러인데 반해 조기진단 시 10,000 ~ 15,000달러로 현저한 차이를 보인다. 또한, 조기진단과 치료로 인한 생존율 역시 말기진단의 경우에 비해 4배 이상 증가한 것으로 밝혀졌다.

현재 조기진단을 가능케 하는 진단영상기기로는 X-ray, CT, MRI 등이 널리 쓰이고 있으며 이 중 1985년에 개발된 MRI가 가장 최신장비로 손꼽힌다. MRI는 다른 기기에 비해 연골과 근육, 척수, 혈관 속 물질, 뇌조직 등 체내 부드러운 조직의 미세한 차이를 구분하고 신체의 이상 유무를 밝히는 데 탁월하여 현존하는 진단기기 중에 가장 성능이 좋은 것으로 평가받고 있다. 이러한 특징으로 인해 MRI는 세포 조직 내 유방암, 위암, 파킨슨병, 알츠하이머병, 다발성경화증 등의 뇌신경계 질환 진단에 많이 활용되고 있다.

전 세계적으로 MRI 관련 산업의 시장규모는 매년 약 42억 ~ 45억 달러씩 늘어나고 있다. 한국의 시장규모는 연간 8,000만 ~ 1억 달러씩 증가하고 있다. 현재 한국에는 약 800대의 MRI기기가 도입되었다. 이는 인구 백만 명 당 16대꼴로 일본이나 미국에는 미치지 못하지만 유럽이나 기타 OECD 국가들에 뒤지지 않는 보급률이다.

나만의 독해법

흐름	내용

독해 고수 따라잡기

첫 문장	치료에서 진단으로 변화
가속	경제적 효과(유방암)
가속	생존율(4배 이상)
정체	진단영상기기의 종류
서행	1985년에 개발된 MRI의 활용 범위
신호등	MRI 시장규모(전세계, 한국)
서행	한국과 주요국들의 보급률 비교

독해 고수의 팁

해외 사례와 한국의 사례가 서로 비교되어 등장하는 경우는 특히 한국의 사례에 집중할 필요가 있다. 예를 들어 한국과 일본, 미국의 사례가 주어져 있다면 한국의 사례는 반드시 선택지화되어 나타나지만 일본과 미국의 사례는 그렇지 않은 경우가 대부분이기 때문이다. 단, 이 경우 명시적으로 한국에 관한 내용이 등장하기보다는 다른 나라의 사례를 설명하면서 중간에 비교의 형태로 나타나는 경우가 많으니 주의하도록 하자(예를 들어, 미국의 사례를 설명하면서 '이는 한국에 비해 ~배 크다.'와 같은 표현이 나타나는 경우가 이에 해당한다).

실전문제

제한시간 : 30초 소요시간 : 초

다음 글에 근거할 때, 〈보기〉에서 옳게 추론한 것만을 모두 고르면?

─〈 보기 〉─

ㄱ. 질병의 조기진단은 경제적 측면뿐만 아니라, 치료 효과 측면에서도 유리하다.

ㄴ. CT는 조기진단을 가능케 하는 진단영상기기로서, 체내 부드러운 조직의 미세한 차이를 구분하는 데 있어 다른 기기에 비해 더 탁월한 효과를 보여준다.

ㄷ. 한국의 MRI기기 보급률은 대부분의 OECD 국가들과 견줄 수 있는 정도이다.

ㄹ. 한국의 MRI 관련 산업 시장규모는 전 세계 시장규모의 3%를 상회하고 있다.

① ㄱ, ㄷ 　　　　　　　　　② ㄱ, ㄹ

③ ㄴ, ㄷ 　　　　　　　　　④ ㄴ, ㄹ

⑤ ㄱ, ㄷ, ㄹ

정답 ①

ㄱ. 제시문에서 유방암의 조기진단에 따른 경제적 효과를 예로 들고 있으며, 생존율 역시 말기진단의 경우에 비해 4배 이상 증가하였다고 하였다.

ㄷ. 현재 한국에는 약 800대의 MRI기기가 도입되었는데 이는 인구 백만 명당 16대꼴로 유럽이나 기타 OECD 국가들에 뒤지지 않는 보급률이라고 하였다.

오답분석

ㄴ. CT가 조기진단을 가능케 하는 진단영상기기 중 하나로 제시되고 있으나, 다른 기기에 비해 부드러운 조직의 미세한 차이를 구분하고 신체의 이상 유무를 밝히는 데 탁월한 것은 MRI라고 하였다.

ㄹ. 제시문을 통해서는 전 세계와 한국의 MRI 산업 시장규모가 매년 얼마나 늘어나고 있는지만 알 수 있을 뿐, 현재의 시장규모가 어느 정도인지는 알 수 없다.

| 문제 1 |

벼슬에 나아감과 물러남의 도리에 밝은 옛 군자는 조금이라도 관직에 책임을 다하지 못하거나 의리의 기준으로 보아 직책을 더 이상 수행할 수 없을 경우 반드시 몸을 이끌고 급히 물러났습니다. 그들도 임금을 사랑하는 정(情)이 있기에 차마 물러나기 어려웠을 터이나 정 때문에 주저하여 자신이 물러나야 할 때를 놓치지는 않았으니 이는 정보다는 의리를 지키지 않을 수 없었기 때문입니다.

임금과 어버이는 일체이므로 모두 죽음으로 섬겨야 할 대상입니다. 그러나 부자관계는 천륜이어서 자식이 어버이를 봉양하는 데 한계가 없지만 군신관계는 의리로 합쳐진 것이라 신하가 임금을 받드는 데 한계가 있습니다. 한계가 없는 경우에는 은혜가 항상 의리에 우선하므로 관계를 떠날 수 없지만 한계가 있는 경우에는 때때로 의리가 은혜보다 앞서기도 하므로 떠날 수 있는 상황이 생기는 것입니다. 의리의 문제는 사람과 때에 따라 같지 않습니다. 여러 공들의 경우는 벼슬에 나가는 것이 의리가 되지만 나에게 여러 공들처럼 하도록 요구해서는 안 되며 내 경우는 물러나는 것이 의리가 되니 여러 공들에게 나처럼 하도록 바라서도 안 됩니다.

나만의 독해법

흐름	내용

첫 문장	군자는 관직에 책임을 다하지 못하거나 직책 수행이 어려우면 물러남
가속	정 때문에 물러날 때를 놓치지 않음, 정보다는 의리
신호등	임금과 어버이는 모두 죽음으로 섬겨야 할 대상
급정거	부자관계는 무한계, 군신관계는 유한계
서행	무한계의 경우는 은혜가 의리에 우선, 관계 떠날 수 없음
서행	유한계의 경우는 의리가 앞서기도 함, 떠날 수 있음
가속	의리는 사람과 때에 따라 다름
정지	자신은 물러나는 것이 의리가 됨

경제학자들은 환경자원을 보존하고 환경오염을 억제하는 방편으로 환경세 도입을 제안했다. 환경자원을 이용하거나 오염물질을 배출하는 제품에 환경세를 부과하면 제품 가격 상승으로 인해 그 제품의 소비가 감소함에 따라 환경자원을 아낄 수 있고 환경오염을 줄일 수 있다.

일부에서는 환경세가 소비자의 경제적 부담을 늘리고 소비와 생산의 위축을 가져올 수 있다고 우려한다. 그러나 많은 경제학자들은 환경세 세수만큼 근로소득세를 경감하는 경우 환경보존과 경제성장이 조화를 이룰 수 있다고 본다.

환경세는 환경오염을 유발하는 상품의 가격을 인상시킴으로써 가계의 경제적 부담을 늘려 실질소득을 떨어뜨리는 측면이 있다. 하지만 환경세 세수만큼 근로소득세를 경감하게 되면 근로자의 실질소득이 증대되고, 그 증대효과는 환경세 부과로 인한 상품가격 상승효과를 넘어설 정도로 크다. 왜냐하면 상품가격 상승으로 인한 경제적 부담은 연금생활자나 실업자처럼 고용된 근로자가 아닌 사람들 사이에도 분산되는 반면, 근로소득세 경감의 효과는 근로자에게 집중되기 때문이다. 근로자의 실질소득 증대는 사실상 근로자의 실질임금을 높이고, 이것은 대체로 노동공급을 증가시키는 경향이 있다.

또한, 환경세가 부과되더라도 노동수요가 늘어날 수 있다. 근로소득세 경감은 기업의 입장에서 노동이 그만큼 저렴해지는 효과가 있다. 더욱이 환경세는 노동자원보다는 환경자원의 가격을 인상시켜 상대적으로 노동을 저렴하게 하는 효과가 있다. 이렇게 되면 기업의 노동수요가 늘어난다.

결국 환경세 세수를 근로소득세 경감으로 재순환시키는 조세구조 개편은 한편으로는 노동의 공급을 늘리고, 다른 한편으로는 노동에 대한 수요를 늘린다. 이것은 고용의 증대를 낳고, 결국 경제 활성화를 가져온다.

나만의 독해법

흐름	내용

첫 문장	환경오염 억제 위해 환경세 도입 제안
가속	환경세 부과, 가격 상승, 소비 감소, 환경오염 저감
신호등	일부에서 소비와 생산의 위축 주장
급정거	환경세 세수만큼 근로소득세 경감
신호등	환경세는 실질소득을 떨어뜨림
급정거	근로소득세 경감, 실질소득 증대, 효과 큼
서행	부담은 모든 사람에게 분산, 경감 효과는 근로자에게 집중
서행	근로자의 실질임금 증대, 노동공급 증가
갈림길	환경세 부과, 노동수요 증가 가능성
가속	노동이 저렴해짐, 노동자원보다 환경자원의 가격 인상
서행	조세구조 개편은 노동공급, 노동수요를 모두 늘림
정지	고용 증대, 경제 활성화

③ 60초 독해연습

| 문제 1 |

⏳ 소요시간 :   초

인권보장의 역사에서 중요한 의미를 가지는 최초의 것은 1215년 영국의 대헌장(Magna Charta Libertatum)이다. 국왕은 대헌장에서 계약의 형태로 귀족과 성직자의 계급에 일정한 특권을 인정하였다. 물론 대헌장은 '인간이면 누구에게나 귀속되는 인권'에 관한 것이 아니라 국왕과의 투쟁과정에서 쟁취한 특정 신분계급의 권리와 자유에 관한 것이었다는 점에서 오늘날의 기본권과는 그 의미를 달리하는 것이었다. 그럼에도 위 대헌장이 중세적 봉건법의 성격을 넘어서 영국헌법의 초석으로 발전한 것은, 특정 신분계급에 대한 특권의 보장 이외에도 제39조에서 '어떠한 자유인도 국법과 판결에 의하지 아니하고는 체포 또는 구금되거나 재산을 박탈당하거나 추방되지 않는다.'고 규정함으로써 인권적 요소를 포함하고 있는 것에 기인한다. 절대주의를 추구하던 국왕인 찰스 2세가 영국의회와 대립하던 상황에서 나온 산물인 1679년의 인신보호법(Habeas Corpus Act)도 영국의 인권사에서 중요한 의미를 가진다. 인신보호법은 자의적인 체포로부터 개인의 신체의 자유를 보호하기 위하여, 신체의 자유를 박탈하는 경우 준수되어야 하는 절차적 보장과 구속적부심사제를 제도화하였다. 신체의 자유에 대한 법적 보장의 핵심은 자유박탈의 허용여부에 관해서는 오로지 법관만이 결정할 수 있고, 법관의 결정에 근거하지 않은 모든 자유박탈의 경우 지체 없이 법관의 결정을 사후적으로 구해야 한다는 것에 있었다.

나만의 독해법

흐름	내용

새롭게 발견된 Z섬에 대한 조사단의 보고서에 따르면 섬에는 24개의 마을이 있다. 섬의 정 중앙에는 해발 1,523m의 산이 위치해 있고 섬의 동쪽과 서쪽을 가로질러 바다로 흘러나가는 두 개의 강이 섬을 남북으로 가르고 있으며 섬의 북동부 지역은 섬의 동쪽을 가로지르는 강의 지류가 형성되어 있다. 섬의 자연적 경계를 기준으로 3개의 연맹이 있는데 섬의 남부에 위치한 연맹은 12개 마을, 북서부의 연맹은 5개 마을, 북동부의 연맹은 7개 마을로 구성된다. 남부 지역 마을 연맹의 인구는 북서부 마을 연맹 인구의 두 배이며, 북동부 마을 연맹 인구의 세 배이다. 20세 이상 성인 인구 기준 남녀 성비는 북동부와 북서부 마을이 각각 1 : 1이고, 남부의 마을은 여성이 남성보다 10% 많다. 20세 미만의 인구는 각 마을 연맹 인구의 20%이다.

식량생산량의 차이는 지역별 식량소비량에도 영향을 미쳤다. 식량이 풍부한 남부 지역 마을 연맹 인구 1인당 식량소비량은 연 평균 800kg으로 1년 365일 기준 일 평균 2.19kg이다. 북서부 지역 마을 연맹의 인구 1인당 일 평균 식량소비량은 1.91kg, 북동부 지역 마을 연맹은 1.64kg이다. 섬에는 식량을 저장할 수 있는 기술이 없어 모든 마을 연맹은 그 해 생산한 식량을 그 해에 소비한다.

나만의 독해법

흐름	내용

자연적 의무는 보편적이다. 인간으로서의 다른 인간, 즉 이성적 존재에게 지는 의무다. 인간을 존중하고 정당하게 행동하며 잔인한 행동을 삼가는 등의 의무가 여기에 속한다. 이런 의무는 합의라는 절차가 필요 없다. 내가 당신을 죽이지 않겠다고 약속했을 때만 나는 당신을 죽이지 않을 의무가 있다고 말할 사람은 없다.

자연적 의무와 달리 자발적 의무는 보편적이지 않고 특수하며 합의에서 생긴다. 내가 당신 집에 페인트칠을 해 주기로 약속했다면, 만일 이때 돈을 받든지, 아니면 다른 식으로라도 대가를 받기로 했다면 나는 약속을 이행할 의무가 있다. 하지만 다른 사람의 집까지 죄다 페인트칠을 해 줄 의무는 없다. 자유주의 개념에 따르면 우리는 모든 사람의 존엄성을 존중해야 하지만 어느 수준을 넘어서면 우리가 약속한 것만 지키면 된다.

인간을 서사적 존재로 보는 사람들에게는 의무에 대한 자유주의의 설명은 너무 빈약하다. 시민으로서 감당해야 하는 특별한 책임을 언급하지 않는다. 나아가 우리를 가족, 국가, 민족의 구성원이자 그 역사를 떠안은 사람, 이 공화국의 시민으로서 이해하려면 충직과 책임이라는 도덕적 힘에 의지해 살 수밖에 없는데도 자유주의의 설명은 그러한 충직과 책임을 언급하지 않는다. 서사적 관점에서 보자면 그러한 정체성은 도덕과 정의를 고민할 때 배제해야 하는 우연적 요소가 아니다. 그것은 지금 우리 모습의 일부이며 거기에는 당연히 도덕적 책임도 따르게 마련이다.

나만의 독해법

흐름	내용

2010년 저탄소 녹색성장 기본법이 제정되면서 같은 법 제42조에 따라 기후변화대응 및 에너지의 목표관리를 위한 정부의 조치의무가 명문화되고, 같은 법 제30조에 따라 온실가스 감축을 위한 친환경적 조세제도의 운영근거가 마련되었다. 그러나 후속조치인 탄소감축 정책이 제대로 마련되지 않아 자발적인 온실가스 감축 목표를 세워 저탄소 정책을 추진하고 있음에도 불구하고 온실가스 감축에 별다른 성과를 이루지 못하고 있는 실정이다. 따라서 향후 온실가스 감축 요구가 강화될 것으로 예상되는 국제환경과 기후변화 관련 기술 및 산업 육성의 필요성이 높아지는 현실에 대한 대비책이 필요하다.

이에 온실가스 배출과 과세대상과의 연계성이 높으며 온실가스 배출 억제를 위한 가장 핵심적인 세제인 탄소세를 도입하여 국제환경의 변화에 대응하고 기후변화 관련 산업을 육성하면서 동시에 에너지 취약계층 지원사업에 필요한 재원을 확보하고자 한다. 구체적으로 휘발유 등 유류·석유가스·천연가스·석탄 및 전기에 대하여 탄소세를 부과할 수 있도록 하되, 석탄과 전기에 대해서는 세율을 순차적으로 인상하도록 한다.

나만의 독해법

흐름	내용

1 대표지문

『규합총서(1809)』에는 생선을 조리하는 방법으로 고는 방법, 굽는 방법, 완자탕으로 만드는 방법 등이 소개되어 있다. 그런데 통째로 모양을 유지시키면서 접시에 올리려면 굽거나 찌는 방법밖에 없다. 보통 생선을 구우려면 긴 꼬챙이를 생선의 입부터 꼬리까지 빗겨 질러서 화로에 얹고 간접적으로 불을 쬐게 한다. 그러나 이런 방법을 쓰면 생선의 입이 원래 상태에서 크게 벗어나 뒤틀리고 만다.

당시에는 굽기보다는 찌기가 더욱 일반적이었다. 먼저 생선의 비늘을 벗겨내고 내장을 제거한 후 흐르는 물에 깨끗하게 씻는다. 여기에 소금으로 간을 하여 하루쯤 채반에 받쳐 그늘진 곳에서 말린다. 이것을 솥 위에 올린 시루 속에 넣고 약한 불로 찌면 식어도 그 맛이 일품이다. 보통 제사에 올리는 생선은 이와 같이 찌는 조리법을 이용했다. 이 시대에는 신분에 관계없이 유교식 제사가 집집마다 퍼졌기 때문에 생선을 찌는 조리법이 널리 받아들여졌다.

한편, 1830년대 중반 이후 밀입국한 신부 샤를 달레가 집필한 책에 생선을 생으로 먹는 조선시대의 풍습이 소개되어 있다. 샤를 달레는 "조선에서는 하천만 있으면 낚시하는 남자들을 많이 볼 수 있다. 그들은 생선 중 작은 것은 비늘과 내장을 정리하지 않고 통째로 먹는다."고 했다. 아마도 하천에 인접한 고을에서는 생으로 민물고기를 먹고 간디스토마에 걸려서 죽은 사람이 많았을 것이다. 하지만 간디스토마라는 질병의 실체를 알게 된 것은 일제시대에 들어오고 나서다. 결국 간디스토마에 걸리지 않도록 하기 위해 행정적으로 낚시금지령이 내려지기도 했다. 한편, 생선을 생으로 먹는 풍습은 일제시대에 사시미가 소개되면서 지속되었다. 그런데 실제로 일본에서는 잡은 생선을 일정 기간 숙성시켜서도 먹었다.

나만의 독해법

흐름	내용

첫 문장	생선 조리법(고는, 굽는, 완자탕)
급정거	모양 유지하여 접시에 올리려면 굽거나 찌는 방법뿐
가속	일반적인 생선 굽기
급정거	생선의 입이 뒤틀림
신호등	굽기보다 찌기가 일반적
정체	찌는 방법
가속	제사에 이용
급정거	1830년대 중반 이후 샤를 달레의 책에 생선을 생으로 먹는 풍습 소개
가속	낚시, 간디스토마
급정거	간디스토마는 일제시대, 낚시금지령
정지	사시미, 일본에서는 숙성시키기도 함

🔍 **독해 고수의 팁**

제시문과 같은 유형은 의외로 시간을 많이 소모하게 한다. 차라리 백과사전식으로 여러 항목들이 나열되어 있으면 살을 발라내며 전체적인 얼개를 잡아낼 수 있지만 이와 같은 글은 그렇게 하기도 어렵다. 두 번째 단락에서는 일반적인 생선 찌기법을 자세히 설명하고 있는데 이런 부분은 자세히 읽기보다는 읽으면서 일반적인 상식과 다른 부분이 나오지 않는 한 그대로 패스하는 것이 좋다. '솥 위에 올린 시루 속에 넣고 강한 불로 찐다.'와 같은 선택지는 중학교 내신에서나 등장하는 유형이다.

실전문제　　　　　⏱ 제한시간 : 20초　⏳ 소요시간 :　　초

다음 글을 근거로 판단할 때 옳은 것은?

① 조선의 생선 조리법과 유교식 제사는 밀접한 관련이 있다.
② 일제시대에 일본을 통해서 생선을 생으로 먹는 풍습이 처음 도입되었다.
③ 샤를 달레의 『규합총서』에 생선을 생으로 먹는 조선의 풍습이 소개되었다.
④ 조선시대에는 생선을 통째로 접시에 올릴 수 없었기 때문에 굽기보다는 찌기를 선호하였다.
⑤ 1800년대 조선인은 간디스토마의 위험을 알면서도 민물고기를 먹었기 때문에 낚시금지령이 내려지기도 했다.

> **정답** ①
> '신분에 관계없이 유교식 제사가 집집마다 퍼졌기 때문에 생선을 찌는 조리법이 널리 받아들여졌다.'고 하였다. 따라서 조선의 생선 조리법과 유교식 제사는 밀접한 관련이 있다고 볼 수 있다.
>
> **오답분석**
> ② 생선을 생으로 먹는 풍습은 1830년대 중반 이후 밀입국한 신부 샤를 달레가 집필한 책에 생선을 생으로 먹는 조선시대의 풍습이 소개되어 있다고 한 것에서 알 수 있듯이 일제시대 이전에도 존재하였다.
> ③ 『규합총서』는 1809년에 쓰여진 책이고, 샤를 달레가 입국한 것은 1830년대 중반 이후이므로 샤를 달레가 『규합총서』를 집필했을 가능성은 없다고 보는 것이 타당하다.
> ④ 통째로 모양을 유지시키면서 접시에 올리려면 굽거나 찌는 방법밖에 없다고 하였으므로 두 방법 모두 생선을 통째로 올릴 수 있다.
> ⑤ 간디스토마라는 질병의 실체를 알게 된 것은 일제시대 이후이므로 1800년대 조선인은 간디스토마의 위험을 알지 못했다.

2 기본독해

| 문제 1 |

수학을 이해하기 위해서는 연역적인 공리적 증명 방법에 대해 정확히 이해할 필요가 있다. 우리는 2보다 큰 짝수들을 원하는 만큼 많이 조사하여 각각이 두 소수(素數)의 합이라는 것을 알아낼 수 있다. 그러나 이러한 과정을 통해 얻은 결과를 '수학적 정리'라고 말할 수 없다. 이와 비슷하게, 한 과학자가 다양한 크기와 모양을 가진 1,000개의 삼각형의 각을 측정하여, 측정 도구의 정확도 범위 안에서 그 각의 합이 180도라는 것을 알아냈다고 가정하자. 이 과학자는 임의의 삼각형의 세 각의 합이 180도가 확실하다고 결론 내릴 것이다. 그러나 이러한 측정의 결과는 근삿값일 뿐이라는 문제와, 측정되지 않은 어떤 삼각형에서는 현저하게 다른 결과가 나타날지도 모른다는 의문이 남는다. 이러한 과학자의 증명은 수학적으로 받아들일 수 없다. 반면에, 수학자들은 모두 의심할 수 없는 공리들로부터 시작한다. 두 점을 잇는 직선을 하나만 그을 수 있다는 것을 누가 의심할 수 있는가? 이와 같이 의심할 수 없는 공리들을 참이라고 받아들이면, 이로부터 연역적 증명을 통해 나오는 임의의 삼각형의 세 각의 합이 180도라는 것이 참이라는 것을 받아들여야만 한다. 이런 식으로 증명된 결론을 수학적 정리라고 한다.

나만의 독해법

흐름	내용

🔍 독해 고수 따라잡기

첫 문장	수학의 이해, 연역적인 공리적 증명 방법
가속	짝수에 대한 사례
급정거	이는 수학적 정리는 아님
가속	삼각형의 각도에 대한 사례
급정거	근삿값임, 측정되지 않은 삼각형에서는 다른 결과 가능성
급정거	수학자들은 공리에서 출발
가속	직선의 사례
서행	공리에서 연역적 증명을 통해 나오는 것이 참, 수학적 정리

20세기 초만 해도 전체 사망자 중 폐암으로 인한 사망자의 비율은 극히 낮았다. 그러나 20세기 중반에 들어서면서 이 병으로 인한 사망률은 크게 높아졌다. 이러한 변화를 우리는 어떻게 설명할 수 있을까? 여러 가지 가설이 가능한 것으로 보인다. 예를 들어 자동차를 이용하면서 운동 부족으로 사람들의 폐가 약해졌을지도 모른다. 또는 산업화 과정에서 증가한 대기 중의 독성 물질이 도시 거주자들의 폐에 영향을 주었을지도 모른다.

하지만 담배가 그 자체로 독인 니코틴을 함유하고 있다는 것이 사실로 판명되면서 흡연이 폐암으로 인한 사망의 주요 요인이라는 가설은 다른 가설들보다 더 그럴듯해 보이기 시작한다. 담배 두 갑에 들어 있는 니코틴이 화학적으로 정제되어 혈류 속으로 주입된다면 그것은 치사량이 된다. 이러한 가설을 지지하는 또 다른 근거는 담배 연기로부터 추출된 타르를 쥐의 피부에 바르면 쥐가 피부암에 걸린다는 사실에 기초해 있다. 이미 18세기 이후 영국에서는 타르를 함유한 그을음 속에서 일하는 굴뚝 청소부들이 다른 사람들보다 피부암에 더 잘 걸린다는 것이 정설이었다.

이러한 증거들은 흡연이 폐암의 주요 원인이라는 가설을 뒷받침해 주지만, 그것들만으로 이 가설을 증명하기에는 충분하지 않다. 의학자들은 흡연과 폐암을 인과적으로 연관시키기 위해서는 훨씬 더 많은 증거가 필요하다는 점을 깨닫고, 수십 가지 연구를 수행하고 있다.

나만의 독해법

흐름	내용

🔍 독해 고수 따라잡기

첫 문장	20세기 초, 폐암 사망자 비율 극히 낮음
급정거	20세기 중반 이후 크게 높아짐
정체	가설들, 운동 부족, 독성 물질
급정거	담배에 니코틴 함유, 흡연이 폐암의 원인 유력
가속	담배 두 갑의 니코틴 주입 시 치사량
가속	타르를 피부에 바르면 쥐가 피부암에 걸림
가속	18세기 이후 영국, 굴뚝 청소부 피부암에 잘 걸림
서행	흡연이 폐암의 주원인 가설 뒷받침, 불충분
정지	훨씬 더 많은 증거가 필요

| 문제 1 |

세계스카우트잼버리는 전 세계 169개국에서 5만 명 이상이 참여하여 국제 이해와 우애를 다지는 세계 청소년 야영대회이다. 잼버리(Jamboree)는 북미 인디언의 '즐거운 놀이', '유쾌한 잔치'라는 뜻을 지닌 말로, 스카우트의 창시자인 베이든 포우엘 경이 제1회 세계잼버리를 'Jamboree'라고 명명한 것이 유래가 되었다.

세계스카우트잼버리는 올림픽과 같이 4년마다 개최국을 결정하며, 대회 유치 국가는 3년마다 개최되는 세계스카우트총회에서 스카우트 회원국(1개국당 6표 투표)의 투표로 선정된다. 현재까지 23회의 세계스카우트잼버리가 개최되었으며 2019년 제24회 세계잼버리는 미국 웨스트버지니아주 서밋 벡텔 국립공원에서 열릴 예정이다.

우리나라는 한국스카우트연맹 창립 100주년(2022년)을 기념하여 2016년 1월 세계스카우트연맹 사무국에 유치 의향서를 제출하였다. 그 후 세계 6개 대륙 145여 개 국가를 돌며 유치활동을 펼치면서, 폴란드와 치열한 경쟁을 벌인 결과 2017년 8월 16일 세계스카우트총회에서 제25회 새만금 세계스카우트잼버리를 최종 유치하게 되었다. 2023년 새만금 세계스카우트잼버리 개최는 청소년활동을 활성화시키고, 생산·고용·부가가치 유발 등 경제적 파급효과를 통해 새만금 지역의 발전에도 긍정적 영향을 미칠 것으로 기대되고 있다.

나만의 독해법

흐름	내용

우리는 주로 우리 자신의 관점에서 질병을 바라본다. 하지만 여기서는 인간으로서의 편견은 잠시 접어두고 이제부터 세균의 관점에서 질병을 바라보기로 하자. 어쨌든 세균도 우리와 마찬가지로 자연선택의 산물이다. 세균도 기본적으로는 다른 생명 체와 똑같이 진화한다. 진화의 과정은 가장 효과적으로 새끼를 낳아 그들이 살아가기에 적합한 장소에 전파시킬 수 있는 개체들을 선택한다. 세균을 말할 때 '전파'라는 용어를 수학적으로 정의한다면 원래의 환자 한 명에 대해 새로 생겨나는 피해 자의 수라고 할 수 있을 것이다. 잘 전파되는 세균일수록 더 많은 새끼를 남길 수 있으며, 결국 자연선택에서도 유리해진다. 인간의 질병에서 나타나는 '증상'들은 사실상 매우 영리한 세균들이 인간의 몸이나 행동을 세균이 전파되기에 알맞도록 개조 시키는 과정이 밖으로 드러난 것일 때가 많다.

병원균이 가장 힘들이지 않고 전파되는 방법은 다음 피해자에게 전해질 때까지 그냥 수동적으로 기다리는 것이다. 이 전략을 사용하는 세균들은 한 숙주가 다음 숙주에게 먹힐 때까지 기다린다. 예컨대 살모넬라균은 우리가 감염된 달걀이나 육류를 먹을 때, 선모충증을 일으키는 기생충은 우리가 돼지를 제대로 익히지 않고 먹을 때 감염된다. 어떤 세균들은 원래의 숙주가 죽어서 잡아먹힐 때까지 기다리지 않고 곤충들이 그 숙주를 물고 나서 새로운 숙주에게 날아갈 때 그 곤충의 침 속에 편승하 여 옮겨간다. 이렇게 무임승차를 허락해 주는 곤충들은 모기, 벼룩, 이, 체체파리 등이며 각각 말라리아, 페스트, 발진티푸스 또는 수면병을 퍼뜨린다. 자기들이 직접 팔을 걷어붙이고 나서는 경우도 있다. 이들은 전달을 가속화하기 위해 숙주의 신체 나 습관을 바꾸어 버린다. 예컨대 인플루엔자, 백일해 등의 세균은 피해자가 기침이나 재채기를 하도록 유도함으로써 새 숙주들을 향해 뿜어나가며 콜레라균은 피해자가 심한 설사를 하게 하고 물 속으로 스며들어 새로운 피해자를 찾는다.

나만의 독해법

흐름	내용

'뱀사다리 게임'은 전 세계적으로 인기 있는 보드게임이다. 참가자는 돌아가면서 차례를 갖고, 자신의 차례가 되면 주사위를 굴려 나온 눈만큼 게임 말을 전진한다. 게임 도중 사다리가 그려진 칸에 도착하면 사다리를 타고 윗칸으로 올라가고, 뱀이 그려진 칸에 도착하면 아래 칸으로 내려간다. 돌아가면서 주사위를 던지는 것을 반복하다가 가장 먼저 마지막 칸에 도착하는 참가자가 승리한다.

뱀사다리 게임은 'Moksha Patam'이라는 이름으로 고대 인도에서 시작되었다. 이 게임의 목적은 힌두교의 교리를 설법하기 위한 것이었다. 사다리는 관용, 신념, 겸손 등 선을 의미하며, 뱀은 욕정, 분노, 살인, 강탈 등 악을 의미한다. 뱀사다리 게임의 윗칸으로 올라가는 것은 인간이 선을 행함으로써 차차 높은 단계로 이행하는 것을, 마지막 칸에 도착하는 것은 해탈을 의미한다. 선을 행하면 더 높은 단계로 도약하고, 악을 행하면 더 낮은 단계로 떨어지는 것이다. 사다리의 개수는 뱀의 개수보다 적은데, 이는 삶에서 선을 행하기가 악을 행하기보다 어렵다는 뜻이다.

1890년대에 인도가 영국의 지배를 받게 되면서 영국으로 건너간 뱀사다리 게임은 빅토리아 여왕 시기의 도덕성으로 변형되어 수용된다. 절약, 성찰, 근면 등의 미덕을 상징하는 사다리는 성공과 실현, 우아함의 칸으로 이어지고 사치와 나태, 불복종을 상징하는 뱀은 질병과 가난함의 칸으로 이어진다. 영국식 뱀사다리 게임은 용서의 의미를 강조해 사다리가 더 많았다. 1943년 미국에서 밀튼 브래들리사가 이 게임을 '미끄럼틀과 사다리 게임'으로 새롭게 만들었고, 뱀이 사라지고 종교적인 의미가 자취를 감추게 되었다.

나만의 독해법

흐름	내용

파생상품에서 옵션(Option)은 소유자에게 어떤 자산을 정해진 기간 동안 정해진 가격에 사거나 팔 수 있는 권리를 부여하는 약정이다. 여기서 해당 자산을 기초자산(Underlying Asset), 정해진 기간을 만기일(Expiration Date), 정해진 가격을 행사가격(Exercise Price)이라 하고, 살 수 있는 권리를 콜옵션(Call Option), 팔 수 있는 권리를 풋옵션(Put Option)이라 한다. 유럽형 옵션의 경우 콜옵션의 매수자(또는 보유자)는 옵션의 기초자산을 만기일에 행사가격으로 살 수 있는 권리를 확보하는 대가로 콜옵션의 매도자(또는 발행자)에게 옵션 프리미엄을 지불하여야 한다. 콜옵션 매도자는 매수자가 옵션을 행사하면 (정해진 가격에 사기를 원하면) 기초자산의 시장가격이 얼마든 관계없이 행사가격에 기초자산을 매도하여야 한다.

마찬가지로 풋옵션의 매수자는 옵션의 기초자산을 만기에 행사가격으로 팔 수 있는 권리를 확보하는 대가로 풋옵션의 매도자에게 옵션 프리미엄을 지불하여야 하고, 풋옵션 매도자는 매수자가 옵션을 행사하면(정해진 가격에 팔기를 원하면) 기초자산의 시장가격을 불문하고 행사가격에 해당 자산을 매수하여야 한다.

나만의 독해법

흐름	내용

22 모든 문장이 다 중요한 경우

1 대표지문

탁주는 혼탁한 술이다. 탁주는 알코올 농도가 낮고, 맑지 않아 맛이 텁텁하다. 반면, 청주는 탁주에 비해 알코올 농도가 높고 맑은 술이다. 그러나 얼마만큼 맑아야 청주이고 얼마나 흐려야 탁주인가 하는 질문에는 명쾌하게 답을 내리기가 쉽지 않다. 탁주의 정의 자체에 혼탁이라는 다소 불분명한 용어가 쓰이기 때문이다. 과학적이라고 볼 수는 없지만 투명한 병에 술을 담고 그 병 뒤에 작은 물체를 두었을 경우 그 물체가 희미하게 보이거나 아예 보이지 않으면 탁주라고 부른다. 술을 담은 병 뒤에 둔 작은 물체가 희미하게 보일 때 이 술의 탁도는 350ebc 정도이다. 청주의 탁도는 18ebc 이하이며 탁주 중에 막걸리는 탁도가 1,500ebc 이상인 술이다.

막걸리를 만들기 위해서는 찹쌀, 보리, 밀가루 등을 시루에 쪄서 만든 지에밥이 필요하다. 적당히 말린 지에밥에 누룩, 효모와 물을 섞어 술독에 넣고 나서 며칠 지나면 막걸리가 만들어진다. 술독에서는 미생물에 의한 당화과정과 발효과정이 거의 동시에 일어나며, 이 두 과정을 통해 지에밥의 녹말이 알코올로 바뀌게 된다. 효모가 녹말을 바로 분해하지 못하므로, 지에밥에 들어 있는 녹말을 엿당이나 포도당으로 분해하는 당화과정에서는 누룩곰팡이가 중요한 역할을 한다. 누룩곰팡이가 갖고 있는 아밀라아제는 녹말을 잘게 잘라 엿당이나 포도당으로 분해한다. 이 당화과정에서 만들어진 엿당이나 포도당을 효모가 알코올로 분해하는 과정을 발효과정이라 한다. 당화과정과 발효과정 중에 나오는 에너지로 인하여 열이 발생하게 되며, 이 열로 술독 내부의 온도인 품온(品溫)이 높아진다. 품온은 막걸리의 질과 풍미를 결정하기에 적정 품온이 유지되도록 술독을 관리해야 하는데, 일반적인 적정 품온은 23 ~ 28℃이다.

※ ebc : 유럽양조협회에서 정한 탁도의 단위

나만의 독해법

흐름	내용

🔍 독해 고수 따라잡기

첫 문장	탁주와 청주 비교, 알코올 농도
급정거	청주와 탁주의 기준이 모호함, 혼탁
가속	일반적인 탁도 판단법(투명한 병, ebc)
신호등	막걸리 제조법, 지에밥
가속	당화, 발효과정, 녹말, 누룩곰팡이, 아밀라아제
서행	당화, 발효과정 중에 나오는 에너지로 열이 발생
서행	적정 품온

🔍 독해 고수의 팁

과학과 관련된 지문의 경우 '~과정'이라고 불리는 것들이 자주 등장한다. 솔직히 이 부분은 어쩔 수 없이 읽으면서 어느 정도 정리하는 것이 필요하다. 용어 자체가 생소할 뿐만 아니라 과정도 단순하지 않아서 어느 부분이 뼈대에 해당하는지를 잡아내기가 쉽지 않다.

실전문제

⏱ 제한시간 : 20초   ⏳ 소요시간 :   초

다음 글에서 알 수 있는 것은?

① 청주와 막걸리의 탁도는 다르지만 알코올 농도는 같다.

② 지에밥의 녹말이 알코올로 변하면서 발생하는 열이 품온을 높인다.

③ 누룩곰팡이가 지닌 아밀라아제는 엿당이나 포도당을 알코올로 분해한다.

④ 술독에 넣는 효모의 양을 조절하면 청주와 막걸리를 구분하여 만들 수 있다.

⑤ 막걸리를 만들 때, 술독 안의 당화과정은 발효과정이 완료된 이후에 시작된다.

정답 ②

지에밥의 녹말이 누룩곰팡이를 통해 엿당이나 포도당으로 분해되는 것이 당화과정이고, 이 엿당이나 포도당이 효모를 통해 알코올로 분해되는 과정을 발효과정이라 한다. 그리고 이 당화과정과 발효과정 중에 나오는 에너지로 인하여 열이 발생하게 되는데 이 열로 술독 내부의 온도인 품온이 높아진다고 하였으므로 옳은 내용이다.

오답분석

① 청주는 탁주에 비해 알코올 농도가 높다고 하였으므로 옳지 않은 내용이다.

③ 아밀라아제는 녹말을 엿당이나 포도당으로 분해한다. 엿당이나 포도당을 알코올로 분해하는 것은 효모의 역할이다.

④ 청주와 막걸리가 구분되는 과정에서 효모의 양이 어떻게 작용하는지는 제시문을 통해 알 수 없다.

⑤ 술독에서 미생물에 의한 당화과정과 발효과정이 거의 동시에 일어나며, 당화과정에서 만들어진 엿당이나 포도당을 효모가 알코올로 분해하는 과정이 발효과정이다.

2 기본독해

| 문제 1 |

⏱ 제한시간 : 30초   ⏳ 소요시간 :   초

인종차별주의는 사람을 인종에 따라 구분하고 이에 근거해 한 인종 집단의 이익이 다른 인종 집단의 이익보다 더 중요하다고 본다. 그 결과로 한 인종 집단의 구성원은 다른 인종 집단의 구성원보다 더 나은 대우를 받게 된다. 특정 종교에 대한 편견이나 민족주의도 이와 다르지 않다. 그러나 여기에는 심각한 문제가 있다. 왜냐하면 특정 집단들 사이의 차별 대우가 정당화되기 위해서는 그 집단들 사이에 합당한 차이가 있어야 하는데 그렇지 않기 때문이다. 인종차별주의, 종교적 편견, 민족주의에서는 합당한 차이를 찾을 수 없다. 물론 차별 대우가 정당화되는 경우는 있다. 예를 들어 국가에서 객관적인 평가를 통해 대학마다 차별적인 지원을 하기로 결정했다고 가정해 보자. 이 결정은 대학들 사이의 합당한 차이를 통해 정당화될 수 있다. 만약 어떤 대학이 국가에서 제시한 평가 기준에 부합하는 조건을 갖추고 있고 다른 대학은 그렇지 못하다면, 이에 근거해 국가의 차별적 지원은 정당화될 수 있다. 그렇지만 인종차별주의, 종교적 편견, 민족주의에 따른 차별 대우는 이렇게 정당화될 수 없다. 합당한 차이를 찾을 수 없기 때문이다.

나만의 독해법

흐름	내용

🔍 독해 고수 따라잡기

첫 문장	사람을 인종에 따라 구분, 한 인종 집단의 이익이 더 중요
가속	해당 인종 집단이 더 나은 대우
서행	종교, 민족주의도 마찬가지
급정거	문제 있음, 집단들 사이에 합당한 차이가 없음
서행	차별이 정당화되는 경우 있음
가속	객관적 평가를 통한 차별적 지원은 정당화
급정거	인종차별주의 등 정당화 안 됨, 합당한 차이 없음

현대의 과학사가들과 과학사회학자들은 지금 우리가 당연시하는 과학과 비과학의 범주가 오랜 시간에 걸쳐 구성된 범주임을 강조하면서 과학자와 대중이라는 범주의 형성에 연구의 시각을 맞출 것을 주장한다. 특히 과학 지식에 대한 구성주의자들은 과학과 비과학의 경계, 과학자와 대중의 경계 자체가 처음부터 고정된 경계가 아니라 오랜 역사적 투쟁을 통해서 만들어진 문화적 경계라는 점을 강조한다.

과학자와 대중을 가르는 가장 중요한 기준은 문화적 능력이라고 할 수 있는데 이것은 과학자가 대중과 구별되는 인지 능력이나 조작 기술을 가지고 있다는 것을 의미한다. 부르디외의 표현을 빌리자면, 과학자들은 대중이 결여한 '문화 자본'을 소유하고 있다는 것이다. 이러한 문화 자본 때문에 과학자들과 대중 사이에 불연속성이 생겨난다. 여기서 중요한 것은 이러한 불연속성의 형태와 정도이다.

예를 들어 수리물리학, 광학, 천문학 등의 분야는 대중과 유리된 불연속성의 정도가 상대적으로 컸다. 고대부터 16세기 코페르니쿠스에 이르는 천문학자들이나 17세기 과학혁명 당시의 수리물리학자들은 그들의 연구가 보통의 교육을 받은 사람들을 대상으로 한 것이 아니고, 그들과 같은 작업을 하고 전문성을 공유하고 있던 사람들만을 위한 것이라는 점을 분명히 했다. 갈릴레오에 따르면 자연이라는 책은 수학의 언어로 쓰여 있으며 따라서 이 언어를 익힌 사람만이 자연의 책을 읽어낼 수 있다. 반면, 유전학이나 지질학 등은 20세기 중반 전까지 대중 영역과 일정 정도의 연속성을 가지고 있었으며 거기서 영향을 받았던 것이 사실이다. 특히, 20세기 초 유전학은 멘델 유전학의 재발견을 통해 눈부시게 발전할 수 있었는데 이러한 발전은 실제로 오랫동안 동식물을 교배하고 품종개량을 해 왔던 육종가들의 기여 없이는 불가능했다.

나만의 독해법

흐름	내용

🔍 독해 고수 따라잡기

첫 문장	과학과 비과학의 범주는 오랜 시간에 걸쳐 구성, 과학자와 대중에 초점
서행	구성주의자들, 경계가 고정되지 않은 것, 역사적 투쟁을 통한 문화적 경계
신호등	문화적 능력, 과학자가 인지능력, 조작 기술 가짐
가속	부르디외, 과학자들은 문화 자본 소유, 과학자와 대중 사이의 불연속성
서행	불연속성의 형태와 정도
가속	수리물리학 등 불연속성 큼, 그들만의 언어
급정거	유전학, 지질학은 연속성
서행	유전학, 육종가들의 기여

③ 60초 독해연습

⏳ 소요시간 :　　초

삼각비를 처음으로 연구한 사람들은 고대 그리스의 천문학자들이었다. 물론 이 시대에는 수학자와 천문학자가 구별되지 않았으므로 천문현상을 연구한 수학자라 부르는 게 더 적절할지도 모르겠다. 천문학자들은 별을 관측하는 것이 기본적인 연구방법이었고, 따라서 두 별 사이의 거리를 정확히 구하는 것이 대단히 중요하였다. 지금과 같은 우주 시대에는 두 별 사이의 실제 거리를 구하는 것도 가능하지만 실용적인 목적을 위해서는 모든 별들이 하나의 구면에 놓여 있다고 생각하고 두 별 사이의 거리를 구하는 것이 더 중요하다.

고대 수학자들은 직접 거리를 구하는 것이 잘 되지 않으므로 대신에 두 별 사이의 각도를 재는 방법을 사용하였다. 이것은 팔의 길이에 상관없이 누구나 별 사이의 거리를 짐작할 수 있는 방법이었다. 모든 별이 하나의 구면에 있다고 생각하였으므로, 이제 별까지 이르는 거리만 알면 두 별 사이의 거리는 자동으로 결정된다.

만약 별까지 이르는 거리가 기존에 생각하던 것보다 두 배로 멀어진다면 두 별 사이의 거리도 두 배로 멀어진다. 결국 두 별이 멀고 가까운 정도를 재는 데 중요한 것은 거리가 아니라 각도이며, 그에 따라 별에 이르는 거리와 두 별 사이 거리를 결정하는 비례상수 또한 중요하다. 각도마다 이 비례상수를 구하려는 시도가 바로 삼각함수의 시작이었다.

나만의 독해법

흐름	내용

현대에는 대부분의 국가에서 투표를 통해 선출된 지도자가 국가의 수반이 되지만 여전히 국왕을 두는 나라도 많다. 영국, 스페인, 일본 등은 "군림하되 통치하지 않는다."는 원칙의 입헌군주제를, 사우디아라비아, 브루나이, 부탄 등은 국왕이 실제 정치지도자가 되는 절대군주제를 택하고 있다. 군주제의 특징은 왕위가 혈연에 의해 상속된다는 것이다.

영국의 왕위는 본인과 배우자가 성공회나 개신교 신자인 경우에만 계승할 수 있다. 계승조건을 만족하는 국왕의 후손 간에는 직계 후손이 방계 후손에 우선하며 출생 순서가 빠를수록 계승순위가 높다. 이전에는 남성이 여성에 우선하는 계승순위를 가졌으나 2013년에 발표된 칙령에 따라 2011년 10월 28일 이후로 출생한 자는 성별에 상관없이 출생 순서에 따른다. 계승 순위의 우선권은 자녀에게 상속되므로 상위 계승순위에서 자녀가 태어날 경우 하위 계승순위는 모두 조정된다. 예컨대 장남의 아들이 태어난 경우 차남을 비롯한 모든 다른 하위 계승권자의 계승순위는 내려간다. 현재 영국 왕위 계승권자는 5,000명 이상이다.

사우디아라비아의 왕위 계승은 독특하다. 국왕이 형제나 그 다음 세대 왕자들 중 후계자 후보 1 ~ 3명을 선정한 뒤, '충성위원회'가 후보 중 한 명을 선출한다. 초대 국왕 이븐사우드의 뜻에 따라 2대 사우드 국왕부터 현재 7대 살만 국왕까지는 모두 초대 국왕의 아들로 형제 간 왕위 계승이 이루어졌다. 이러한 왕위 계승 문화는 국왕의 부인이 여럿인 문화에서 이복형제 간 싸움을 방지하기 위한 것이라는 분석이 있다. 현재 국왕의 형제 대부분이 고령인 관계로 8대 국왕은 다음 세대에서 나올 것이라는 전망이 유력하다.

나만의 독해법

흐름	내용

증명책임이란 소송상 어느 요증사실의 존부가 확정되지 않을 때에 당해 사실이 존재하지 않는 것으로 취급되어 법률판단을 받게 되는 당사자 일방의 위험 또는 불이익을 말한다. 판결에서는 증명책임이 누구에게 존재하는지가 분명히 나타나야 한다. 예를 들어 매매 목적물인 자동차가 파손되어 매매계약이 제대로 이행되지 않았다는 이유로 자동차 매수인(사는 사람)이 원고가 되어 매도인(파는 사람)을 상대로 손해배상금을 청구하는 소송에서 매도인이 자기에게 자동차 파손에 대한 과실이 없음을 증명하면 그 책임을 면한다. 이때 원고 패소 판결에서 "자동차가 파손됨에 있어서 피고의 과실을 인정할 증거가 없으므로 원고의 청구를 인정할 수 없고, …"라고 기재해서는 안 된다. 왜냐하면 이 표현은 마치 매도인의 과실에 대한 증명책임이 원고에게 있는데 원고가 그 증명책임을 다하지 못하여 패소하는 것처럼 보이기 때문이다. 이때에는 "… 사실을 종합하여 볼 때 피고에게 과실이 없었던 사실이 인정되므로 원고의 청구를 인정할 수 없고 …"라고 기재하여야 한다.

나만의 독해법

흐름	내용

미세플라스틱이 자연환경과 생태계를 심각하게 위협하고 있다. 미세플라스틱은 흔히 크기가 5mm보다 작은 플라스틱·합성섬유·합성고무의 조각을 말한다. 플라스틱·합성섬유·합성고무 덕분에 오늘날 우리 생활은 놀라울 정도로 편리하고 화려해졌다. 목재와 같은 천연 소재를 대체함으로써 천연자원의 소비도 크게 줄일 수 있었다. 그러나 함부로 버린 플라스틱이 환경과 생태계를 위협하는 부작용도 만만치 않다.

미세플라스틱은 대부분 함부로 폐기한 플라스틱이 바람·물·자외선 등에 의해 작은 조각으로 부서지고 깨지면서 만들어진다. 합성 고분자로 만든 타이어·페인트·로프·부표 등에서 떨어져 나온 미세플라스틱이 대표적인 예다. 미세플라스틱은 강물이나 환경에서 쉽게 분해되지 않은 채 일차적으로는 토양과 공기를 오염시키고, 결국에는 강과 바다로 유입되어 환경과 생태계를 심각하게 오염시킨다.

우리 바다와 연안의 형편도 심각하다. 한국해양과학기술원이 작년에 전국 18개 해안의 바닷물 1리터에서 확인한 미세플라스틱은 평균 11.8개였다. 미세플라스틱 오염의 수준이 하와이연안의 2배나 되고, 브라질·칠레·싱가포르보다 100배 이상이나 심각하다고 한다. 해양 생물의 내장과 배설물에서 적지 않은 양의 미세플라스틱이 확인되고 있으며, 작은 어패류를 통째로 사용하는 젓갈류나 바닷물을 증발시켜서 생산한 천일염도 상당한 양의 미세플라스틱으로 오염될 가능성을 걱정해야 한다.

나만의 독해법

흐름	내용

23 은근슬쩍 넘어가는 내용들

1 대표지문

조선 왕조가 개창될 당시에는 승려에게 군역을 부과하지 않는 것이 상례였는데, 이를 노리고 승려가 되어 군역을 피하는 자가 많았다. 태조 이성계는 이를 막기 위해 국왕이 되자마자 앞으로 승려가 되려는 자는 빠짐없이 일종의 승려 신분증인 도첩을 발급 받으라고 명했다. 그는 도첩을 받은 자만 승려가 될 수 있으며 도첩을 신청할 때는 반드시 면포 150필을 내야 한다는 규정을 공포했다. 그런데 평범한 사람이 면포 150필을 마련하기란 쉽지 않았다. 이 때문에 도첩을 위조해 승려 행세하는 자들이 생겨났다.

태종은 이 문제를 해결하고자 즉위한 지 16년째 되는 해에 담당 관청으로 하여금 도첩을 위조해 승려 행세하는 자를 색출하게 했다. 이처럼 엄한 대응책 탓에 도첩을 위조해 승려 행세하는 사람은 크게 줄어들었다. 하지만 정식으로 도첩을 받은 후 승려 명부에 이름만 올려놓고 실제로는 승려 생활을 하지 않는 부자가 많은 것이 드러났다. 이런 자들은 불교 지식도 갖추지 않은 것으로 나타났다. 태종과 태종의 뒤를 이은 세종은 태조가 세운 방침을 준수할 뿐 이 문제에 대해 특별한 대책을 내놓지 않았다.

세조는 이 문제를 해결하기 위해 즉위하자마자 담당 관청에 대책을 세우라고 명했다. 그는 수년 후 담당 관청이 작성한 방안을 바탕으로 새 규정을 시행하였다. 이 방침에는 도첩을 신청한 자가 내야 할 면포 수량을 30필로 낮추되 불교 경전인 심경, 금강경, 살달타를 암송하는 자에게만 도첩을 준다는 내용이 있었다. 세조의 뒤를 이은 예종은 규정을 고쳐 도첩 신청자가 납부해야 할 면포 수량을 20필 더 늘리고, 암송할 불경에 법화경을 추가하였다. 이처럼 기준이 강화되자 도첩 신청자 수가 줄어들었다. 이에 성종 때에는 세조가 정한 규정으로 돌아가자는 주장이 나왔다. 하지만 성종은 이를 거부하고, 예종 때 만들어진 규정을 그대로 유지했다.

나만의 독해법

흐름	내용

첫 문장	조선 초기 승려에게 군역 면제, 악용 사례
서행	이성계 도첩제 도입, 면포 150필
급정거	도첩 위조 승려 행세
신호등	태종 도첩 위조범 색출
급정거	정식 도첩 받았으나 승려 활동 안하는 부자들
서행	세종은 특별한 대책 없음
신호등	세조 대책 마련 지시, 30필, 경전 암송
서행	예종 기준 강화(20필 추가, 경전 추가)
정지	성종 때 세조가 정한 규정으로 돌아가자는 주장 거부

🔍 **독해 고수의 팁**

역사적인 사실을 시간 순서대로 나열하는 지문의 경우는 간단히 넘어가는 시기의 내용에 주목할 필요가 있다. 제시문의 경우 세종에 관한 내용이 바로 그것인데, 한 줄밖에 되지 않는데다가 중요한 내용도 아니어서 그냥 넘겨버리기 쉽게끔 되어 있다. 하지만 출제하는 입장에서는 이보다 더 좋은 먹잇감이 없다. 설사 해당 부분을 다시 찾아 읽더라도 그만큼 시간이 허비된 셈이어서 출제자의 1차 목표는 달성한 것이니까 말이다.

실전문제　　　　　　⏱ 제한시간 : 20초　　⏳ 소요시간 :　　초

다음 글에서 알 수 있는 것은?

① 태종은 도첩을 위조해 승려가 된 자를 색출한 후 면포 30필을 내게 했다.
② 태조는 자신이 국왕이 되기 전부터 승려였던 자들에게 면포 150필을 일괄적으로 거두어들였다.
③ 세조가 즉위한 해부터 심경, 금강경, 살달타를 암송한 자에게만 도첩을 발급한다는 규정이 시행되었다.
④ 성종은 법화경을 암송할 수 있다는 사실을 인정받은 자가 면포 20필을 납부할 때에만 도첩을 내주게 했다.
⑤ 세종 때 도첩 신청자가 내도록 규정된 면포 수량은 예종 때 도첩 신청자가 내도록 규정된 면포 수량보다 많았다.

정답 ⑤
세종 때 도첩 신청자가 내도록 규정된 면포 수량은 150필인 반면, 예종 때는 50필이었으므로 옳은 내용이다.

오답분석
① 태종이 도첩을 위조해 승려가 된 자를 색출하게 한 것은 사실이지만 이들에게 면포 30필을 내게 하지는 않았다.
② 태조가 면포 150필을 내게 한 대상은 새로 승려가 되려는 자들이지 이전에 승려였던 자들이 아니므로 옳지 않은 내용이다.
③ 세조는 명부에 이름만 올려놓고 승려생활을 하지 않는 부자들이 많은 문제를 해결하기 위해 즉위하자마자 대책을 세울 것을 명했다. 그리고 수년 후 내야 할 면포 규정을 30필로 낮추되 심경, 금강경, 살달타를 암송해야 도첩을 준다는 규정을 시행하였으므로 옳지 않은 내용이다.
④ 성종은 납부해야 할 면포 수량을 50필로 하고 심경, 금강경, 살달타, 법화경을 암송해야 도첩을 준다는 예종 때의 규정을 그대로 유지하였으므로 옳지 않은 내용이다.

| 문제 1 |

그라노베터의 논문은 오늘날 역사상 가장 많은 영향을 끼친 사회학 논문 중 하나로 평가받는다. 이 논문에서 그는 상식적으로 이치에 맞지 않는 것처럼 보이는 주장을 편다. 새로운 소식을 접하거나 새로 차린 식당을 홍보하거나 최신의 유행이 전파될 때, 그 과정에서 우리의 약한 사회적 연결이 강한 친분 관계보다 더 중요한 역할을 한다는 것이다. 그에 따르면 사람들은 여러 명의 가까운 친구들을 갖고 있는데 이들은 대부분 상호 간에 잘 알고 자주 접촉하는 긴밀한 사회적 클러스터를 이룬다. 그런데 이 사람들은 또한 각자 그저 알고 지내는 사람들을 더 많이 갖고 있는데 이들은 상호간에 잘 모르는 경우가 많다. 물론 이 그저 알고 지내는 사람들 하나하나도 역시 자신의 친한 친구들을 갖고 있어서 긴밀하게 짜여진 사회적 클러스터를 이룬다.

사회는 여러 개의 클러스터로 구성되어 있는데, 각 클러스터 내부에서는 모두가 모두를 서로 잘 아는 긴밀한 친구들이 서클을 이루고 있다. 그리고 이 클러스터들은 약한 연결고리를 통해 외부와 연결되어 있다. 우리의 가장 친한 친구들은 같은 서클에 있으므로 대개 동일한 인적 정보 출처를 갖고 있는 경우가 많다. 그러나 우리가 새로운 정보를 얻거나 외부 세계와 의사소통을 하려고 할 때는 오히려 이들보다는 약한 연결들이 결정적인 역할을 한다. 정보의 출처를 고려하면 가장 가까운 친구들로부터 얻은 정보 역시 약한 연결을 통해 획득된 것일 가능성이 높기 때문이다.

흐름	내용

첫 문장	그라노베터의 논문, 영향력 큼
가속	상식에 안맞는 주장
서행	약한 사회적 연결이 강한 친분 관계보다 더 중요한 역할
서행	그저 알고 지내는 사람이 더 많음, 이들이 클러스터 이룸
신호등	클러스터 내부는 긴밀한 친구들이 서클 이룸
가속	약한 연결고리를 통해 외부와 연결
가속	친한 친구들은 같은 서클, 동일한 출처
급정거	새로운 정보, 외부 세계와 의사소통 시에는 약한 연결이 결정적
정지	가까운 친구로부터의 정보는 약한 연결을 통해 얻어진 것

반 보크트는 히틀러나 스탈린 등으로부터 '확신인간'이라는 인간상을 만들어냈다. 그는 이들의 비인도적 행위에 대해 이렇게 묻는다. "이런 인간의 행동에 깔려있는 동기는 도대체 무엇인가? 자기와 생각이 다른 사람을 부정직하거나 나쁜 사람이라고 단정하는데, 그러한 단정은 도대체 어디에 근거하는가? 마음속 깊이 자기는 한 점의 잘못도 범하지 않는 신이라고 믿는 것은 아닐까?"

반 보크트는 확신인간은 이상주의자라고 지적한다. 이들은 자기만의 고립된 정신세계에 살면서 현실의 다양한 측면이 자신의 세계와 어긋나고 부딪힐 때 이를 무시하려 안간힘을 쓴다. 힘을 쥐게 되면 이들은 자신이 그리는 이상적인 세계의 틀에 맞추어 현실을 멋대로 조정하려 한다.

그러나 확신인간도 아내나 자기와 밀접한 관계에 있는 사람이 그를 버리면 한순간에 심리적 공황상태에 빠져버리는 경향이 있다. 이러한 상황에 이르면 그는 완전히 기가 꺾여 앞으로는 행실을 고치겠다고 약속한다. 하지만 그렇게 해도 상황이 원상으로 복구되지 않으면 알코올 중독에 빠지거나 마약에 손을 대며 최악의 경우 자살에 이르기도 한다. 그에게 있어 근본 문제는 자기감정을 통제하지 못한다는 것과 뿌리 깊은 열등감이다. 설혹 외형적으로 성공한다 하더라도 그러한 성공이 마음속 깊은 근원적 문제에까지 영향을 미치지는 못한다.

확신인간은 결코 타인에 의해 통제받지 않겠다는 성격적 특징을 갖는다. 인간은 누구나 현실 사회에서, 특히 타인과의 관계에서 자제심을 배울 수밖에 없다. 그러나 이들은 쉽게 자제심을 잃고 미친 사람처럼 행동한다. 심각한 문제는 그 후에도 이들은 전혀 반성하지 않고 이를 '당연하다.'고 생각한다는 점이다. 확신인간에게 분노와 같은 격렬한 감정의 폭발은 그의 이러한 '당연하다.'는 생각을 강화한다. 당연하다는 생각은 감정폭발에 대한 자기 통제력을 약화시켜 감정폭발을 더욱 강화한다. 이러한 경향이 폭력심리의 기본이며 범죄의 기본이다.

나만의 독해법

흐름	내용

첫 문장	히틀러, 스탈린, 확신인간
정체	이들의 행위에 대한 물음들, 동기, 근거, 신
신호등	확신인간은 이상주의자
급정거	자기와 밀접한 관계의 사람이 자신을 버리면 공황상태에 빠짐
가속	행실을 고침, 알코올 중독, 자살
서행	자기감정을 통제하지 못함, 열등감, 외형적 성공이 근원적 문제에 영향 못 미침
서행	타인에 의해 통제받지 않겠다는 특징
급정거	자제심 잃고 미친 사람처럼 행동
서행	이후에도 반성하지 않음, 격렬한 감정폭발은 이런 생각을 강화
서행	폭력심리와 범죄의 기본

| 문제 1 |

제2차 세계대전 이후 미국과 소련은 우주기술, 특히 로켓기술로 눈을 돌리게 되었다. 소련과 미국이 치열하게 우주개발 경쟁을 하는 사이에 1957년 10월, 소련이 먼저 인류 최초의 인공위성 스푸트니크 1호를 발사해 우주궤도에 올리는 데 성공했다. 큰 충격을 받은 미국은 그로부터 20일 후 인공위성 발사를 시도했지만 실패했다. 1958년 1월 미국은 드디어 익스플로러 1호 인공위성을 발사하는 데 성공했다.

하지만 미국이 첫 인공위성 발사에 급급한 사이 소련은 1957년 11월 스푸트니크 2호에 '라이카'라는 개를 탑승시켜 동물의 첫 우주비행을 성공시켰다. 생물이 우주비행을 할 수 있다는 것을 확인한 소련은 그 후 1961년 4월 보스토크 1호에 인류 최초로 사람을 태워 우주비행을 성공시켰다. 소련은 최초 인공위성 발사뿐만 아니라 최초 유인 우주비행까지 성공해 미국과의 우주개발 경쟁에서 앞서 나가고 있었다.

이에 맞서 미국은 항공우주국(NASA)을 설립(1958년 10월)하며 우주개발에 본격적으로 뛰어들었다. 지속되는 경쟁 가운데 소련과 미국의 다음 경쟁목표는 달이었다. 두 나라는 달을 향해 수많은 탐사선 발사를 시도했다. 결과적으로 아폴로 11호에 탑승한 닐 암스트롱이 달에 첫발을 내딛으며 달 착륙 경쟁에서는 미국이 승리했다. 소련과 미국이 우주개발에 치열한 경쟁을 벌이는 사이 여러 나라가 우주개발에 참여해 그 뒤를 추격하기 시작했다.

나만의 독해법

흐름	내용

컴퓨터그래픽스(Computer Graphics)는 디지털 기술을 기반으로 한 화상의 전반을 일컫는 표현이며, 편의상 CG 혹은 CGI(Computer Generated Imagery)라 칭한다. CG는 디지타이저(Digitizer)를 통해 입력한 이미지를 단순 변형시키는 작업에서부터 3차원 모델링까지 매우 다양한 형태로 발전해 왔다. 영화 〈스타워즈 : 에피소드 4-새로운 희망(1977)〉에서 처음 활용되었는데, 미니어처의 제작만으로는 그 공상과학적 효과가 불가능했을 '죽음의 별'을 구현하기 위해서다. CG는 특히 영상의 합성 및 캐릭터의 변태 그리고 폭발 등 다양한 효과를 가능케 한다. 때문에 CG는 극영화보다 애니메이션에서 더욱 빠른 기술의 발달을 보였다. 〈토이스토리〉는 온전히 CG 렌더링으로만 제작된 최초의 작품이다. 한국영화에서는 〈구미호〉가 인물의 변신을 형상화하기 위한 기법으로 모핑(Morphing)을 최초로 사용했다.

CG의 장점으로는 특수 분장이나 모델링 같은 아날로그 방식으로 구현이 불가능한 초현실적 미장센을 창조할 수 있다는 점이 있다. CG는 또한 자유로운 변형과 수정을 통해 더욱 더 정교하고 스펙터클한 영상을 사실적으로 그려낼 수도 있다. 이렇게 CG는 이미지의 역설을 양분으로 하고 있는데, 비현실적 상상을 마치 실상인 것처럼 구현해내기 때문이다. 비현실의 시각적 사실성이라는 형용모순을 기반으로 CG는 오늘날 SF 장르와 같이 형식주의를 지향하는 영화에서는 필수다.

나만의 독해법

흐름	내용

고대로부터 통치문제의 핵심은 어떠한 통치방식이 공동체를 안정되게 하고 국민을 행복하게 하는가였다. 여기서 중요한 것은 국민 전체의 '이익'을 누구의 '의사'에 따라 판단하느냐이다. 오늘날에는 세습제 군주의 의사에 따라 국민의 이익을 판단하는 것이 아니라 국민의 의사에 따라 국민의 이익을 판단하는 것을 당연하게 여기고 있다. 그런데 이러한 국민의 의사는 두 가지로 파악될 수 있다.

하나는 현실에 표출되어 경험적으로 확인할 수 있는 '경험적 의사'이다. 경험적 의사는 현실의 어떤 사안에 대하여 표출된 찬성 또는 반대의 의견으로 나타난다. 이러한 의사에 따른 결정은 전체 국민에게 이익이 되는 경우도 있고 불이익이 되는 경우도 있다. 다른 하나는 '추정적 의사'로서 전체 국민에게 이익이 되는 결정을 의사의 측면에서 파악하는 개념이다. 즉, 추정적 의사는 전체 국민에게 항상 이익이 되는 결정으로서 개개인이 개별적 이익을 떠나 전체 국민의 이익을 진지하게 고려하여 정확하게 판단한다면 이르게 될 것으로 추정되는 의사이다. 이러한 의사는 국민들 개별의 이해관계를 떠나 전체 국민에게 이익이 되는 방향으로 최종적으로 도달하는 결정으로서 대의제도에서 대표자가 정책결정과정에서 도달하여야 하는 결론이기도 하다.

나만의 독해법

흐름	내용

헌법재판에서 재판부의 사건심리가 끝나면 결정을 하기 위해 재판관회의에서 평의(評議)를 하게 된다. 평의는 재판관들 내부의 집단적인 의사결정과정이기 때문에 헌법재판에서 매우 중요한 부분을 이룬다. 평의의 절차와 방법은 헌법재판소법에서 구체적으로 규정하지 않아 헌법재판소의 실무관행으로 확립되어 있다.

평의를 위한 재판관회의가 소집되면 먼저 주심재판관이 사건에 대한 검토내용을 요약하여 발표하고 재판관들이 검토한 내용에 따라 의견교환을 하고 최종적으로는 결정을 하기 위한 표결을 하는데 이 표결을 평결(評決)이라고 한다.

평결을 하는 방법에는 적법요건에 관한 판단(본안 전 판단)과 실체적 요건에 관한 판단(본안 판단)을 구별해서 쟁점별로 단계적으로 표결해서 결론을 이끌어 내는 방법과 두 가지 쟁점을 구별하지 않고 주문에 초점을 맞추어 함께 표결해서 주문을 결정하는 방법의 두 가지가 있다. 전자를 쟁점별 평결방식, 후자를 주문별 평결방식이라고 한다. 본안 전 판단과 본안 판단을 분리하여 순차적으로 표결하는가 아니면 이를 분리하지 않고 동시에 같이 표결하는가에 따라 이를 순차표결과 동시표결이라고 부르기도 한다.

나만의 독해법

흐름	내용

24 글을 쓴 이유, 마지막 문장

1 대표지문

종자와 농약을 생산하는 대기업들은 자신들이 유전자 기술로 조작한 종자가 농약을 현저히 적게 사용해도 되기 때문에 농부들이 더 많은 이윤을 낼 수 있다고 주장하였다. 그러나 미국에서 유전자 변형 작물을 재배한 16년(1996~2011년) 동안의 농약 사용량을 살펴보면, 이 주장은 사실이 아님을 알 수 있다.

유전자 변형 작물은 해충에 훨씬 더 잘 견디는 장점이 있다. 유전자 변형 작물이 해충을 막기 위해 자체적으로 독소를 만들어내기 때문이다. 독소를 함유한 유전자 변형 작물을 재배함으로써 일반 작물 재배와 비교하여 16년 동안 살충제 소비를 약 56,000톤 줄일 수 있었다. 그런데 제초제의 경우는 달랐다. 처음 4~5년 동안에는 제초제의 사용이 감소하였다. 그렇지만 전체 재배 기간을 고려하면 일반 작물 재배와 비교할 때 약 239,000톤이 더 소비되었다. 늘어난 제초제의 양에서 줄어든 살충제의 양을 빼면 일반 작물 재배와 비교하여 농약 사용이 재배 기간 16년 동안 183,000톤 증가했다.

M사의 제초제인 글리포세이트에 내성을 가진 유전자 변형 작물을 재배하기 시작한 농부들은 그 제초제를 매년 반복해서 사용했다. 이로 인해 그 지역에서는 글리포세이트에 대해 내성을 가진 잡초가 생겨났다. 이와 같이 제초제에 내성을 가진 잡초를 슈퍼잡초라고 부른다. 유전자 변형 작물을 재배하는 농지는 대부분 이러한 슈퍼잡초로 인해 어려움을 겪게 되었다. 슈퍼잡초를 제거하기 위해서는 제초제를 더 자주 사용하거나 여러 제초제를 섞어서 사용하거나 아니면 새로 개발된 제초제를 사용해야 한다. 이로 인해 농부들은 더 많은 비용을 지불할 수밖에 없었다.

나만의 독해법

흐름	내용

첫 문장	대기업들은 유전자 조작 종자가 농약을 덜 사용하게 한다고 주장
급정거	실제 사용량에 따르면 사실이 아님
신호등	유전자 변형 작물이 해충에 잘 견딤
가속	16년 동안 살충제 소비 줄임
급정거	제초제의 사용량은 줄어들었다가 다시 늘어 총량은 증가함
서행	내성을 가진 잡초가 생겨남, 슈퍼잡초
정지	제초제를 더 많이 사용하여 더 많은 비용 지불

🔍 **독해 고수의** 팁

지문에 수치가 주어져 있는 경우는 글을 읽기 전에 먼저 선택지를 가볍게 쓱 살펴보는 것이 선행되어야 한다. 만약 선택지를 살펴보았는데 숫자가 등장하는 선택지가 없다면 지문을 읽을 때에 그 수치들을 꼼꼼하게 살펴볼 필요가 없기 때문이다. 물론, 숫자를 말로 돌려 표현하는 경우도 존재하지만 그런 경우는 선택지를 판단하면서 다시 살펴보면 되며 대부분의 경우는 그 수치들의 의미만을 파악하는 것으로 충분하다.

실전문제   ⏱ 제한시간 : 20초   ⏳ 소요시간 :   초

다음 글에서 추론할 수 있는 것은?

① 유전자 변형 작물을 재배하는 지역에서는 모든 종류의 농약 사용이 증가했다.
② 유전자 변형 작물을 도입한 해부터 그 작물을 재배하는 지역에 슈퍼잡초가 나타났다.
③ 유전자 변형 작물을 도입한 후 일반 작물 재배의 경우에도 살충제의 사용이 증가했다.
④ 유전자 변형 작물 재배로 슈퍼잡초가 발생한 지역에서는 작물 생산 비용이 증가했다.
⑤ 유전자 변형 작물을 재배하는 지역과 일반 작물을 재배하는 지역에서 슈퍼잡초의 발생 정도가 비슷했다.

[정답] ④
슈퍼잡초를 제거하기 위해서 제초제를 더 자주 사용하는 등의 부작용으로 인해 농부들이 더 많은 비용을 지불할 수밖에 없었다고 하였으므로 옳은 내용이다.

[오답분석]
① 유전자 변형 작물을 재배하는 지역에서는 일반 작물 재배와 비교하여 살충제 소비가 줄어들었다고 하였다. 따라서 최소한 살충제는 증가하지 않은 것을 확인할 수 있으므로 모든 종류의 농약 사용이 증가하였다고 볼 수는 없다.
② 유전자 변형 작물을 재배하던 농부들이 제초제를 매년 반복해서 사용하자 글리포세이트에 내성을 가진 잡초가 생겨났다고 하였다. 따라서 최소 몇 년 후부터 슈퍼잡초가 나타났다고 추론할 수 있다.
③ 유전자 변형 작물을 재배한 이후 16년간 일반 작물 재배와 비교하여 살충제 소비가 약 56,000톤 줄었다고 하였으나, 일반 작물 재배의 경우는 어떠하였는지에 대해서는 언급하고 있지 않다.
⑤ 제시문을 통해서 유전자 변형 작물을 재배하는 지역에서 슈퍼잡초가 발생했다는 사실은 알 수 있으나 일반 작물을 재배하는 지역에서도 그러한지는 알 수 없다.

안심Touch

| 문제 1 | ⏱ 제한시간 : 30초 ⏳ 소요시간 :   초

1890년대에 이르러 어린이를 의료 실험 대상에서 배제시켜야 한다는 주장이 대두되었다. 그 주장의 핵심적인 근거는 어린이가 의료 실험과 관련하여 제한적인 동의능력만을 가지고 있다는 것이었다. 여기서 동의능력이란 충분히 자율적인 존재가 제안된 실험의 특성이나 위험성 등에 대한 적절한 정보를 인식하고 그것에 기초하여 그 실험을 자발적으로 받아들일 수 있는 능력을 일컫는다. 그렇기 때문에 어린이를 실험 대상으로 하는 연구는 항상 도덕적 논란을 불러일으켰고, 1962년 이후 미국에서는 어린이에 대한 실험이 거의 시행되지 않았다. 이러한 상황에서 1968년 미국의 소아 약물학자 셔키는 다음과 같은 '도덕적 딜레마 논증'을 제시하였다. 어린이를 실험 대상에서 배제시키면 어린이 환자 집단에 대해 충분한 실험을 하지 않은 약품들로 어린이를 치료하게 되어 어린이를 더욱 커다란 위험에 몰아넣게 된다. 따라서 어린이를 실험 대상에서 배제시키는 것은 도덕적으로 올바르지 않다. 반면, 어린이를 실험 대상에서 배제시키지 않으면 제한적인 동의능력만을 가진 존재를 실험 대상에 포함시키게 된다. 제한된 동의능력만을 가진 이를 실험 대상에 포함시키는 것은 도덕적으로 올바르지 않다. 따라서 어린이를 실험 대상에 포함시키는 것은 도덕적으로 올바르지 않다. 우리의 선택지는 어린이를 실험 대상에서 배제시키거나 배제시키지 않는 것뿐이다. 결국 어떠한 선택을 하든 도덕적인 잘못을 저지를 수밖에 없다.

나만의 독해법

흐름	내용

🔍 독해 고수 따라잡기

첫 문장	어린이를 의료 실험 대상에서 배제시켜야 함
서행	제한적인 동의능력
가속	적절한 정보에 기초하여 자발적으로 받아들이는 능력
가속	도덕적 논란, 1962년 이후 미국에서는 거의 시행 안 됨
신호등	도덕적 딜레마 논증
서행	어린이를 배제시키면 오히려 어린이가 위험, 도덕적으로 올바르지 않음
서행	배제시키지 않으면 제한적인 동의능력 가진 존재를 포함, 올바르지 않음
정지	둘다 도덕적으로 올바르지 않음

이제 '나'는 사람들이 동물실험의 모순적 상황을 직시하기를 바랍니다. 생리에 대한 실험이건, 심리에 대한 실험이건, 동물을 대상으로 하는 실험은 동물이 어떤 자극에 대해 반응하고 행동하는 양상이 인간과 유사하다는 것을 전제합니다. 동물실험을 옹호하는 측에서는 인간과 동물이 유사하기 때문에 실험결과에 실효성이 있다고 주장합니다. 그런데 설령 동물실험을 통해 아무리 큰 성과를 얻을지라도 동물실험 옹호론자들은 중대한 모순을 피할 수 없습니다. 그들은 인간과 동물이 다르다는 것을 실험에서 동물을 이용해도 된다는 이유로 제시하고 있기 때문입니다. 이것은 명백히 모순적인 상황이 아닐 수 없습니다. 이러한 모순적 상황은 영장류의 심리를 연구할 때 확연히 드러납니다. 최근 어느 실험에서 심리 연구를 위해 아기 원숭이를 장기간 어미 원숭이와 떼어놓아 정서적으로 고립시켰습니다. 사람들은 이 실험이 우울증과 같은 인간의 심리적 질환을 이해하기 위한 연구라는 구실을 앞세워 이 잔인한 행위를 합리화하고자 했습니다. 즉, 이 실험은 원숭이가 인간과 유사하게 고통과 우울을 느끼는 존재라는 사실을 가정하고 있습니다. 인간과 동물이 심리적으로 유사하다는 사실을 인정하면서도 사람에게는 차마 하지 못할 잔인한 행동을 동물에게 하고 있는 것입니다.

또한, 동물의 피부나 혈액을 이용해서 제품을 실험할 때, 동물실험 옹호론자들은 이 실험이 오로지 인간과 동물 사이의 '생리적 유사성'에만 바탕을 두고 있을 뿐이라고 변명합니다. 이처럼 인간과 동물이 오로지 '생리적'으로만 유사할 뿐이라고 생각한다면, 이는 동물실험의 모순적 상황을 외면하는 것입니다.

나만의 독해법

흐름	내용

독해 고수 따라잡기

첫 문장	동물실험의 모순적 상황
서행	자극에 대한 반응과 행동양상이 인간과 유사하다는 전제
가속	옹호 측은 인간과 유사하므로 실효성 있음
급정거	인간과 동물이 다르므로 동물실험이 가능하다는 모순
신호등	영장류의 심리 연구
가속	아기 원숭이 고립, 우울증 연구
서행	원숭이가 인간과 유사하게 고통과 우울을 느끼는 존재
서행	사람에게는 하지 못할 행동
신호등	피부나 혈액실험, 생리적 유사성
정지	동물실험의 모순적 상황 외면

③ 60초 독해연습

| 문제 1 |

유럽과 미국에서 매년 두 차례 개최되는 SC(Supercomputing Conference)에서 선정한 연산속도 500위 이내의 컴퓨터를 슈퍼컴퓨터라고 정의한다. 그래서 슈퍼컴퓨터는 특정 모델을 의미하는 것이 아니라 당대 최고의 연산 능력을 가진 컴퓨터를 의미한다. 만일 지금 사용하는 컴퓨터도 40년 전이었다면 충분히 슈퍼컴퓨터 대접을 받을 수 있었을 것이다. 이처럼 슈퍼컴퓨터는 절대적인 개념이 아니라 기술의 발전에 따라 바뀌게 된다.

항공모함의 경우 가장 큰 항공모함을 슈퍼캐리어(Supercarrier)라고 정의하는 점은 컴퓨터와 일견 비슷하다. 그러나 제2차 대전 당시만 해도 당대 최대의 항공모함들을 특별히 슈퍼캐리어라고 칭하지는 않았다. 사실 슈퍼컴퓨터처럼 학술적으로 규정된 명확한 기준이 있는 것도 아니고 단지 비공식적인 구분이지만 일반적으로 슈퍼캐리어는 제2차 대전 후 본격 등장한 만재배수량 70,000톤 이상의 초대형 항공모함을 의미한다.

비록 이러한 기준이 주관적인 것일 수도 있겠지만 이 정도 이상을 슈퍼캐리어라고 보는데 전문가들도 크게 이의를 제기하지 않는다. 그런데 현재 슈퍼캐리어라고 부르는 괴물을 보유하고 운용하는 나라는 미국이 유일하다. 2017년, 영국 해군의 신예 항공모함 퀸엘리자베스(Queen Elizabeth)가 취역하면 이런 프레임이 바뀌게 되겠지만, 지금까지 슈퍼캐리어는 제2차 대전 후 등장한 미국의 정규 항공모함을 의미한다.

나만의 독해법

흐름	내용

골드러시로 미국 서부의 인구가 폭증했다. 북아메리카와 유럽, 중국에서 온 채굴자들이 모두 이곳으로 몰렸기 때문이다. 이 골드러시 속에서도 중국인들은 수적인 면에서 단연 최고였다. 1849 ~ 1882년까지 약 30만 명의 중국인들이 미국으로 몰려들어 대부분 서부 각지에 자리 잡았다. 이는 중국 역사상 최대의 이민물결이었다. 샌프란시스코의 중국인들은 주로 광산에서 일했으며 지역 경제발전에 큰 공을 세웠다. 그러나 정치적인 세력이 없었던 이민자들은 착취당하는 최하층에 머무를 수밖에 없었다. 미국 백인들은 불평 없이 일만 하는 화교들 때문에 일자리가 줄어든다고 여겨 정부가 화교 축출 정책을 취하도록 압력을 행사했다. 그리하여 미국 정부는 황금을 찾기 위해 서부로 향하는 외국인에게 매달 20달러의 채광세를 받는 법안을 통과시켰다.

1857년 오스트레일리아에서 골드러시의 물결에 합류한 중국인들은 4만 명에 달했다. 그들은 모두 금광에서 일했으며 금광 인부의 6분의 1을 차지했다. 당시 중국인들은 기술도 없고 공구도 매우 간단하여 백인들과 금광 개발 주도권을 다툴 처지가 못 되었다. 그저 백인들의 눈에 차지 않거나 폐기된 금광에서 채굴을 하는 수밖에 없었다. 중국인들은 오스트레일리아에서 상상하기 어려운 핍박과 모욕을 당했다. 그들은 재산을 강탈당하고, 구타를 당했으며 누추한 거처마저 백인들의 공격에 풍비박산이 나고 내쫓겼다. 가장 규모가 큰 폭행은 1861년에 일어났다. 레밍플랫에서 약 3천 명의 백인들이 아무런 방어수단도 갖추지 않은 중국인들을 공격하여 모든 것을 파괴하고 돈이 되는 물건이라면 닥치는 대로 약탈했다.

나만의 독해법

흐름	내용

길이를 나타내는 단위로는 여러 가지가 있다. 국제단위계(SI)에서 길이를 나타내는 기본 단위는 미터(m)인데, 미터는 지구 둘레를 4,000만으로 나눈 길이이다. 미터의 정의에 따라 지구 둘레는 40,000km가 된다. 근래에 다시 빛이 진공에서 1/299,792,458초 동안 진행한 경로의 길이가 1미터로 정의되었다. 이 외에도 신체를 사용해 길이를 나타내는 인치(inch), 피트(feet), 야드(yard), 마일(mile) 등의 단위가 있다. 인치는 'one'이라는 의미를 가지고 있어 엄지손가락의 길이를 나타내며, 1인치＝엄지손가락길이＝2.54cm가 된다. 피트의 어원은 발(foot)의 복수형이며 사람의 발 길이에서 유래했으며, 그 기준은 12인치의 발 크기를 가진 영국의 왕 헨리 1세의 발이라고 한다. 야드는 헨리 1세가 "내 팔을 앞으로 쭉 뻗었을 때 코끝에서 손끝까지의 길이를 1야드로 정한다."고 발표한 것이 그 유래라고 한다. 야드는 장대, 지팡이, 나뭇가지의 의미를 가지고 있었으며, 1야드는 3피트에 해당한다. 마일의 의미는 '1,000'이며 로마 군인들이 행군을 하면서 만들어진 단위로 '천 걸음(a Thousand Paces)'을 마일이라고 하는데, 여기서 'One Pace'는 한 걸음이 아닌 오른발, 왼발 두 발이 한 번씩 움직인 거리를 의미한다. 즉, 우리 식으로 보면 2천 걸음이 1마일이 되며, 1마일＝1,760야드이다.

나만의 독해법

흐름	내용

국회의원이 지역구에서 선출되더라도 추구하는 목표는 지역구의 이익이 아닌 국가 전체의 이익이어야 한다는 원리는 이미 논쟁의 단계를 넘어선 확립된 원칙으로 자리 잡고 있으며 이러한 원칙은 양원제가 아닌 단원제를 채택하고 있는 우리 헌법 하에서도 동일하게 적용된다. 따라서 국회를 구성함에 있어 국회의원의 지역대표성이 고려되어야 한다고 할지라도 이것이 국민주권주의의 출발점인 투표가치의 평등보다 우선시 될 수는 없다.

더구나 지금은 지방자치제도가 정착되어 지역대표성을 이유로 헌법상 원칙인 투표가치의 평등을 현저히 완화할 필요성 또한 예전에 비해 크지 않다. 국회의원의 지역대표성은 지방자치단체의 장이나 지방의회의원이 가지는 지역대표성으로 상당 부분 대체되었다고 할 수 있다. 특히, 현 시점에서 중대한 당면과제로 대두하고 있는 빈곤층 보호를 위한 안전망 구축, 전체적인 소득 불균형의 해소, 노년층의 증가에 따른 대응책 마련과 같은 국가적 차원의 문제는 국회의원들만이 해결할 수 있는 것임에 반해 특정 지역 내에서의 편의시설 마련이나 인프라 구축 등과 같은 문제는 지방자치제도가 정착된 상황에서는 지방자치단체의 장이나 지방의회가 주도적으로 해결할 수 있으므로 국회의원의 지역대표성을 이유로 민주주의의 근간을 이루는 선거권의 평등을 희생하기보다는 투표가치의 평등을 실현하여 민주주의의 발전을 위한 토양을 마련하는 것이 보다 중요하다고 할 것이다.

나만의 독해법

흐름	내용

25 교과서 느낌을 주는 글들

1 대표지문

미국과 영국은 1921년 워싱턴 강화회의를 기점으로 태평양 및 중국에 대한 일본의 침략을 견제하기 시작하였다. 가중되는 외교적 고립으로 인해 일본은 광물과 곡물을 수입하는 태평양 경로를 상실할 위험에 처하였다. 이에 대처하기 위해 일본은 식민지 조선의 북부 지역에서 광물과 목재 등 군수산업 원료를 약탈하는 데 주력하게 되었다. 콩 또한 확보해야 할 주요 물자 중 하나였는데, 콩은 당시 일본에서 선호하던 식량일 뿐만 아니라 군수산업을 위한 원료이기도 하였다.

일본은 확보된 공업 원료와 식량 자원을 자국으로 수송하는 물류 거점으로 함경도를 주목하였다. 특히 청진·나진·웅기 등 대륙 종단의 시발점이 되는 항구와 조선의 최북단 지역이던 무산·회령·종성·온성을 중시하였다. 또한, 조선의 남부 지방에서는 면화, 북부 지방에서는 양모 생산을 장려하였던 조선총독부의 정책에 따라 두만강을 통해 바로 만주로 진출할 수 있는 회령·종성·온성은 양을 목축하는 축산 거점으로 부상하였다. 일본은 만주와 함경도에서 생산된 광물자원과 콩, 두만강변 원시림의 목재를 일본으로 수송하기 위해 함경선, 백무선 등의 철도를 잇따라 부설하였다. 더불어 무산과 회령, 경흥에서는 석탄 및 철광 광산을 본격적으로 개발하였다. 이에 따라 오지의 작은 읍이었던 무산·회령·종성·온성의 개발이 촉진되어 근대적 도시로 발전하였다. 일본의 정책들은 함경도를 만주와 같은 경제권으로 묶음으로써 조선의 다른 지역과 경제적으로 분리시켰다.

철도 부설 및 광산 개발을 위해 일본은 조선 노동자들을 강제 동원하였고, 수많은 조선 노동자들이 강제 노동 끝에 산록과 땅 속 깊은 곳에서 비참한 삶을 마쳤다. 1935년 회령의 유선탄광에서 폭약이 터져 800여 명의 광부가 매몰돼 사망했던 사건은 그 단적인 예다. 영화 「아리랑」의 감독 겸 주연이었던 나운규는 그의 고향 회령에서 청진까지 부설되었던 철도 공사에 조선인 노동자들이 강제 동원되어 잔혹한 노동에 혹사되는 참상을 목도하였다. 그때 그는 노동자들이 부르던 아리랑의 애달픈 노랫가락을 듣고 영화 「아리랑」의 기본 줄거리를 착상하였다.

나만의 독해법

흐름	내용

독해 고수 따라잡기

첫 문장	미국과 영국이 워싱턴 강화회의 기점으로 일본 침략 견제
가속	일본은 태평양 경로 상실위험, 조선 북부에서 원료 약탈
가속	콩 확보 물자, 콩 군수산업의 원료
신호등	일본은 물류 거점으로 함경도 주목
정체	일본이 중시한 지역들(항구, 최북단지역, 축산거점)
정체	철도, 철광광산, 도시 발전
서행	함경도를 만주와 묶어 다른 조선 지역과 분리
신호등	강제 동원, 비참한 삶
서행	회령 유선탄광 광부 매몰
서행	나운규 아리랑의 배경

독해 고수의 팁

두 번째 단락과 같이 여러 항목이 나열되는 경우 세부 항목을 모두 분류하며 정리하는 것은 무의미하다. 예를 들어, 제시문에서는 많은 도시명이 등장하는데 이것들은 결국 '대륙 종단의 시발점이 되는 항구, 최북단 지역, 축산 거점, 철도, 철광 광산'으로 정리되었음을 알 수 있다. 제시문을 읽을 때에는 딱 여기까지만 정리하는 것으로 족하며 실제 시험 문제들도 이 이상 깊게 들어가지 않는다. 따라서 평소에도 문제를 풀 때에도 의식적으로 이런 부분은 최대한 빠르게 통과하는 습관을 들이도록 하자.

실전문제

⏱ 제한시간 : 20초   ⧗ 소요시간 :   초

다음 글에서 추론할 수 없는 것은?

① 영화 「아리랑」 감독의 고향에서 탄광 폭발사고가 발생하였다.
② 조선 최북단 지역의 몇몇 작은 읍들은 근대적 도시로 발전하였다.
③ 축산 거점에서 대륙 종단의 시발점이 되는 항구까지 부설된 철도가 있었다.
④ 군수산업 원료를 일본으로 수송하는 것이 함경선 부설의 목적 중 하나였다.
⑤ 일본은 함경도를 포함하여 한반도와 만주를 같은 경제권으로 묶는 정책을 폈다.

정답 ⑤
일본의 정책들은 함경도를 만주와 같은 경제권으로 묶음으로써 조선의 다른 지역과 경제적으로 분리시켰다고 하였으므로 옳지 않은 내용이다.

오답분석
① 1935년 회령의 유선탄광에서 폭약이 터져 800여 명의 광부가 매몰돼 사망했던 사건이 있었다는 부분과 나운규의 고향이 회령이라고 언급된 부분을 통해 알 수 있는 내용이다.
② 조선의 최북단 지역인 오지의 작은 읍이었던 무산·회령·종성·온성의 개발이 촉진되어 근대적 도시로 발전하였다는 부분을 통해 알 수 있는 내용이다.
③ 청진·나진·웅기 등이 대륙 종단의 시발점이 되는 항구라고 하였고, 회령·종성·온성이 양을 목축하는 축산 거점으로 부상하였다고 언급되어 있다. 그리고 「아리랑」의 기본 줄거리가 착상된 배경이 나운규의 고향인 회령에서 청진까지 부설되었던 철도 공사라고 하였다.
④ 일본이 식민지 조선의 북부 지역에서 광물과 목재 등 군수산업 원료를 약탈하는 데 주력하게 되었고, 이를 위해 함경도에서 생산된 광물자원과 콩, 두만강변 원시림의 목재를 일본으로 수송하기 위해 함경선, 백무선 등의 철도를 부설하였다고 하였으므로 옳은 내용이다.

2 기본독해

| 문제 1 |

최근 다도해 지역을 해양사의 관점에서 새롭게 주목하는 논의가 많아졌다. 그들은 주로 다도해 지역의 해로를 통한 국제 교역과 사신의 왕래 등을 거론하면서 해로와 포구의 기능과 해양 문화의 개방성을 강조하고 있다. 한편 다도해는 오래 전부터 유배지로 이용되었다는 사실이 자주 언급됨으로써 그동안 우리에게 고립과 단절의 이미지로 강하게 남아 있다. 이처럼 다도해는 개방성의 측면과 고립성의 측면에서 모두 조명될 수 있다. 이는 섬이 바다에 의해 격리되는 한편 그 바다를 통해 외부 세계와 연결되기 때문이다.

다도해의 문화적 특징을 말할 때 흔히 육지에 비해 옛 모습의 문화가 많이 남아 있다는 점이 거론된다. 섬이 단절된 곳이므로 육지에서는 이미 사라진 문화가 섬에는 아직 많이 남아 있다고 여기는 것이다. 또한, 섬이라는 특수성 때문에 무속이 성하고 마을굿도 풍성하다고 생각하는 이들도 있다. 이런 견해는 다도해를 고립되고 정체된 곳이라고 생각하는 관점과 통한다. 실제로는 육지에도 무당과 굿당이 많은데도 관념적으로 섬을 특별하게 여기는 것이다.

이런 관점에서 '진도 다시래기'와 같은 축제식 장례 풍속을 다도해 토속 문화의 대표적인 사례로 드는 경우도 있다. 지금도 진도나 신안 등지에 가면 상가(喪家)에서 노래하고 춤을 추며 굿을 하는 것을 볼 수 있는데, 이런 모습은 고대 역사서의 기록과 흡사하므로 그 풍속이 고풍스러운 것은 분명하다. 하지만 기존 연구에서 밝혀졌듯이 진도 다시래기가 지금의 모습을 갖추게 된 데에는 육지의 남사당패와 같은 유희 유랑 집단에서 유입된 요소들의 영향도 적지 않다. 이런 연구 결과도 다도해의 문화적 특징을 일방적인 관점에서 접근해서는 안 된다는 점을 시사해 준다.

나만의 독해법

흐름	내용

첫 문장	다도해 지역을 해양사의 관점에서 주목
가속	국제 교역, 사신 왕래, 기능과 개방성
급정거	유배지, 고립과 단절
가속	격리, 연결 모두 가능
신호등	옛 문화가 많이 남아 있음
가속	무속, 마을 굿도 풍성
서행	고립과 정체의 이미지, 관념적으로 특별하게
서행	진도 다시래기, 고풍스러움
급정거	육지의 남사당패에서 유입된 요소들의 영향
정지	일방적 관점의 접근은 안 됨

화이트(H. White)는 19세기의 역사 관련 저작들에서 역사가 어떤 방식으로 서술되어 있는지를 연구했다. 그는 특히 '이야기식 서술'에 주목했는데, 이것은 역사적 사건의 경과 과정이 의미를 지닐 수 있도록 서술하는 양식이다. 그는 역사적 서술의 타당성이 문학적 장르 내지는 예술적인 문체에 의해 결정된다고 보았다. 이러한 주장에 따르면 역사적 서술의 타당성은 결코 논증에 의해 결정되지 않는다. 왜냐하면 논증은 지나간 사태에 대한 모사로서의 역사적 진술의 '옳고 그름'을 사태 자체에 놓여 있는 기준에 의거해서 따지기 때문이다.

이야기식 서술을 통해 사건들은 서로 관련되면서 무정형적 역사의 흐름으로부터 벗어난다. 이를 통해 역사의 흐름은 '발단 – 중간 – 결말'로 인위적으로 구분되어 인식 가능한 전개과정의 형태로 제시된다. 문학 이론적으로 이야기하자면, 사건 경과에 부여되는 질서는 '구성(Plot)'이며 이야기식 서술을 만드는 방식은 '구성화(Emplotment)'이다. 이러한 방식을 통해 사건은 원래 가지고 있지 않던 '발단 – 중간 – 결말'이라는 성격을 부여받는다. 또한, 사건들은 일종의 전형에 따라 정돈되는데, 이러한 전형은 역사가의 문화적인 환경에 의해 미리 규정되어 있거나 경우에 따라서는 로맨스·희극·비극·풍자극과 같은 문학적 양식에 기초하고 있다.

따라서 이야기식 서술은 역사적 사건의 경과 과정에 특정한 문학적 형식을 부여할 뿐만 아니라 의미도 함께 부여한다. 우리는 이야기식 서술을 통해서야 비로소 이러한 역사적 사건의 경과 과정을 인식할 수 있게 된다는 말이다. 사건들 사이에서 만들어지는 관계는 사건들 자체에 내재하는 것이 아니다. 그것은 사건에 대해 사고하는 역사가의 머릿속에만 존재한다.

나만의 독해법

흐름	내용

첫 문장	역사의 서술 방식 연구
가속	이야기식 서술에 주목, 경과 과정에 의미
가속	타당성은 문학적 장르, 예술적인 문체에 의해 결정
서행	논증에 의해 결정되지 않음, 사태 자체의 기준에 의거
신호등	서로 관련, 무정형적 흐름에서 벗어남
가속	인위적 구분, 인식 가능한 전개 과정
가속	질서는 구성, 방식은 구성화, 발단 – 중간 – 결말
서행	전형에 따라 정돈, 미리 규정, 문학적 양식
서행	이야기식 서술은 문학적 형식과 의미 부여
정지	관계는 사건에 내재하지 않음, 역사가의 머릿속에 존재

3 60초 독해연습

| 문제 1 |

와인 병의 용량에 따른 명칭은 19세기 프랑스 상파뉴 지방에서 샴페인의 홍보를 위해 여러 규격의 병을 만든 후 병마다 각기 다른 이름을 사용한 것에서 유래하게 되었다고 한다. 와인 병의 용량이 클수록 더 천천히 오랫동안 숙성할 수 있다. 와인 병 입구의 크기는 용량과 관계없이 비슷하지만 병의 크기가 클수록 와인 부피 대비 와인과 코르크 사이의 공간에 들어 있는 공기 부피의 비율이 낮아져 와인의 숙성 속도를 늦출 수 있기 때문이다.

참석한 연회나 파티에서 얼마만큼의 와인을 마셔야 하는지는 어떻게 계산할까? 많은 케이터러(Caterer)들이 사용하는 일반적인 방법에 따르면 750mL 와인 한 병일 경우 한 사람당 4분의 3병 정도의 양이 적당하다. 즉 식사 전, 식사 중, 식사 후에 마시는 와인이 모두 보통 와인이라면, 1인당 총 네 잔 반 혹은 한 병의 4분의 3 정도를 마시면 된다. 평균적으로 한 사람이 와인 한 잔 분량의 알코올을 분해하는 데 약 한 시간이 걸리기 때문에 세 시간 동안 여섯 잔(바틀 1병)을 마실 경우 체내에 남아 있는 알코올은 와인 세 잔 분량밖에 되지 않는다.

나만의 독해법

흐름	내용

슈나이더(F. Schneider)는 지하경제에 포함되는 내용들을 그 특성에 따라 금전거래와 비금전거래, 합법적 행위와 불법적 행위, 탈세 목적의 행위와 조세회피 목적의 행위로 구분하였다.

불법적 행위는 넓은 의미의 지하경제에 포함되는데 불법적 행위 중 금전적 거래는 장물의 거래, 마약의 제조·판매, 매춘 등과 같이 금전적 대가를 받고 불법적으로 거래하는 것을 말하며 금전적 대가를 받지 않고 그러한 거래를 하는 것도 비금전적 불법거래로 지하경제에 포함된다.

슈나이더는 합법적 행위를 탈세와 조세회피로 분류한다. 그러나 탈세는 그 자체가 불법행위인데 그것을 합법적 행위로 분류하는 것은 불합리하다. 탈세의 예로는 자영업자의 소득 과소신고를 들 수 있다. 또한, 합법적 재화와 용역을 물물교환하는 것은 비금전적 거래로서 탈세를 초래하기도 한다. 조세회피는 세법의 허점 등을 이용하여 법적으로 정당하게 납세의무를 축소시키는 것을 말한다. 그 예로는 종업원이 회사로부터 받는 할인·부가혜택이나 이웃에게 금전적 대가를 받지 않고 도움을 주는 행위가 있다. 이러한 행위는 결과적으로 세금을 적게 내는 효과를 가져오더라도 불법적 행위는 아니다.

나만의 독해법

흐름	내용

민사분쟁을 해결하는 방법으로는 법원에서의 소송을 통해 해결하는 방법과 소송까지 가지 않고 당사자의 합의를 통해 소송보다 절차가 더 간편하고 비용이 더 저렴한 대체적 분쟁해결방법(Alternative Dispute Resolutions)에 의해 해결하는 방법이 있다. 전체 민사분쟁 중에서 소송에 의해 해결되는 민사분쟁의 비율은 나라마다 차이가 있는데, 영국은 미국에 비해 소송을 통해 민사분쟁을 해결하는 비율이 훨씬 낮다. 양국 사이의 이러한 차이는 소송비용을 부담시키는 방법의 차이에서 비롯되는 것이다. 소송비용을 부담시키는 방법에는 두 가지가 있다. 하나는 영국의 경우와 같이 소송에서의 패소자가 승소자의 재판비용까지 부담하도록 하는 패소자 부담(Loser Pays All) 원칙이고, 다른 하나는 미국의 경우와 같이 소송당사자가 재판의 결과에 관계없이 각자가 자신의 소송비용을 부담하도록 하는 개별적 부담(Each Pays His Own) 원칙이다. 영국과 미국이 소송비용의 부담과 관련하여 각각 다른 원칙을 채택하고 있는 것이 소송에 의한 민사분쟁의 해결비율에 차이를 발생시키는 것이다. 왜냐하면 원고와 피고는 소송비용의 부담을 고려하여 민사분쟁을 대체적 분쟁해결방법에 의해 해결할 것인가 아니면 소송을 통해 해결할 것인가를 결정하기 때문이다.

나만의 독해법

흐름	내용

매매에 의한 소유권의 이전도 프랑스, 독일 등 각국의 법규정에 따라 법률효과의 발생을 달리한다. 소유권의 이전이 계약의 효력이냐 아니면 매수인의 대금지급의 효과이냐 아니면 계약의 이행행위인 인도나 등기로 소유권이전의 효력이 발생하는가의 문제이다.

독일법은 매매의 무효, 불성립, 취소를 불문하고 동산은 인도, 부동산은 양도행위와 공부(公簿)에 등기함으로써 소유권이전의 효력이 발생한다. 그러나 프랑스법에서 소유권은 매매계약의 효력으로 이전하며 등기는 제3자에 대한 대항요건에 지나지 않는다. 이와 같이 프랑스와 독일은 매매에 의한 동산과 부동산의 소유권 이전방식을 달리하고 있다.

매도인이 매매계약 후에 목적물을 인도 또는 매수인이 등기하기 전에 동일물을 제3자에게 재차 매각하여 제3자가 점유를 취득하거나 등기를 마친 경우에 제3자는 소유권을 취득하는가에 관하여 프랑스와 독일은 법적 규제를 달리하고 있으나, "이중매매의 양수인이 선의인 때에는 목적물의 소유권을 취득한다."는 결과는 동일하다.

독일법은 양도인이 부동산을 처분한 경우에도 양수인이 등기하지 않고 있는 기간 중에는 양도인이 계속 소유자로서 목적물을 유효히 처분할 수 있는 법적 지위에 있다고 한다. 그러나 프랑스법은 매도인이 아니라 제3자의 입장에서 법률관계를 구성하여 제3자는 목적물의 인도 또는 등기를 신뢰한 선의자이므로 소유권을 취득할 수 있다고 한다.

나만의 독해법

흐름	내용

MEMO

I wish you the best of luck!

03

필수 모의고사

제 **1** 회

모의고사

모바일
OMR
답안분석
서비스

🕐 응시시간 : 30분   📋 문항 수 : 20문항

정답 및 해설 p.2

01 다음 글의 내용과 일치하지 않는 것은?

동남아시아 고전 시대의 통치 체제를 설명할 때 통상 사용되는 용어는 만다라다. 만다라는 본래 동심원을 뜻하는 불교 용어인데 동남아의 통치 체제를 설명하기 위해 차용되었다. 통치 체제로서의 만다라는 내부로부터 외부로 점차 나아갈수록 왕의 세력이 약화되는 모습을 형상화한 여러 개의 동심원들이 배열되어 있는 형태를 뜻한다. 간단하게 말해서 만다라는 왕의 힘이 유동적으로 움직이는 공간을 뜻하기 때문에 만다라적 통치 체제에서는 국경 개념이 희미해진다.

한 왕의 세력 범주 내에 있는 백성들은 왕에게 충성을 바치고 부역과 조세의 의무를 지지만, 만일 왕이 하늘로부터 위임 받은 카리스마를 상실했다고 판단되면 외곽의 동심원에 있는 백성들부터 느슨한 경계를 넘어 다른 만다라로의 이주가 자유롭게 일어났다. 만다라적 통치 체제에서의 왕은 백성들에게 카리스마를 유지하기 위해 자신이 하늘로부터 계시를 받은 자, 즉 신과 인간의 중간자임을 보여주는 화려한 제왕의 의식, 군무행진 등을 정기적으로 시행했다. 또한, 각종 보석과 마법이 담겨 있다고 여겨지는 무기들을 보유하여 권위를 과시했다.

이러한 만다라적 통치 체제로 미루어 볼 때, 캄보디아의 앙코르와트 사원을 통해 유추해 볼 수 있는 앙코르 왕국의 왕권은 예외적이라고 평가되었다. 유명한 역사학자 토인비는 거대한 앙코르와트 사원 근처에 놓인 바레이라 불리는 저수지를 농업을 위한 관개시설이라 보고 앙코르와트를 이집트의 피라미드 건설과 같은 맥락으로 이해했다. 그는 농업을 위한 관개의 필요라는 도전을 받아 앙코르인이 저수지 건설이라는 응전을 한 것으로 보았다. 그 결과로 앙코르의 왕은 중앙 집중화된 왕권의 기초를 다졌고, 왕국의 막강한 정치력을 앙코르와트 사원을 통해 드러내고 있다고 분석했다.

그런데 몇 년 전 토인비의 의견을 뒤집는 학설이 제기되었다. 액커라는 지리학자는 바레이의 용량을 재어 보고는 그것이 관개시설로 사용될 만큼의 규모가 아니며, 바레이가 사원을 정4방으로 둘러싼 위치를 보건대 앙코르와트 사원은 종교적인 목적과 관련이 있다는 소견을 내었다. 그의 의견에 따르면 앙코르와트 사원 부근의 바레이는 힌두교의 신들이 산다는 인도의 메루산(히말라야산) 주변에 있는 네 개의 호수를 상징화한 것이다. 앙코르의 왕은 사원 건립을 통해서 신과 인간의 중개자 역할을 자처하였다고 본 것이다.

① 만다라적 통치 체제에서는 정치적 영향력의 경계가 고정되어 있지 않다.
② 토인비는 앙코르 왕국이 강력한 중앙 집중화를 이룬 왕국이었다고 보았다.
③ 액커는 바레이의 규모를 근거로 그 용도에 대해 토인비와는 다른 해석을 하였다.
④ 만다라적 통치 체제에서의 왕은 백성들에게 신과 동일한 존재로 인식되기를 원했다.
⑤ 앙코르와트 사원은 정치적 상징물로 파악되기도 하고, 종교적 상징물로 파악되기도 한다.

02 다음 글에 나타난 논증에 대한 반박으로 적절하지 않은 것은?

쾌락과 관련된 사실에 대해서 충분한 정보를 갖고, 오랜 시간 숙고하여 자신의 선호를 합리적으로 판별할 수 있는 사람을 높은 수준의 합리적 사람이라고 한다. 이런 사람은 가치 수준이 다른 두 종류의 쾌락에 대해서 충분히 판단할 만한 위치에 있다. 그리하여 높은 수준의 합리적 사람이 선호하는 쾌락은 실제로 더 가치 있는 쾌락이다. 예컨대 그가 호떡 한 개를 먹고 느끼는 쾌락보다 수준 높은 시 한 편이 주는 쾌락을 선호한다면 시 한 편이 주는 쾌락이 더 가치 있다. 그것이 더 가치가 있는 것은 높은 수준의 합리적 사람이 더 선호하기 때문이다. 이런 방법으로 우리는 높은 수준의 합리적 사람이 선호하는 것을 통해서 쾌락의 가치 서열을 정할 수 있다. 나아가 우리는 최고 가치에 도달할 수 있다. 가령 높은 수준의 합리적 사람이 그 어떤 쾌락보다도 행복을 선호한다면, 이는 행복이 최고 가치라는 것을 뜻한다. 따라서 우리는 최고 가치가 무엇인지 알 수 있다.

① 대부분의 사람은 시 한 편과 호떡 한 개 중에서 호떡을 선택한다.
② 높은 수준의 합리적 개인들 사이에서도 쾌락의 선호가 다를 수 있다.
③ 높은 수준의 합리적 사람이 행복을 최고 가치로 여긴다고 해서 행복이 최고 가치인 것은 아니다.
④ 자신의 선호를 판별할 수 있는 높은 수준의 합리적 능력을 지닌 사람들은 실제로 존재하지 않는다.
⑤ 충분한 정보를 갖고 있고 오랜 시간 숙고한다 하더라도 질적 가치의 위계를 정할 수 있는 사람은 없다.

03 다음 글에 나오는 답변에 대한 반박으로 적절한 것을 〈보기〉에서 모두 고르면?

Q : 신이 어떤 행위를 하라고 명령했기 때문에 그 행위가 착한 것인가, 아니면 오히려 그런 행위가 착한 행위이기 때문에 신이 그 행위를 하라고 명령한 것인가?
A : 여러 경전에서 신은 우리에게 정직할 것을 명령한다. 우리가 정직해야 하는 이유는 단지 신이 정직하라고 명령했기 때문이다. 따라서 한 행위가 착한 행위가 되기 위해서는 신이 그 행위를 하라고 명령해야 한다. 다시 말해 만일 신이 어떤 행위를 하라고 명령하지 않는다면, 그 행위는 착한 것이 아니다.

〈 **보기** 〉

ㄱ. 만일 신이 우리에게 정직하라고 명령하지 않았다면, 정직한 것은 착한 행위도 못된 행위도 아니다. 정직함을 착한 행위로 만드는 것은 바로 신의 명령이다.
ㄴ. A에 따르면 만일 신이 이산화탄소 배출량을 줄이기 위해 재생에너지를 쓰라고 명령하지 않았다면 그 행위는 착한 행위가 될 수 없을 것이다. 하지만 신이 그렇게 명령한 적이 없더라도 그 행위는 착한 행위이다.
ㄷ. 장기 기증은 착한 행위이다. 하지만 신이 장기 기증을 하라고 명령했다는 그 어떤 증거나 문서도 존재하지 않으며 신이 그것을 명령했다고 주장하는 사람도 없다.
ㄹ. 어떤 사람은 원수를 죽이는 것이 신의 명령이라고 말하고 다른 사람은 원수를 죽이는 것이 신의 명령이 아니라고 말한다. 사람들이 신의 명령이라고 말한다고 해서 그것이 정말로 신의 명령인 것은 아니다.

① ㄷ
② ㄹ
③ ㄴ, ㄷ
④ ㄱ, ㄴ, ㄹ
⑤ ㄱ, ㄴ, ㄷ, ㄹ

다음 법 조항과 상황을 근거로 판단할 때 옳은 것은?

제1조(국회의 정기회) 정기회는 매년 9월 1일에 집회한다. 그러나 그 날이 공휴일인 때에는 그 다음날에 집회한다.

제2조(국회의 임시회)
① 임시회의 집회요구가 있을 때에는 의장은 집회기일 3일 전에 공고한다. 이 경우 둘 이상의 집회요구가 있을 때에는 집회일이 빠른 것을 공고하되, 집회일이 같은 때에는 그 요구서가 먼저 제출된 것을 공고한다.
② 국회의원 총선거 후 최초의 임시회는 의원의 임기개시 후 7일째에 집회한다.

제3조(연간 국회운영기본일정 등)
① 의장은 국회의 연중 상시운영을 위하여 각 교섭단체대표의원과의 협의를 거쳐 매년 12월 31일까지 다음 연도의 국회운영기본일정을 정하여야 한다. 다만, 국회의원 총선거 후 처음 구성되는 국회의 당해 연도의 국회운영기본일정은 6월 30일까지 정하여야 한다.
② 제1항의 연간 국회운영기본일정은 다음 각 호의 기준에 따른다.
 1. 매 짝수월(8·10월 및 12월을 제외한다) 1일(그 날이 공휴일인 때에는 그 다음날)에 임시회를 집회한다. 다만, 국회의원 총선거가 있는 월의 경우에는 그러하지 아니하다.
 2. 정기회의 회기는 100일, 제1호의 규정에 의한 임시회의 회기는 매 회 30일을 초과할 수 없다.

〈상황〉

• 국회의원 총선거는 4년마다 실시하며, 그 임기는 4년이다.
• 제△△대 국회의원 총선거는 금년 4월 20일(수)에 실시되며 5월 31일부터 국회의원의 임기가 시작된다.

---

① 제△△대 국회의 첫 번째 임시회는 4월 27일에 집회한다.
② 올해 국회의 정기회는 9월 1일에 집회하여 12월 31일에 폐회한다.
③ 내년도 국회의 회기는 정기회와 임시회의 회기를 합하여 연간 130일을 초과할 수 없다.
④ 내년 4월 30일에 임시회의 집회요구가 있을 때에는 국회의장의 임시회 집회공고 없이 5월 1일에 임시회가 집회된다.
⑤ 제△△대 국회의 의장은 각 교섭단체대표의원과의 협의를 거쳐 내년도 국회운영기본일정을 올해 12월 31일까지 정해야 한다.

05 다음 법 조항과 상황을 근거로 판단할 때 옳은 것은?

제1조 이 법에서 사용하는 용어의 뜻은 다음과 같다.

1. '자연장(自然葬)'이란 화장한 유골의 골분(骨粉)을 수목·화초·잔디 등의 밑이나 주변에 묻어 장사하는 것을 말한다.

2. '개장(改葬)'이란 매장한 시신이나 유골을 다른 분묘에 옮기거나 화장 또는 자연장하는 것을 말한다.

제2조

① 사망한 때부터 24시간이 지난 후가 아니면 매장 또는 화장을 하지 못한다.

② 누구든지 허가를 받은 공설묘지, 공설자연장지, 사설묘지 및 사설자연장지 외의 구역에 매장하여서는 안 된다.

제3조

① 매장(단, 자연장 제외)을 한 자는 매장 후 30일 이내에 매장지를 관할하는 시장·군수·구청장(이하 '시장 등'이라 한다)에게 신고하여야 한다.

② 화장을 하려는 자는 화장시설을 관할하는 시장 등에게 신고하여야 한다.

③ 개장을 하려는 자는 다음 각 호의 구분에 따라 시신 또는 유골의 현존지(現存地) 또는 개장지(改葬地)를 관할하는 시장 등에게 각각 신고하여야 한다.

  1. 매장한 시신 또는 유골을 다른 분묘로 옮기거나 화장하는 경우 : 시신 또는 유골의 현존지와 개장지

  2. 매장한 시신 또는 유골을 자연장하는 경우 : 시신 또는 유골의 현존지

제4조

① 국가, 시·도지사 또는 시장 등이 아닌 자는 가족묘지, 종중·문중묘지 등을 설치·관리할 수 있다.

② 제1항의 묘지를 설치·관리하려는 자는 해당 묘지 소재지를 관할하는 시장 등의 허가를 받아야 한다.

〈상황〉

甲은 90세의 나이로 2019년 7월 10일 아침 7시 A시에서 사망하였다. 이에 甲의 자녀는 이미 사망한 甲의 배우자 乙의 묘지(B시 소재 공설묘지)에서 유골을 옮겨 가족묘지를 만드는 것을 포함하여 장례에 대하여 논의하였다.

① 甲을 2019년 7월 10일 매장할 수 있다.

② 甲을 C시 소재 화장시설에서 화장하려는 경우 그 시설을 관할하는 C시의 장에게 신고하여야 한다.

③ 甲의 자녀가 가족묘지를 설치·관리하려는 경우 그 소재지의 관할 시장 등에게 신고하여야 한다.

④ 甲의 유골의 골분을 자연장한 경우 자연장지 소재지의 관할 시장에게 2019년 8월 10일까지는 허가를 받아야 한다.

⑤ 乙의 유골을 甲과 함께 D시 소재 공설묘지에 합장하려는 경우 B시의 장과 D시의 장의 허가를 각각 받아야 한다.

06 다음 글의 내용과 일치하는 것을 〈보기〉에서 모두 고르면?

이슬람 금융 방식은 돈만 빌려주고 금전적인 이자만을 받는 행위를 금지하는 이슬람 율법에 따라 실물자산을 동반하는 거래의 대가로서 수익을 분배하는 방식을 말한다. 이슬람 금융 방식에는 '무라바하', '이자라', '무다라바', '무샤라카', '이스티스나' 등이 있다.

무라바하와 이자라는 은행이 채무자가 원하는 실물자산을 매입할 경우 그것의 소유권이 누구에게 있느냐에 따라 구별된다. 실물자산의 소유권이 은행에서 채무자로 이전되면 무라바하이고, 은행이 소유권을 그대로 보유하면 이자라이다. 무다라바와 무샤라카는 주로 투자 펀드나 신탁 금융에서 활용되는 방식으로서 투자자와 사업자의 책임 여부에 따라 구별된다. 사업 시 발생하는 손실에 대한 책임이 투자자에게만 있으면 무다라바이다. 양자의 협상에 따라 사업에 대한 이익을 배분하긴 하지만 손실이 발생할 경우 사업자는 그 손실에 대한 책임을 가지지 않는다. 반면에 투자자와 사업자가 공동으로 사업에 대한 책임과 이익을 나누어 가지면 무샤라카이다. 이스티스나는 장기 대규모 건설 프로젝트에 활용되는 금융 지원 방식으로서 투자자인 은행은 건설 자금을 투자하고 사업자는 건설을 담당한다. 완공 시 소유권은 투자자에게 귀속되고, 사업자는 그 자산을 사용해서 얻은 수입으로 투자자에게 임차료를 지불한다.

───〈 **보기** 〉───

ㄱ. 사업에 대한 책임이 투자자가 아니라 사업자에게만 있으면 무다라바가 아니라 무샤라카이다.
ㄴ. 은행과 사업자가 공동으로 투자하여 사업을 수행하고 이익을 배분하면 무샤라카가 아니라 이스티스나이다.
ㄷ. 은행이 채무자가 원하는 부동산을 직접 매입 후 소유권 이전 없이 채무자에게 임대하면 무라바하가 아니라 이자라이다.

① ㄱ
② ㄷ
③ ㄱ, ㄴ
④ ㄴ, ㄷ
⑤ ㄱ, ㄴ, ㄷ

07 다음 글에서 추론할 수 없는 것은?

언뜻 보아서는 살쾡이와 고양이를 구별하기 힘들다. 살쾡이가 고양잇과의 포유동물이어서 고양이와 흡사하기 때문이다. 그래서인지 '살쾡이'란 단어는 '고양이'와 연관이 있다. '살쾡이'의 '쾡이'가 '괭이'와 연관이 있는데, '괭이'는 '고양이'의 준말이기 때문이다.

'살쾡이'는 원래 '삵'에 '괭이'가 붙어서 만들어진 단어이다. '삵'은 그 자체로 살쾡이를 뜻하는 단어였다. 살쾡이의 모습이 고양이와 비슷해도 단어 '삵'은 '고양이'와는 아무런 연관이 없다. 그런데도 '삵'에 고양이를 뜻하는 '괭이'가 덧붙게 되었다. 그렇다고 '살쾡이'가 '삵과 고양이', 즉 '살쾡이와 고양이'란 의미를 가지는 것은 아니다. 단지 '삵'에 비해 '살쾡이'가 후대에 생겨난 단어일 뿐이다. '호랑이'란 단어도 이런 식으로 생겨났다. '호랑이'는 '호(虎, 범)'와 '랑(狼, 이리)'으로 구성되어 있으면서도 '호랑이와 이리'란 뜻을 가진 것이 아니라 그 뜻은 역시 '범'인 것이다.

'살쾡이'는 '삵'과 '괭이'가 합쳐져 만들어진 단어이기 때문에 '삵괭이' 또는 '삭괭이'로도 말하는 지역이 있으며, '삵'의 'ㄱ' 때문에 뒤의 '괭이'가 된소리인 '쾡이'가 되어 '삭쾡이' 또는 '살쾡이'로 말하는 지역도 있다. 그리고 '삵'에 거센소리가 발생하여 '살쾡이'로 발음하는 지역도 있다. 주로 서울 지역에서 '살쾡이'로 발음하기 때문에 '살쾡이'를 표준어로 삼았다. 반면에 북한의 사전에서는 '살쾡이'를 찾을 수 없고 '살괭이'만 찾을 수 있다. 남한에서 '살괭이'를 '살쾡이'의 방언으로 처리한 것과는 다르다.

---

① 호랑이는 호(虎, 범)보다 나중에 형성되었다.
② 두 단어가 합쳐져 하나의 대상을 지시할 수 있다.
③ 살쾡이가 남·북한 사전 모두에 실려 있는 것은 아니다.
④ 살쾡이는 가장 광범위하게 사용되기 때문에 표준어로 정해졌다.
⑤ 살쾡이의 방언이 다양하게 나타나는 것은 지역의 발음 차이 때문이다.

'청렴(淸廉)'은 현대 사회에서 좁게는 반부패와 동의어로 사용되며 넓게는 투명성과 책임성 등을 포괄하는 통합적 개념으로 사용되고 있다. 유학자들은 청렴을 효제와 같은 인륜의 덕목보다는 하위에 두었지만 군자라면 마땅히 지켜야 할 일상의 덕목으로 중시하였다. 조선의 대표적 유학자였던 이황과 이이는 청렴을 사회 규율이자 개인 처세의 지침으로 강조하였다. 특히, 공적 업무에 종사하는 사람이라면 사회 규율로서의 청렴이 개인의 처세와 직결된다는 점에 유념해야 한다고 보았다.

청렴에 대한 논의는 정약용의 『목민심서』에서 본격적으로 나타난다. 정약용은 청렴이야말로 목민관이 지켜야 할 근본적인 덕목이며 목민관의 직무는 청렴이 없이는 불가능하다고 강조하였다. 정약용은 청렴을 당위의 차원에서 주장하는 기존의 학자들과 달리 행위자 자신에게 실질적 이익이 된다는 점을 들어 설득하고자 한다. 그는 청렴은 큰 이득이 남는 장사라고 말하면서 지혜롭고 욕심이 큰 사람은 청렴을 택하지만 지혜가 짧고 욕심이 작은 사람은 탐욕을 택한다고 설명한다. 정약용은 "지자(知者)는 인(仁)을 이롭게 여긴다."라는 공자의 말을 빌려 "지혜로운 자는 청렴함을 이롭게 여긴다."라고 하였다. 비록 재물을 얻는 데 뜻이 있더라도 청렴함을 택하는 것이 결과적으로는 지혜로운 선택이라고 정약용은 말한다. 목민관의 작은 탐욕은 단기적으로 보면 눈 앞의 재물을 취하여 이익을 얻을 수 있겠지만 궁극에는 개인의 몰락과 가문의 불명예를 가져올 수 있기 때문이다.

정약용은 청렴을 지키는 것은 두 가지 효과가 있다고 보았다. 첫째, 청렴은 다른 사람에게 긍정적 효과를 미친다. 목민관이 청렴할 경우 백성을 비롯한 공동체 구성원에게 좋은 혜택이 돌아갈 것이다. 둘째, 청렴한 행위를 하는 것은 목민관 자신에게도 좋은 결과를 가져다준다. 청렴은 그 자신의 덕을 높이는 것일 뿐 아니라 자신의 가문에 빛나는 명성과 영광을 가져다줄 것이다.

① 정약용은 청렴이 목민관이 반드시 지켜야 할 덕목임을 당위론 차원에서 정당화하였다.
② 정약용은 탐욕을 택하는 것보다 청렴을 택하는 것이 이롭다는 공자의 뜻을 계승하였다.
③ 정약용은 청렴한 사람은 욕심이 작기 때문에 재물에 대한 탐욕에 빠지지 않는다고 보았다.
④ 정약용은 청렴이 백성에게 이로움을 줄 뿐 아니라 목민관 자신에게도 이로운 행위라고 보았다.
⑤ 이황과 이이는 청렴을 개인의 처세에 있어 주요 지침으로 여겼으나 사회 규율로는 보지 않았다.

다음 글에서 추론할 수 있는 것은?

두뇌 연구는 지금까지 뉴런을 중심으로 진행되어 왔다. 뉴런 연구로 노벨상을 받은 카얄은 뉴런이 '생각의 전화선'이라는 이론을 확립하여 사고와 기억 등 두뇌에서 일어나는 모든 현상을 뉴런의 연결망과 뉴런 간의 전기 신호로 설명했다. 그러나 두뇌에는 뉴런 외에도 신경교 세포가 존재한다. 신경교 세포는 뉴런처럼 그 수가 많지만 전기 신호를 전달하지 못한다. 이 때문에 과학자들은 신경교 세포가 단지 두뇌 유지에 필요한 영양 공급과 두뇌 보호를 위한 전기 절연의 역할만을 가진다고 여겼다.

최근 과학자들은 신경교 세포에서 그 이상의 기능을 발견했다. 신경교 세포 중에도 '성상세포'라 불리는 별 모양의 세포는 자신만의 화학적 신호를 가진다는 것이 밝혀졌다. 성상세포는 뉴런처럼 전기를 이용하지는 않지만, '뉴런송신기'라고 불리는 화학물질을 방출하고 감지한다. 과학자들은 이러한 화학적 신호의 연쇄반응을 통해 신경교 세포가 전체 뉴런을 조정한다고 추론했다.

A연구팀은 신경교 세포가 전체 뉴런을 조정하면서 기억력과 사고력을 향상시킨다고 예상하고, 이를 확인하기 위해 인간의 신경교 세포를 갓 태어난 생쥐의 두뇌에 주입했다. 쥐가 자라면서 주입된 인간의 신경교 세포도 성장했다. 이 세포들은 쥐의 뉴런들과 완벽하게 결합되어 쥐의 두뇌 전체에 걸쳐 퍼지게 되었다. 심지어 어느 두뇌 영역에서는 쥐의 뉴런의 숫자를 능가하기도 했다. 뉴런과 달리 쥐와 인간의 신경교 세포는 비교적 쉽게 구별된다. 인간의 신경교 세포는 매우 길고 무성한 섬유질을 가지기 때문이다. 쥐에 주입된 인간의 신경교 세포는 그 기능을 그대로 간직한다. 그렇게 성장한 쥐들은 다른 쥐들과 잘 어울렸고, 다른 쥐들의 관심을 끄는 것에 흥미를 보였다. 이 쥐들은 미로를 통과해 치즈를 찾는 테스트에서 더 뛰어났다. 보통의 쥐들은 네다섯 번의 시도 끝에 올바른 길을 배웠지만, 인간의 신경교 세포를 주입받은 쥐들은 두 번 만에 학습했다.

① 인간의 신경교 세포를 쥐에게 주입하면, 쥐의 뉴런은 전기 신호를 전달하지 못할 것이다.
② 인간의 뉴런 세포를 쥐에게 주입하면, 쥐의 두뇌에는 화학적 신호의 연쇄 반응이 더 활발해질 것이다.
③ 인간의 뉴런 세포를 쥐에게 주입하면, 그 뉴런 세포는 쥐의 두뇌 유지에 필요한 영양을 공급할 것이다.
④ 인간의 신경교 세포를 쥐에게 주입하면, 그 신경교 세포는 쥐의 뉴런을 보다 효과적으로 조정할 것이다.
⑤ 인간의 신경교 세포를 쥐에게 주입하면, 그 신경교 세포는 쥐의 신경교 세포의 기능을 갖도록 변화할 것이다.

10 다음 글을 읽고 ㉠ ~ ㉤에 대하여 잘못 이해한 것은?

모든 역사는 '현대의 역사'라고 크로체는 언명했다. 역사란 본질적으로 현재의 관점에서 과거를 본다는 데에서 성립되며 역사가의 주임무는 기록에 있는 것이 아니라 가치의 재평가에 있다는 것이다. 역사가가 가치의 재평가를 하지 않는다면 기록될 만한 가치 있는 것이 무엇인지를 알 수 없기 때문이다. 1916년 미국의 역사가 칼 벡커도 "㉠ 역사적 사실이란 역사가가 이를 창조하기까지는 존재하지 않는다."라고 주장하면서 "모든 역사적 판단의 기초를 이루는 것은 ㉡ 실천적 요구이기 때문에 모든 역사에는 현대의 역사라는 성격이 부여된다. 서술되는 사건이 아무리 먼 시대의 것이라고 할지라도 역사가 실제로 반영하는 것은 현재의 요구 및 현재의 상황이며 사건은 다만 그 속에서 메아리칠 따름이다."라고 하였다.

크로체의 이런 생각은 옥스포드의 철학자이며 역사가인 콜링우드에게 큰 영향을 끼쳤다. 콜링우드는 역사 철학이 취급하는 것은 ㉢ '사실 그 자체'나 '사실 그 자체에 대한 역사가의 이상' 중 어느 하나가 아니고 '상호관계 하에 있는 양자(兩者)'라고 하였다. 역사가가 연구하는 과거는 죽어 버린 과거가 아니라 어떤 의미에서는 아직도 ㉣ 현재 속에 살아 있는 과거이다. 현재의 상황 속에서 역사가의 이상에 따라 해석된 과거이기 때문이다. 따라서 과거는 그 배후에 놓인 사상을 역사가가 이해할 수 없는 한 그에게 있어서는 죽은 것, 즉 무의미한 것이다. 이와 같은 의미에서 '모든 역사는 사상의 역사'라는 것이며 또한 '역사는 역사가가 자신이 연구하고 있는 사람들의 이상을 자신의 마음속에 재현한 것'이라는 것이다. 역사가의 마음 속에서 이루어지는 과거의 재구성은 경험적인 증거에 의거하여 행해지지만, 재구성 그 자체는 경험적 과정이 아니며 또한 사실의 단순한 암송만으로 될 수 있는 것도 아니다. 오히려 이와는 반대로 ㉤ 재구성의 과정은 사실의 선택 및 해석을 지배하는 것이며 바로 이것이야말로 사실을 역사적 사실로 만들어 놓는 과정이다.

① ㉠ : 역사가에 의해 재평가됨으로써 의미가 부여된 것
② ㉡ : 객관적 사실(事實)을 밝히려는 역사가의 적극적인 욕구
③ ㉢ : 역사가에 의해 해석되기 전의 객관적 사실(事實)
④ ㉣ : 역사가가 자신의 이상에 따라 해석한 과거
⑤ ㉤ : 역사가에 의해 사실(事實)이 사실(史實)로 되는 과정

11 다음 글을 읽고 (가), (나)에 대한 평가로 적절한 것만을 〈보기〉에서 모두 고르면?

(가) 어린 시절 과학 선생님에게 가을에 단풍이 드는 까닭을 물어본 적이 있다면 단풍은 "나무가 겨울을 나려고 잎을 떨어뜨리다 보니 생기는 부수적인 현상"이라는 답을 들었을 것이다. 보통 때는 초록빛을 내는 색소인 엽록소가 카로틴, 크산토필 같은 색소를 가리므로 우리는 잎에서 다른 빛깔을 보지 못한다. 가을이 오면 잎을 떨어뜨리고자 잎자루 끝에 떨켜가 생기면서 가지와 잎 사이의 물질 이동이 중단된다. 이에 따라 엽록소가 파괴되면서 감춰졌던 다른 색소들이 자연스럽게 드러나서 잎이 노랗거나 주홍빛을 띠게 된다. 요컨대 단풍은 나무가 월동 준비 과정에서 우연히 생기는 부산물이다.

(나) 생물의 내부를 들여다보면 화려한 색은 거의 눈에 띄지 않는다. 물론 척추동물의 몸 속에 흐르는 피는 예외이다. 상처가 난 당사자에게 피의 강렬한 색이 사태의 시급성을 알려 준다면 피의 붉은 색깔은 특정한 목적을 가지고 진화적으로 출현했다고 볼 수 있다. 마찬가지로 타는 듯한 가을 단풍은 나무가 해충에 보내는 경계 신호라고 볼 수 있다. 진딧물처럼 겨울을 나기 위해 가을에 적당한 나무를 골라서 알을 낳는 곤충들을 향해 나무가 자신의 경계 태세가 얼마나 철저한지 알려주는 신호가 가을 단풍이라는 것이다. 단풍의 색소를 만드는 데는 적지 않은 비용이 따르므로 오직 건강한 나무만이 진하고 뚜렷한 가을 빛깔을 낼 수 있다. 진딧물은 이러한 신호들에 반응해서 가장 형편없이 단풍이 든 나무에 내려앉는다. 휘황찬란한 단풍은 나무와 곤충이 진화하면서 만들어 낸 적응의 결과물이다.

〈 보기 〉

ㄱ. 단풍이 드는 나무 중에서 떨켜를 만들지 않는 종이 있다는 연구 결과는 (가)의 주장을 강화한다.
ㄴ. 식물의 잎에서 주홍빛을 내는 색소가 가을에 새롭게 만들어진다는 연구 결과는 (가)의 주장을 강화한다.
ㄷ. 가을에 인위적으로 어떤 나무의 단풍색을 더 진하게 만들었더니 그 나무에 알을 낳는 진딧물의 수가 줄었다는 연구 결과는 (나)의 주장을 강화한다.

---

① ㄱ
② ㄷ
③ ㄱ, ㄴ
④ ㄴ, ㄷ
⑤ ㄱ, ㄴ, ㄷ

안심Touch

12 다음 글에서 ㉠을 약화하는 증거로 가장 적절한 것은?

1966년 석가탑 해체 보수 작업은 뜻밖에도 엄청난 보물을 발견하는 계기가 되었다. 이때 발견된 다라니경은 한국뿐만 아니라 전세계의 이목을 끌었다. 이 놀라운 발견 이전에는 770년에 목판 인쇄된 일본의 불경이 세계사에서 최고(最古)의 현존 인쇄본으로 여겨졌다. 그러나 이 한국의 경전을 조사한 결과, 일본의 것보다 앞서 만들어진 것으로 밝혀졌다.

불국사가 751년에 완공된 것이 알려져 있으므로 석가탑의 축조는 같은 시기이거나 그 이전일 것임에 틀림없다. 이 경전의 연대 확정에 도움을 준 것은 그 문서가 측천무후가 최초로 사용한 12개의 특이한 한자를 포함하고 있다는 사실이었다. 측천무후는 690년에 제위에 올랐고 705년 11월에 사망했다. 측천무후가 만든 한자들이 그녀의 사후에 중국에서 사용된 사례는 발견되지 않았다. 그러므로 신라에서도 그녀가 죽은 뒤에는 이 한자들을 사용하지 않았을 것이라는 추정이 가능하다. 이러한 증거로 다라니경이 늦어도 705년경에 인쇄되었다고 판단할 수 있다.

그러나 이 특이한 한자들 때문에 몇몇 중국의 학자들은 ㉠'다라니경이 신라에서 인쇄된 것이 아니라 중국 인쇄물이다.'라고 주장하였다. 그들은 신라가 그 당시 중국과 독립적이었기 때문에 신라인들이 측천무후 치세 동안 사용된 특이한 한자들을 사용하지는 않았을 것이라고 주장한다. 그러나 중국인들의 이 견해는 『삼국사기』에서 얻을 수 있는 명확한 반대 증거로 인해 반박된다. 『삼국사기』는 신라가 695년에 측천무후의 역법을 도입하는 등 당나라의 새로운 정책을 자발적으로 수용하고 있었음을 보여준다. 그러므로 신라인들이 당시에 중국의 역법 개정을 채택했다면 마찬가지로 측천무후에 의해 도입된 특이한 한자들도 채용했을 것이라고 추정하는 것이 합리적이다.

① 서역에서 온 다라니경 원전을 처음으로 한역(漢譯)한 사람은 측천무후 시대의 중국의 국사(國師)였던 법장임이 밝혀졌다.
② 측천무후 사후에 나온 신라의 문서들에 측천무후가 발명한 한자가 쓰이지 않았음이 밝혀졌다.
③ 측천무후 즉위 이후 중국의 문서에 쓸 수 없었던 글자가 다라니경에서 쓰인 것이 발견되었다.
④ 705년경에 중국에서 제작된 문서들이 다라니경과 같은 종이를 사용한 것이 발견되었다.
⑤ 다라니경의 서체는 705년경부터 751년까지 중국에서 유행하였던 것으로 밝혀졌다.

다음 글의 빈칸에 들어갈 진술로 가장 적절한 것은?

모두가 서로를 알고 지내는 작은 규모의 사회에서는 거짓이나 사기가 번성할 수 없다. 반면 그렇지 않은 사회에서는 누군가를 기만하여 이득을 보는 경우가 많이 발생한다. 이런 현상이 발생하는 이유를 확인하는 연구가 이루어졌다. A교수는 그가 마키아벨리아니즘이라고 칭한 성격 특성을 지닌 사람을 판별하는 검사를 고안해냈다. 이 성격 특성은 다른 사람을 교묘하게 이용하고 기만하는 능력을 포함한다. 그의 연구는 사람들 중 일부는 다른 사람들을 교묘하게 이용하거나 기만하여 자기 이익을 챙긴다는 사실을 보여준다. 수백 명의 학생을 대상으로 한 조사에서 마키아벨리아니즘을 갖는 것으로 분류된 학생들은 대체로 대도시 출신임이 밝혀졌다.

위 연구들이 보여주는 바를 대도시 사람들의 상호작용을 이해하기 위해 확장시켜 보자. 일반적으로 낯선 사람들이 모여 사는 대도시에서는 자기 이익을 위해 다른 사람을 이용하는 성향을 지닌 사람이 많다고 생각하기 쉽다. 대도시 사람들은 모두가 사기꾼처럼 보인다는 주장이 일리 있게 들리기도 한다. 그러나 다른 사람들의 협조 성향을 이용하여 도움을 받으면서도 다른 사람에게 도움을 주지 않는 사람이 존재하기 위해서는 일정한 틈새가 만들어져 있어야 한다. ＿＿＿＿＿＿＿＿＿＿＿＿＿＿＿＿＿＿ 때문에 이 틈새가 존재할 수 있는 것이다. 이는 기생 식물이 양분을 빨아먹기 위해서는 건강한 나무가 있어야 하는 것과 같다. 나무가 건강을 잃게 되면 기생 식물 또한 기생할 터전을 잃게 된다. 그렇다면 어떤 의미에서는 모든 사람들이 사기꾼이라는 냉소적인 견해는 낯선 사람과의 상호작용을 잘못 이해한 것이다. 모든 사람들이 사기꾼이라면 사기를 칠 가능성도 사라지게 된다고 이해하는 것이 적절하겠다.

① 대도시라는 환경적 특성
② 인간은 사회를 필요로 하기
③ 많은 사람들이 진정으로 협조하기
④ 많은 사람들이 이기적 동기에 따라 행동하기
⑤ 누가 마키아벨리아니즘을 갖고 있는지 판별하기 어렵기

14 다음 글에서 알 수 있는 것은?

> 1937년 영국에서 거행된 조지 6세의 대관식에 귀족들은 대부분 자동차를 타고 왔다. 대관식에 동원된 마차는 단 세 대밖에 없었을 정도로 의례에서 마차가 차지하는 비중이 작아졌다. 당시 마차에 관련된 서적에서 나타나듯이, 대귀족 가문들조차 더 이상 호화로운 마차를 사용하지 않았다. 당시 마차들은 조각이 새겨진 황금빛 왕실 마차와 같이 순전히 의례용으로 이용되는 경우를 제외하고는 거의 사용되지 않은 채 방치되었다.
> 제2차 세계대전 이후 전투기와 탱크와 핵폭탄이 세계를 지배하면서, 대중은 급격한 과학 기술의 발전에 두려움과 어지러움을 느끼게 되었다. 이런 배경에서 영국 왕실의 의례에서는 말과 마차와 검과 깃털 장식 모자의 장엄한 전통이 정치적으로 부활했다. 1953년 엘리자베스 2세의 대관식은 전통적인 방식으로 성대하게 치러졌다. 대관식에 참여한 모든 외국 왕족과 국가 원수를 마차에 태웠고, 이 때 부족한 일곱 대의 마차를 한 영화사에서 추가로 임대할 정도였다.
> 왕실의 고풍스러운 의례가 전파로 송출되기 시작하면서, 급변하는 사회를 혼란스러워 하던 대중은 전통적 왕실 의례에서 위안을 찾았다. 국민의 환호와 열광 속에 화려한 마차를 타고 개선로를 통과하는 군주에게는 어수선한 시대의 안정적 구심점이라는 이미지가 부여되었다. 군주는 전후 경제적 피폐와 정치적 혼란의 양상을 수습하고 국가의 질서를 재건하는 상징적 존재로 부상하였다.

① 1953년 영국 왕실의 의전 행사 방식은 1937년과 같았다.
② 영국 왕실 의례는 영국의 지역 간 통합에 순기능으로 작동했다.
③ 영화는 영국 왕실 의례가 대중에 미치는 영향력을 잘 보여주었다.
④ 시대의 변화에 따라 영국 왕실 의례의 장엄함과 섬세함은 왕실 외부로 알려지지 않게 되었다.
⑤ 제2차 세계대전 이후 전통적 영국 왕실 의례의 부활은 대중들에게 위안과 안정을 주는 역할을 하였다.

15 다음 글을 근거로 판단할 때, 〈보기〉에서 옳은 것만을 모두 고르면?

조선시대 지방행정제도는 기본적으로 8도(道) 아래 부(府), 대도호부(大都護府), 목(牧), 도호부(都護府), 군(郡), 현(縣)을 두는 체제였다. 이들 지방행정기관은 6조(六曹)를 중심으로 한 중앙행정기관의 지시를 받았으나 중앙행정기관의 완전한 하부 기관은 아니었다. 지방행정기관도 중앙행정기관과 같이 왕에 직속되어 있었기 때문에 중앙행정기관과 의견이 다르거나 쟁의가 있을 때는 왕의 재결을 바로 품의(稟議)할 수 있었다.

지방행정기관의 장으로는 도에 관찰사(觀察使), 부에 부윤(府尹), 대도호부에 대도호부사(大都護府使), 목에 목사(牧使), 도호부에 도호부사(都護府使), 군에 군수(郡守), 그리고 현에 현감(縣監)을 두었다. 관찰사는 도의 행정·군사·사법에 관한 전반적인 사항을 다스리고, 관내의 지방행정기관장을 지휘·감독하는 일을 하였다. 제도 시행 초기에 관찰사는 순력(巡歷)이라 하여 일정한 사무소를 두지 않고 각 군·현을 순례하면서 지방행정을 감시하였으나, 나중에는 고정된 근무처를 가지게 되었다. 관찰사를 제외한 지방행정기관장은 수령(首領)으로 통칭되었는데, 이들 역시 행정업무와 함께 일정한 수준의 군사·사법업무를 같이 담당하였다.

중앙에서는 파견한 지방행정기관장에 대한 관리와 감독을 철저히 했다. 권력남용 등의 부조리나 지방세력과 연합하여 독자세력으로 발전하는 것을 막기 위한 조치였다. 일례로 관찰사의 임기를 360일로 제한하여 지방토호나 지방영주로 변질되는 것을 막고자 하였다.

〈 **보 기** 〉

ㄱ. 조선시대 지방행정기관은 왕의 직속기관이었다.
ㄴ. 지방행정기관의 우두머리라는 의미에서 관찰사를 수령이라고 불렀다.
ㄷ. 군수와 현감은 행정업무뿐만 아니라 군사업무와 사법업무도 담당했다.
ㄹ. 관찰사의 임기를 제한한 이유 중 하나는 지방세력과 연합하여 독자세력으로 발전하는 것을 막으려는 것이었다.

① ㄱ, ㄴ
③ ㄴ, ㄷ
⑤ ㄴ, ㄷ, ㄹ
② ㄱ, ㄹ
④ ㄱ, ㄷ, ㄹ

조선 후기 숙종 때 서울 시내의 무뢰배가 검계를 결성하여 무술훈련을 하였다. 좌의정 민정중이 '검계의 군사훈련 때문에 한양의 백성들이 공포에 떨고 있으니 이들을 처벌해야 한다.'고 상소하자 임금이 포도청에 명하여 검계 일당을 잡아들이게 하였다. 포도대장 장봉익은 몸에 칼자국이 있는 자들을 잡아들였는데 이는 검계 일당이 모두 몸에 칼자국을 내어 자신들과 남을 구별하는 징표로 삼았기 때문이다.

검계는 원래 향도계에서 비롯하였다. 향도계는 장례를 치르기 위해 결성된 계였다. 비용이 많이 소요되는 장례에 대비하기 위해 계를 구성하여 평소 얼마간 금전을 갹출하고, 구성원 중에 상을 당한 자가 있으면 갹출한 금전에 얼마를 더하여 비용을 마련해 주는 방식이었다. 향도계는 서울 시내 백성들에게 널리 퍼져 있었으며 양반들 중에도 가입하는 이들이 있었다. 향도계를 관리하는 조직을 도가라 하였는데 도가는 점차 죄를 지어 법망을 피하려는 자들을 숨겨주는 소굴이 되었다. 이 도가 내부의 비밀조직이 검계였다.

검계의 구성원들은 스스로를 왈짜라 부르고 있었다. 왈짜는 도박장이나 기생집, 술집 등 도시의 유흥공간을 세력권으로 삼아 활동하는 이들이었다. 하지만 모든 왈짜가 검계의 구성원이었던 것은 아니다. 왈짜와 검계는 모두 폭력성을 지녔고 활동하는 주 무대도 같았지만 왈짜는 검계와 달리 조직화된 집단은 아니었다. 부유한 집안의 아들이었던 김홍연은 대과를 준비하다가 너무 답답하다는 이유로 중도에 그만두고 무과 공부를 하였다. 그는 무예에 탁월했지만 지방 출신이라는 점이 출세하는 데 장애가 될 것을 염려하여 무과 역시 포기하고 왈짜가 되었다. 김홍연은 왈짜였지만 검계의 일원은 아니었다.

① 도가의 장은 향도계의 장을 겸임하였다.
② 향도계의 구성원 중에는 검계 출신이 많았다.
③ 향도계는 공공연한 조직이었지만 검계는 비밀조직이었다.
④ 몸에 칼자국이 없으면서 검계의 구성원인 왈짜도 있었다.
⑤ 김홍연이 검계의 일원이 되지 못하고 왈짜에 머물렀던 것은 지방 출신이었기 때문이다.

17 다음 글의 빈칸에 들어갈 문장으로 가장 적절한 것은?

1979년 경찰관 출신이자 샌프란시스코 시의원이었던 화이트 씨는 시장과 시의원을 살해했다는 이유로 1급 살인죄로 기소되었다. 화이트의 변호인은 피고인이 스낵과자를 비롯해 컵케이크, 캔디 등을 과다 섭취했는데 당분 과다로 뇌의 화학적 균형이 무너져 정신에 장애가 왔다고 주장하면서 책임 경감을 요구했다. 재판부는 변호인의 주장을 인정하여 계획 살인죄보다 약한 일반 살인죄를 적용하여 7년 8개월의 금고형을 선고했다. 이 항변은 당시 미국에서 인기 있던 스낵과자의 이름을 따 '트윙키 항변'이라 불렸고 사건의 사회성이나 의외의 소송 전개 때문에 큰 화제가 되었다.

1982년 슈엔달러는 교정시설에 수용된 소년범 276명을 대상으로 섭식과 반사회 행동의 상관관계에 대해 실험하였다. 기존 식단에서 각설탕을 배식하다가 꿀로 바꾸어 보고, 설탕이 많이 들어간 음료수를 주다가 설탕이 가미되지 않은 천연 과일 주스를 주는 식으로 변화를 주었다. 설탕처럼 정제한 당의 섭취를 원천적으로 차단했더니 그 결과 시설 내 폭행, 절도, 규율 위반, 패싸움 등이 실험 전에 비해 무려 45%나 감소하였다. 이 실험이 직접적으로 보여주는 것은 '＿＿＿＿＿＿＿＿＿＿＿＿＿＿＿＿＿＿＿＿＿＿＿'는 것이다.

① 과도한 영양섭취가 범죄 발생에 영향을 미친다.
② 과다한 정제당 섭취가 반사회적 행동을 유발할 수 있다.
③ 가공 식품의 섭취가 일반적으로 폭력 행위를 증가시킨다.
④ 정제당 첨가물로 인한 모든 범죄 행위는 그 책임이 경감되어야 한다.
⑤ 범죄 예방을 위해 교정시설 내 소년범들에게 천연 과일을 제공해야 한다.

18 다음 글의 빈칸에 들어갈 내용으로 가장 적절한 것은?

다른 사람의 증언은 얼마나 신뢰할 만할까? 증언의 신뢰성은 두 가지 요인에 의해서 결정된다. 첫 번째 요인은 증언하는 사람이다. 만약 증언하는 사람이 거짓말을 자주 해서 신뢰하기 어려운 사람이라면 그의 말의 신뢰성은 떨어질 수밖에 없다. 두 번째 요인은 증언 내용이다. 만약 증언 내용이 우리의 상식과 상당히 동떨어져 있어 보인다면 증언의 신뢰성은 떨어질 수밖에 없다. 그렇다면 이 두 요인이 서로 대립하는 경우는 어떨까? 가령 매우 신뢰할 만한 사람이 기적이 일어났다고 증언하는 경우에 우리는 그 증언을 얼마나 신뢰해야 하는가?

이 질문에는 '_____'는 원칙을 적용해서 답할 수 있다. 이 원칙을 기적에 대한 증언에 적용시키기 위해서는 먼저 기적에 대해서 생각해 볼 필요가 있다. 기적이란 자연법칙을 위반한 사건이다. 여기서 자연법칙이란 지금까지 우주의 전체 역사에서 일어났던 모든 사건들이 따랐던 규칙이다. 그렇다면 자연법칙을 위반하는 사건, 즉 기적은 아직까지 한 번도 일어나지 않은 사건이다. 한편 우리는 충분히 신뢰할 만한 사람이 자신의 의지와 무관하게 거짓을 말하는 경우를 이따금 관찰할 수 있다. 따라서 그런 사건이 일어날 확률은 매우 신뢰할 만한 사람이 거짓 증언을 할 확률보다 작을 수밖에 없다. 결국 우리는 기적이 일어났다는 증언을 신뢰해서는 안 된다.

① 어떤 사람이 참인 증언을 할 확률이 그 증언 내용이 실제로 일어날 확률보다 작은 경우에만 증언을 신뢰해야 한다.

② 어떤 사람이 거짓 증언을 할 확률이 그 증언 내용이 실제로 일어날 확률보다 작은 경우에만 증언을 신뢰해야 한다.

③ 어떤 사람이 거짓 증언을 할 확률이 그 증언 내용이 실제로 일어나지 않을 확률보다 작은 경우에만 증언을 신뢰해야 한다.

④ 어떤 사람이 제시한 증언 내용이 일어날 확률이 그것이 일어나지 않을 확률보다 더 큰 경우에만 그 증언을 신뢰해야 한다.

⑤ 어떤 사람이 제시한 증언 내용이 일어날 확률이 그것이 일어나지 않을 확률보다 더 작은 경우에만 그 증언을 신뢰해야 한다.

19 다음 글에서 알 수 있는 것을 〈보기〉에서 모두 고르면?

1964년 1월에 열린 아랍 정상회담의 결정에 따라 같은 해 5월 팔레스타인 사람들은 팔레스타인 해방기구(PLO)를 조직했다. 아랍연맹은 팔레스타인 해방기구를 팔레스타인의 유엔 대표로 인정하였으며 팔레스타인 해방기구는 아랍 전역에 흩어진 난민들을 무장시켜 해방군을 조직했다. 바야흐로 주변 아랍국가들의 지원에 의지하던 팔레스타인 사람들이 자기 힘으로 영토를 되찾기 위해 총을 든 것이다. 그러나 팔레스타인 해방기구의 앞길이 순탄한 것은 결코 아니었다. 아랍국가 중 군주제 국가들은 이스라엘과 정면충돌할까 두려워 팔레스타인 해방기구를 자기 영토 안에 받아들이지 않으려 했고, 소련과 같은 사회주의 국가들과 이집트, 시리아만이 팔레스타인 해방기구를 지원했다. 1967년 6월 5일에 이스라엘의 기습공격으로 제3차 중동전쟁이 시작되었다. 이 '6일 전쟁'에서 아랍연합군은 참패했고, 이집트는 시나이반도를 빼앗겼다. 참패 이후 팔레스타인 해방기구의 온건한 노선을 비판하며 여러 게릴라 조직들이 탄생하였다. 팔레스타인 해방인민전선(PFLP)을 비롯한 수많은 게릴라 조직들은 이스라엘은 물론이고 제국주의에 봉사하는 아랍국가들의 집권층, 그리고 미국을 공격 목표로 삼았다. 1970년 9월에 아랍민족주의와 비동맹 운동의 기수였던 이집트 대통령 나세르가 사망함으로써 팔레스타인 해방운동은 더욱 불리해졌다. 왜냐하면 사회주의로 기울었던 나세르와 달리 후임 대통령 사다트는 국영기업을 민영화하고 친미 정책을 시행했기 때문이다.

〈 **보기** 〉

ㄱ. 팔레스타인 해방기구는 자신들의 힘으로 잃어버린 영토를 회복하려 하였다.
ㄴ. 중동전쟁으로 인해 이집트에는 팔레스타인 해방운동을 지지했던 정권이 무너지고 반 아랍민족주의 정권이 들어섰다.
ㄷ. 팔레스타인 해방기구와 달리 강경 노선을 취하는 게릴라 조직들은 아랍권 내 세력들도 공격 대상으로 삼았다.
ㄹ. 사회주의에 경도된 아랍민족주의는 군주제를 부정했기 때문에 아랍의 군주제 국가들이 팔레스타인 해방기구를 꺼려했다.

① ㄱ, ㄴ
② ㄱ, ㄷ
③ ㄱ, ㄴ, ㄷ
④ ㄴ, ㄷ, ㄹ
⑤ ㄱ, ㄴ, ㄷ, ㄹ

20 다음 글을 근거로 판단할 때, 〈보기〉에서 옳은 것만을 모두 고르면?

조선시대 복식은 신분과 직업에 따라 다르게 규정되었다. 상민들은 흰색 두루마기만 입을 수 있었던 데 비해 중인들은 청색 도포를 입고 다녔다. 조선시대 백관들의 공복(公服) 규정에 따르면, 중인의 경우 정3품은 홍포(紅袍)에 복두(幞頭)를 쓰고, 협지금(茘枝金)띠를 두르고 흑피화(黑皮靴)를 신었다. 4품 이하는 청포(靑袍)에 흑각(黑角)띠를 둘렀고, 7품 이하는 녹포(綠袍)에 흑의화(黑衣靴)를 신었다.

여자들의 복장은 남편의 벼슬이나 본가의 신분에 따라 달랐다. 조선 후기로 오면서 서울의 높은 양반집 여자들은 외출할 때 남자들과 내외하기 위해 장옷을 썼는데 중인 이하의 여자들은 장옷 대신 치마를 썼다. 또한, 양반집 여자들은 치마를 왼쪽으로 여며 입었는데 상민이 그렇게 입으면 망신을 당하고 쫓겨났다고 한다.

조선시대 공복에는 아청(鴉靑), 초록, 목홍(木紅) 등의 색을 사용했다. 『경국대전』에 따르면 1470년대에는 경공장에서 청색 물을 들이는 장인이 30여 명에 달할 만큼 청색 염색이 활발했다. 남색 역시 많이 사용되었다. 『임원십육지』에 따르면 6~7월에 쪽잎을 따서 만든 즙으로 남색 물을 들였다. 쪽잎으로 만든 남색 염료는 햇빛에 강해 색이 잘 변하지 않는 성질이 있어서 세계적으로 많이 사용되었다. 이 염료는 조선 초기까지는 사용이 드물었으나 조선 중기에 염료의 으뜸으로 등장했다가 합성염료의 출현으로 다시 왕좌에서 물러나게 되었다.

〈 **보기** 〉

ㄱ. 조선 후기에 중인 여자들은 외출할 때 장옷을 썼다.
ㄴ. 1470년대에 청색 염색이 활발했음을 보여주는 기록이 『경국대전』에 남아 있다.
ㄷ. 조선시대 정3품에 해당하는 중인들은 규정에 따라 청포에 흑각띠를 두르고 흑피화를 신었다.
ㄹ. 조선에서는 합성염료의 출현 이후에도 초봄에 쪽잎을 따서 만든 남색 염료가 합성염료보다 더 많이 사용되었다.

① ㄱ

② ㄴ

③ ㄱ, ㄷ

④ ㄴ, ㄹ

⑤ ㄷ, ㄹ

제2회 모의고사

모바일
OMR
답안분석
서비스

정답 및 해설 p.8

PART 01
PART 02
PART 03
정답 및 해설

01 다음 글을 읽고 (가), (나)에 들어갈 말을 〈보기〉에서 골라 올바르게 짝지은 것은?

가설과 보조가설로부터 시험 명제 Ⅰ을 연역적으로 이끌어냈지만 명제 Ⅰ이 거짓임이 실험 결과로 밝혀졌다고 해 보자. 이 실험 결과를 수용하려면 어느 쪽인가는 수정하여야 한다. 가설을 수정하거나 완전히 폐기할 수도 있고, 아니면 가설은 그대로 유지하면서 보조가설만을 적절히 변경할 수도 있다. 결국 가설이 심각하게 불리한 실험 결과에 직면했을 때조차도 원리상으로는 가설을 유지시킬 수 있는 가능성은 언제나 남아 있는 것이다.

과학사의 예를 하나 생각해 보자. 토리첼리가 대기층의 압력이라는 착상을 도입하기 전에는 단순 펌프의 기능이 자연은 진공을 싫어한다는 가설에 입각하여 설명되었다. 다시 말해 피스톤이 끌려 올라감으로써 펌프통 속에 진공이 생기는데 자연은 진공을 싫어하기 때문에 그 진공을 채우려고 물이 올라온다는 것이다. 하지만 페리에는 산꼭대기에서 기압계의 수은주가 산기슭에서보다 3인치 이상 짧아진다는 실험 결과를 제시하였다. 파스칼은 이 실험 결과가 자연은 진공을 싫어한다는 가설을 반박한다고 주장하며 다음처럼 말한다. "만일 수은주의 높이가 산기슭에서의 높이보다 산꼭대기에서 짧아지는 현상이 일어난다면 그것은 공기의 무게와 압력 때문이지 자연이 진공을 싫어하기 때문이 아니라는 결론이 따라 나오네. 왜냐하면 산꼭대기에 압력을 가하는 공기량보다 산기슭에 압력을 가하는 공기량이 훨씬 많으며 누구도 자연이 산꼭대기에서보다 산기슭에서 진공을 더 싫어한다고 주장할 수는 없기 때문일세."

파스칼의 이런 언급은 진공에 대한 자연의 혐오라는 가설이 구제될 수 있는 실마리를 제공한다. 페리에의 실험 결과는 자연이 진공을 싫어한다는 가설이 함께 전제하고 있는 보조가설들 가운데 '_____(가)_____'를 반박하는 증거였다. 진공에 대한 자연의 혐오라는 가설과 페리에가 발견한 명백하게 불리한 증거를 수용하기 위해서는 앞의 보조가설 대신 '_____(나)_____'를 보조가설로 끌어들이는 것으로 충분하다.

────〈 **보기** 〉────

ㄱ. 진공에 대한 자연의 혐오 강도는 고도에 구애받지 않는다.
ㄴ. 진공에 대한 자연의 혐오가 고도의 증가에 따라 증가한다.
ㄷ. 진공에 대한 자연의 혐오가 고도의 증가에 따라 감소한다.

	(가)	(나)
①	ㄱ	ㄴ
②	ㄱ	ㄷ
③	ㄴ	ㄱ
④	ㄴ	ㄷ
⑤	ㄷ	ㄱ

02 다음 법 조항에 근거할 때, 허용될 수 있는 행위는?

제8조(소유제한 등)

① 방송사업자가 주식을 발행하는 경우에는 기명식으로 하여야 한다.

② 누구든지 대통령령이 정하는 특수한 관계에 있는 자(이하 "특수관계자"라 한다)가 소유하는 주식 또는 지분을 포함하여 지상파방송사업자 및 종합편성 또는 보도에 관한 전문편성을 행하는 방송채널사용사업자의 주식 또는 지분 총수의 100분의 30을 초과하여 소유할 수 없다. 다만, 다음 각 호의 1에 해당하는 경우에는 그러하지 아니하다.

  1. 국가 또는 지방자치단체가 방송사업자의 주식 또는 지분을 소유하는 경우

  2. 특별법에 의하여 설립된 법인이 방송사업자의 주식 또는 지분을 소유하는 경우

  3. 종교의 선교를 목적으로 하는 방송사업자에 출자하는 경우

③ 제2항의 규정에도 불구하고 '독점규제 및 공정거래에 관한 법률' 제2조 제2호의 규정에 의한 기업집단 중 자산총액 등 대통령령이 정하는 기준에 해당하는 기업집단에 속하는 회사(이하 "대기업"이라 한다)와 그 계열회사(특수관계자를 포함한다) 또는 '정기간행물의 등록에 관한 법률'에 의한 일간신문이나 '뉴스통신진흥에 관한 법률'의 규정에 의한 뉴스통신(이하 "뉴스통신"이라 한다)을 경영하는 법인(특수관계자를 포함한다)은 지상파방송사업 및 종합편성 또는 보도에 관한 전문편성을 행하는 방송채널사용사업을 겸영하거나 그 주식 또는 지분을 소유할 수 없다.

④ '정기간행물의 등록에 관한 법률'에 의한 일간신문이나 뉴스통신을 경영하는 법인은 종합유선방송사업자 및 위성방송사업자에 대하여 대기업과 그 계열회사를 경영하는 법인은 위성방송사업자에 대하여 각각 그와 특수관계자가 소유하는 주식 또는 지분을 포함하여 당해 방송사업자의 주식 또는 지분 총수의 100분의 33을 초과하여 소유할 수 없다.

---

① 대기업의 지상파방송사업 주식 15% 취득

② 일간신문 경영 법인의 종합편성 방송채널사용사업 겸영

③ 뉴스통신 경영 법인의 지상파방송사업 겸영

④ 일간신문 경영 법인의 위성방송사업 주식 35% 취득

⑤ 대기업의 종합유선방송사업자 주식 35% 취득

03 다음 대화를 읽고 (가), (나)에 들어갈 말을 올바르게 짝지은 것은?

> 갑 : 예술가의 작업이란 자신이 경험한 감정을 타인도 경험할 수 있도록 색이나 소리와 같이 감각될 수 있는 여러 형태로 표현하는 것이지.
>
> 을 : 그렇다면 훌륭한 예술과 그렇지 못한 예술을 구별하는 기준은 무엇이지?
>
> 갑 : 그것이야 예술가가 해야 할 작업을 성공적으로 수행하면 훌륭한 예술이고, 그런 작업에 실패한다면 훌륭하지 못한 예술이지. 즉, 예술가가 경험한 감정이 잘 전달되어 감상자도 그런 감정을 느끼게 되는 예술을 훌륭한 예술이라고 할 수 있어.
>
> 을 : 예술가가 느낀 감정 중에서 천박한 감정이 있을까? 아니면 예술가가 느낀 감정은 모두 고상하다고 할 수 있을까?
>
> 갑 : 물론 여느 사람과 마찬가지로 예술가 역시 천박한 감정을 가질 수 있지. 만약 어떤 예술가가 남의 고통을 보고 고소함을 느꼈다면 이는 천박한 감정이라고 해야 할 텐데, 예술가라고 해서 모두 천박한 감정을 갖지 않는다고 할 수는 없어.
>
> 을 : 그렇다면 천박한 감정을 느낀 예술가가 그 감정을 표현하여 감상자 역시 그런 감정을 느낀다면 그 예술은 훌륭한 예술인가?
>
> 갑 : _____(가)_____
>
> 을 : 너의 대답은 모순이야. 왜냐하면 네 대답은 _____(나)_____ 때문이야.

① (가) : 그렇다.
  (나) : 훌륭한 예술에 대한 너의 정의와 앞뒤가 맞지 않기
② (가) : 그렇다.
  (나) : 예술가의 작업에 대한 너의 정의와 앞뒤가 맞지 않기
③ (가) : 그렇다.
  (나) : 예술가가 느낀 감정이 모두 고상하지는 않다는 너의 주장과 앞뒤가 맞지 않기
④ (가) : 아니다.
  (나) : 훌륭한 예술에 대한 너의 정의와 앞뒤가 맞지 않기
⑤ (가) : 아니다.
  (나) : 예술가가 느낀 감정이 모두 고상하지는 않다는 너의 주장과 앞뒤가 맞지 않기

최근에 사이버공동체를 중심으로 한 시민의 자발적 정치 참여 현상이 많은 관심을 끌고 있다. 이러한 현상과 관련하여 A의 연구가 새삼 주목 받고 있다. A의 연구에 따르면 공동체의 구성원이 됨으로써 얻게 되는 '사회적 자본'이 시민사회의 성숙과 민주주의 발전을 가져오는 원동력이라는 것이다. A의 이론에서는 공동체에 대한 자발적 참여를 통해 사회 구성원 간의 상호 의무감과 신뢰, 구성원들이 공유하는 규칙과 관행, 사회적 유대 관계와 같은 사회적 자본이 늘어나면 사회 구성원 간의 협조적인 행위가 가능하게 된다고 보았다. 더 나아가 A는 자원봉사자와 같이 공동체 참여도가 높은 사람이 투표할 가능성이 높고 정부 정책에 대한 의견 개진도 활발해지는 등 정치 참여도가 높아진다고 주장하였다.

몇몇 학자들은 A의 이론을 적용하여 면대면 접촉에 따른 인간관계의 산물인 사회적 자본이 사이버공동체에서도 충분히 형성될 수 있다고 보았다. 그리고 사이버공동체에서 사회적 자본의 증가는 곧 정치 참여도 활성화시킬 것으로 기대했다. 하지만 이러한 기대와는 달리 정치 참여가 활성화되지 않았다. 요즘 젊은이들을 보면 각종 사이버공동체에 자발적으로 참여하는 수준은 높지만 투표나 다른 정치 활동에는 무관심하거나 심지어 정치를 혐오하기도 한다. 이런 측면에서 A의 주장은 사이버공동체가 활성화된 오늘날에는 잘 맞지 않는다.

이러한 이유 때문에 오늘날 사이버공동체를 중심으로 한 정치 참여를 더 잘 이해하기 위해서 '정치적 자본' 개념의 도입이 필요하다. 정치적 자본은 사회적 자본의 구성 요소와는 달리 정치 정보의 습득과 이용, 정치적 토론과 대화, 정치적 효능감 등으로 구성된다. 정치적 자본은 사회적 자본과 마찬가지로 공동체 참여를 통해서 획득되지만, 정치 과정에의 관여를 촉진한다는 점에서 사회적 자본과는 구분될 필요가 있다. 사회적 자본만으로 정치 참여를 기대하기 어렵고, 사회적 자본과 정치 참여 사이를 정치적 자본이 매개할 때 비로소 정치 참여가 활성화된다.

① 사이버공동체를 통해 축적된 사회적 자본에 정치적 자본이 더해질 때 정치 참여가 활성화된다.
② 사회적 자본은 정치적 자본을 포함하기 때문에 그 자체로 정치 참여의 활성화를 가져온다.
③ 사회적 자본이 많은 사회는 정치 참여가 활발하기 때문에 민주주의가 실현된다.
④ 사이버공동체의 특수성으로 인해 시민들의 정치 참여가 어렵게 되었다.
⑤ 사이버공동체에의 자발적 참여 증가는 정치 참여를 활성화시킨다.

05 다음 대화를 읽고 추론할 수 없는 내용은?

갑 : 개인이 소유할 수 있는 노비의 수를 제한해야 합니다. 종친과 부마로서 1품인 사람은 150명, 2품 이하는 130명, 문무관으로 1품 이하 2품 이상인 사람은 130명, 3품 이하 6품 이상은 100명, 7품 이하 9품 이상은 80명으로 하며, 양반(兩班) 자손도 이와 같이 하십시오. 아내는 남편의 관직에 따라 노비를 소유하고, 양인(良人)인 첩은 남편의 관직에 따르되 5분의 2를 삭감하며, 천인(賤人)인 첩은 남편의 관직에 따르되 5분의 4를 삭감하십시오. 백성은 노비를 10명으로 제한하고, 공·사 천인(賤人)은 5명, 승려의 경우 판사 이하 선사 이상의 승려는 15명, 중덕 이하 대선 이상의 승려는 10명, 직책이 없는 승려는 5명으로 제한하십시오.

을 : 하늘이 백성을 낳을 때에는 양인과 천인의 구분이 없었지만 윗사람이 아랫사람을 부리는 데에는 반드시 높고 낮은 차등이 있습니다. 『주례』에 무릇 죄가 있는 자는 노비로 삼아 천한 일을 시킨다고 하였으니 노비 제도는 오랜 역사를 가진 제도입니다. 주인과 노비의 제도가 한번 정해진 이래로 주인이 노비 보기를 임금이 신하 보듯이 하고, 노비가 주인 섬기기를 신하가 임금 섬기듯 하였습니다. 그러므로 노비도 비록 하늘이 내린 백성이기는 하지만 진실로 천한 것을 바꾸어 양인으로 삼아 주인과 대등하게 하여서는 안될 것입니다. 다만 다 같은 양반의 가문인데 노비가 많고 적은 것이 같지 못한 것은 진실로 개탄스런 일입니다. 마땅히 한계를 정해 고르게 하여 현격한 차이가 없도록 해야 합니다. 그러나 귀한 것과 천한 것이 때가 있고 자손의 번성과 적음이 같지 않으며 노비가 태어나서 자라나는 것과 번성하거나 쇠퇴하는 것이 또한 다르니, 그 수를 제한하려고 해도 결국에는 제한하지 못하게 되는 상황을 피할 수 없습니다. 중국 한나라나 전조(前朝)인 고려 때에도 제한하는 법이 있었으나, 도리어 분란을 불러와 후세에 전할 수 없었으니 그 제도를 좋은 것이라고 볼 수 없습니다. 하물며 여러 대에 걸쳐 전해 내려온 노비를 하루아침에 빼앗는다면 어찌 보통 사람의 상식에 맞겠습니까.

① 갑의 주장대로 시행된다면, 노비 신분에서 해방되는 노비가 늘어나 신분질서가 무너질 수 있다.
② 갑의 주장대로 시행된다면, 1인당 노비 소유에 있어 백성과 천인의 격차보다는 양반과 백성 사이의 격차가 훨씬 클 것이다.
③ 을의 견해가 수용된다면, 갑의 주장대로 시행되기 어려울 것이다.
④ 을의 견해가 수용된다면, 양반 내 노비 소유의 불균등성은 해결될 수 없을 것이다.
⑤ 갑과 을은 기본적으로 노비제도의 존속을 지지한다는 점에서 그 입장이 같다.

다음 법 조항을 근거로 판단할 때 옳은 것은?

제1조(성년후견)

① 가정법원은 질병, 장애, 노령, 그 밖의 사유로 인한 정신적 제약으로 사무를 처리할 능력이 지속적으로 결여된 사람에 대하여 본인, 배우자, 4촌 이내의 친족, 검사 또는 지방자치단체의 장의 청구에 의하여 성년후견개시의 심판을 한다.

② 성년후견인은 피성년후견인의 법률행위를 취소할 수 있다.

③ 제2항에도 불구하고 일용품의 구입 등 일상생활에 필요하고 그 대가가 과도하지 아니한 법률행위는 성년후견인이 취소할 수 없다.

제2조(피성년후견인의 신상결정)

① 피성년후견인은 자신의 신상에 관하여 그의 상태가 허락하는 범위에서 단독으로 결정한다.

② 성년후견인이 피성년후견인을 치료 등의 목적으로 정신병원이나 그 밖의 다른 장소에 격리하려는 경우에는 가정법원의 허가를 받아야 한다.

제3조(성년후견인의 선임)

① 성년후견인은 가정법원이 직권으로 선임한다.

② 가정법원은 성년후견인이 선임된 경우에도 필요하다고 인정하면 직권으로 또는 청구권자의 청구에 의하여 추가로 성년후견인을 선임할 수 있다.

---

① 성년후견인의 수는 1인으로 제한된다.

② 지방자치단체의 장은 가정법원에 성년후견개시의 심판을 청구할 수 있다.

③ 성년후견인은 피성년후견인이 행한 일용품 구입행위를 그 대가의 정도와 관계없이 취소할 수 없다.

④ 가정법원은 성년후견개시의 심판절차에서 직권으로 성년후견인을 선임할 수 없다.

⑤ 성년후견인은 가정법원의 허가 없이 단독으로 결정하여 피성년후견인을 치료하기 위해 정신병원에 격리할 수 있다.

07 다음 글의 가설을 강화하는 사례가 아닌 것만을 〈보기〉에서 모두 고르면?

성염색체만이 개체의 성(性)을 결정하는 요소는 아니다. 일부 파충류의 경우에는 알이 부화되는 동안의 주변 온도에 의해 개체의 성이 결정된다. 예를 들어, 낮은 온도에서는 일부 종은 수컷으로만 발달하고, 일부 종은 암컷으로만 발달한다. 또한, 어떤 종에서는 낮은 온도와 높은 온도에서 모든 개체가 암컷으로만 발달하는 경우도 있다. 그 사이의 온도에서는 특정 온도에 가까워질수록 수컷으로 발달하는 개체의 비율이 증가하다가 결국 그 특정 온도에 이르러서는 모든 개체가 수컷으로 발달하기도 한다.

다음은 온도와 성 결정 간의 상관관계를 설명하기 위해 제시된 가설이다.

〈가설〉

파충류의 성 결정은 B물질을 필요로 한다. B물질은 단백질 '가'에 의해 A물질로, 단백질 '나'에 의해 C물질로 바뀐다. 이때, A물질과 C물질의 비율은 단백질 '가'와 단백질 '나'의 비율과 동일하다. 파충류의 알은 단백질 '가'와 '나' 모두를 가지고 있지만 온도에 따라 각각의 양이 달라진다. 암컷을 생산하는 온도에서 배양된 알에서는 A물질의 농도가 더 높고, 수컷을 생산하는 온도에서 배양된 알에서는 C물질의 농도가 더 높다. 온도의 차에 의해 알의 내부에 A물질과 C물질의 상대적 농도 차이가 발생하고, 이것이 파충류의 성을 결정하는 것이다.

〈 보기 〉

ㄱ. 수컷만 생산하는 온도에서 부화되고 있는 알은 단백질 '가'보다 훨씬 많은 양의 단백질 '나'를 가지고 있다.

ㄴ. B물질의 농도는 수컷만 생산하는 온도에서 부화되고 있는 알보다 암컷만 생산하는 온도에서 부화되고 있는 알에서 더 높다.

ㄷ. 수컷만 생산하는 온도에서 부화되고 있는 알에 고농도의 A물질을 투여하여 C물질보다 그 농도를 높였더니 암컷이 생산되었다.

① ㄱ
② ㄴ
③ ㄷ
④ ㄱ, ㄷ
⑤ ㄴ, ㄷ

08 다음 글을 근거로 추론할 때, 〈보기〉에서 옳은 것만을 모두 고르면?

스위스에는 독일어, 프랑스어, 이탈리아어, 레토로만어 등 4개 언어가 공식어로 지정되어 있다. 스위스는 '칸톤'이라 불리는 20개의 주(州)와 6개의 '할프칸톤(半州)'으로 구성되어 있으며 이들 지방자치단체들 간의 사회적·경제적 격차는 그다지 심하지 않고 완벽에 가까운 사회보장제도가 시행되고 있다.

연방국가인 스위스의 정치제도적 특징은 직접민주주의(국민발의와 국민투표)에 있다. 직접민주주의 제도를 통해 헌법이나 법률의 개정을 제안하거나 연방정부 또는 연방의회가 이미 인준한 헌법이나 법률조항을 거부하기도 한다. 안건도 매우 다양하여 출산보험 도입, 신예전투기 도입, 외국인의 귀화절차와 난민권, 알프스 산맥의 철도터널 신설, 쥐라 주의 독립문제 등을 대상으로 삼았다. 더 나아가 외교정책도 다루어졌는데 1986년에는 유엔가입 여부를 국민투표에 부쳤고, 그 결과 의회가 가결한 유엔가입안을 부결시킨 적이 있다.

연방정부는 7인의 연방장관(4대 정당 대표와 3대 언어권 대표)으로 구성되며 모든 안건은 이들이 만장일치 혹은 압도적 다수로 결정한다. 따라서 국가수반이나 행정부의 수반은 없는 것과 다름없다. 이러한 제도는 타협이 이루어질 때까지 많은 시간이 소요되므로 시급한 문제의 처리나 위급상황 발생 시에는 문제점이 나타날 수 있다.

〈 **보기** 〉

ㄱ. 스위스 국민은 어느 주에 살더라도 사회보장을 잘 받을 수 있을 것이다.
ㄴ. 스위스에서는 연방정부에서 결정된 사항을 국민투표에 부칠 수 없을 것이다.
ㄷ. 스위스는 독일, 프랑스, 이탈리아 등 강대국 사이에 위치하고 있기 때문에 국가수반은 강력한 리더십을 발휘할 것이다.
ㄹ. 스위스에서는 연방정부의 의사결정 방식으로 인해 국가의 중요 안건을 신속하게 결정하기 어려울 수 있다.

① ㄱ
② ㄴ
③ ㄱ, ㄷ
④ ㄱ, ㄹ
⑤ ㄷ, ㄹ

다음 글의 내용과 일치하지 않는 것은?

고대에는 별이 뜨고 지는 것을 통해 방위를 파악했다. 최근까지 서태평양 캐롤라인 제도의 주민은 현대식 항해 장치 없이도 방위를 파악하여 카누 하나만으로 드넓은 열대 바다를 항해하였다. 인류학자들에 따르면 그들은 별을 나침반처럼 이용하여 여러 섬을 찾아다녔고 이때의 방위는 북쪽의 북극성, 남쪽의 남십자성, 그 밖에 특별히 선정한 별이 뜨고 지는 것에 따라 정해졌다.

캐롤라인 제도는 적도의 북쪽에 있어서 그 주민들은 북쪽 수평선의 바로 위쪽에서 북극성을 볼 수 있다. 북극성은 천구의 북극점으로부터 매우 가까운 거리에서 작은 원을 그리며 공전한다. 천구의 북극점은 지구 자전축의 북쪽 연장선상에 있기 때문에 천구의 북극점에 있는 별은 공전을 하지 않고 정지된 것처럼 보인다. 이처럼 천구의 북극점에 있는 별을 제외하고 북극성을 포함한 별이 천구의 북극점을 중심으로 공전하는 것처럼 보이는 것은 지구가 자전하기 때문이다.

캐롤라인 제도의 주민이 북쪽을 찾기 위해 이용했던 북극성은 자기(磁氣) 나침반보다 더 정확하게 천구의 북극점을 가리킨다. 이는 나침반의 바늘이 지구의 자전축으로부터 거리가 멀리 떨어져 있는 지구자기의 북극점을 향하기 때문이다. 또한, 천구의 남극점 근처에서 쉽게 관측할 수 있는 고정된 별은 없으므로 캐롤라인 제도의 주민은 남극점 자체를 볼 수 없다. 그러나 남십자성이 천구의 남극점 주위를 돌고 있으므로 남쪽을 파악하는 데는 큰 어려움이 없다.

① 고대에 사용되었던 방위 파악 방법 중에는 최근까지 이용된 것도 있다.
② 캐롤라인 제도의 주민은 밤하늘에 있는 남십자성을 이용하여 남쪽을 알아낼 수 있었다.
③ 지구 자전축의 연장선상에 별이 있다면, 밤하늘을 보았을 때 그 별은 정지된 것처럼 보인다.
④ 자기 나침반을 이용하면 북극성을 이용할 때보다 더 정확히 천구의 북극점을 찾을 수 있다.
⑤ 캐롤라인 제도의 주민이 관찰한 별이 천구의 북극점을 중심으로 공전하는 것처럼 보이는 이유는 지구가 자전하기 때문이다.

10 다음 글을 읽고 알 수 있는 것은?

소설과 영화는 둘 다 이야기를 전달해 주는 예술 양식이다. 그래서 역사적으로 소설과 영화는 매우 가까운 관계였다. 초기 영화들은 소설에서 이야기의 소재를 많이 차용했으며 원작 소설을 각색하여 영화의 시나리오로 만들었다. 하지만 소설과 영화는 인물, 배경, 사건과 같은 이야기 구성 요소들을 공유하고 있다 하더라도 이야기를 전달하는 방법에 뚜렷한 차이를 보인다. 예컨대 어떤 인물의 내면 의식을 드러낼 때 소설은 문자 언어를 통해 표현하지만 영화는 인물의 대사나 화면 밖의 목소리를 통해 전달하거나 혹은 연기자의 표정이나 행위를 통해 암시적으로 표현한다. 또한, 소설과 영화의 중개자는 각각 서술자와 카메라이기에 그로 인한 서술 방식의 차이도 크다. 가령 1인칭 시점의 원작 소설과 이를 각색한 영화를 비교해 보면 소설의 서술자 '나'의 경우 영화에서는 화면에 인물로 등장해야 하므로 이들의 서술 방식은 달라진다.

이처럼 원작 소설과 각색 영화 사이에는 이야기가 전달되는 방식에서 큰 차이가 발생한다. 소설은 시공간의 얽매임을 받지 않고 풍부한 재현이나 표현의 수단을 가지고 있지만 영화는 모든 것을 직접적인 감각성에 의존한 영상과 음향으로 표현해야 하기 때문에 재현이 어려운 심리적 갈등이나 내면 묘사, 내적 독백 등을 소설과 다른 방식으로 나타내야 하는 것이다. 요컨대 소설과 영화는 상호 유사한 성격을 지니고 있으면서도 각자 독자적인 예술 양식으로서의 특징을 지니고 있다.

① 영화는 소설과 달리 인물의 내면 의식을 직접적으로 표현하지 못한다.
② 소설과 영화는 매체가 다르므로 두 양식의 이야기 전달 방식도 다르다.
③ 매체의 표현 방식에도 진보가 있는데 영화가 소설보다 발달된 매체이다.
④ 소설과 달리 영화는 카메라의 촬영 기술과 효과에 따라 주제가 달라진다.
⑤ 문자가 영상의 기초가 되므로 영화도 소설처럼 문자 언어적 표현 방식에 따라 화면이 구성된다.

11 다음 글에서 ⊙에 해당하는 것은?

> 시각도란 대상물의 크기가 관찰자의 눈에 파악되는 상대적인 각도이다. 대상의 윤곽선으로부터 관찰자 눈의 수정체로 선을 확장시킴으로써 시각도를 측정할 수 있는데 대상의 위아래 또는 좌우의 최외각 윤곽선과 수정체가 이루는 두 선 사이의 예각이 시각도가 된다. 시각도는 대상의 크기와 대상에서 관찰자까지의 거리 두 가지 모두에 의존하며 대상이 가까울수록 그 시각도가 커진다. 따라서 ⊙ 다른 크기의 대상들이 동일한 시각도를 만들어 내는 사례들이 생길 수 있다.
> 작은 원이 관찰자에게 가까이 위치하도록 하고, 큰 원이 멀리 위치하도록 해서 두 원이 1도의 시각도를 유지하도록 하는 실험을 한다고 가정해 보자. 이 실험에서 눈과 원의 거리를 가늠할 수 있게 하는 모든 정보를 제거하면 두 원의 크기가 같다고 판단된다. 즉 두 원은 관찰자의 망막에 동일한 크기의 영상을 낳기 때문에 다른 정보가 없는 한 동일한 크기의 원으로 인식된다. 왜냐하면 관찰자의 크기 지각이 대상의 실제 크기에 의해 결정되지 않고 관찰자의 망막에 맺힌 영상의 크기에 의해 결정되기 때문이다.

① 어떤 물체의 크기가 옆에 같이 놓인 연필의 크기를 통해 지각된다.
② 고공을 날고 있는 비행기에서 지상에 있는 사물은 매우 작게 보인다.
③ 가까운 화분의 크기가 멀리 떨어진 고층 빌딩과 같은 크기로 지각된다.
④ 차창 밖으로 보이는 집의 크기를 이용해 차와 집과의 거리를 지각한다.
⑤ 빠르게 달리는 차 안에서 보면 가까이 있는 물체는 멀리 있는 물체에 비해 빠르게 지나간다.

12 다음 글과 상황을 근거로 판단할 때, 甲국 A정당 회계책임자가 2019년 1월 1일부터 2020년 12월 31일까지 중앙선거관리위원회에 회계보고를 한 총 횟수는?

제1조 정당 회계책임자는 중앙선거관리위원회에 다음 각 호에 정한 대로 회계보고를 하여야 한다.
1. 공직선거에 참여하지 아니한 연도
   매년 1월 1일부터 12월 31일까지의 정치자금 수입과 지출에 관한 회계보고는 다음 연도 2월 15일에 한다.
2. 공직선거에 참여한 연도
   가. 매년 1월 1일부터 선거일 후 20일까지의 정치자금 수입과 지출에 관한 회계보고는 당해 선거일 후 30일(대통령선거는 40일)에 한다.
   나. 당해 선거일 후 21일부터 당해 연도 12월 31일까지의 정치자금 수입과 지출에 관한 회계보고는 다음 연도 2월 15일에 한다.

〈상황〉
- 甲국의 A정당은 위 법에 따라 정치자금 수입과 지출에 관한 회계보고를 했다.
- 甲국에서는 2018년에 공직선거가 없었고, 따라서 A정당은 공직선거에 참여하지 않았다.
- 甲국에서는 2019년 12월 5일에 대통령선거를, 2020년 3월 15일에 국회의원 총선거를 실시하였고, 그밖의 공직선거는 없었다.
- 甲국의 A정당은 2019년 대통령선거에 후보를 공천해 참여하였고, 2020년 국회의원 총선거에도 후보를 공천해 참여하였다.

① 3회
② 4회
③ 5회
④ 6회
⑤ 7회

13 다음 글을 읽고 (가), (나)에 들어가기에 적절한 것을 〈보기〉에서 골라 올바르게 짝지은 것은?

> 귀납주의란 과학적 탐구 방법의 핵심이 귀납이라는 입장이다. 즉, 과학적 이론은 귀납을 통해 만들어지고, 그 정당화 역시 귀납을 통해 이루어진다는 것이다. 그러나 실제 과학의 역사를 고려하면 귀납주의는 문제에 처하게 된다. 이러한 문제 상황은 다음과 같은 타당한 논증을 통해 제시될 수 있다.
>
> 만약 귀납이 과학의 역사에서 사용된 경우가 드물다면 과학의 역사는 바람직한 방향으로 발전하지 않았거나 또는 귀납주의는 실제로 행해진 과학적 탐구 방법의 특징을 드러내는 데 실패했다고 보아야 한다. 과학의 역사가 바람직한 방향으로 발전하지 않았다면 귀납주의에서는 수많은 과학적 지식을 정당화되지 않은 것으로 간주해야 한다. 그리고 귀납주의가 실제로 행해진 과학적 탐구 방법의 특징을 드러내는 데 실패했다면 귀납주의는 과학적 탐구 방법에 대한 잘못된 이론이다. 그런데 우리는 과학의 역사가 바람직한 방향으로 발전하지 않았거나 귀납주의가 실제로 행해진 과학적 탐구 방법의 특징을 드러내는 데 실패했다고 보아야 한다. 그 이유는 _____ (가) _____는 것이다. 그리고 이로부터 우리는 다음 결론을 도출하게 된다. _____ (나) _____

〈 **보기** 〉

> ㄱ. 과학의 역사에서 귀납이 사용된 경우는 드물다.
> ㄴ. 과학의 역사에서 귀납 외에도 다양한 방법들이 사용되었다.
> ㄷ. 귀납주의는 과학적 탐구 방법에 대한 잘못된 이론이고, 귀납주의에서는 수많은 과학적 지식을 정당화되지 않은 것으로 간주해야 한다.
> ㄹ. 귀납주의가 과학적 탐구 방법에 대한 잘못된 이론이라면, 귀납주의에서는 수많은 과학적 지식을 정당화되지 않은 것으로 간주해야 한다.
> ㅁ. 귀납주의가 과학적 탐구 방법에 대한 잘못된 이론이 아니라면, 귀납주의에서는 수많은 과학적 지식을 정당화되지 않은 것으로 간주해야 한다.

	(가)	(나)
①	ㄱ	ㄷ
②	ㄱ	ㄹ
③	ㄱ	ㅁ
④	ㄴ	ㄹ
⑤	ㄴ	ㅁ

14 다음 글의 내용과 일치하지 않는 것을 〈보기〉에서 모두 고르면?

17 ~ 18세기에 걸쳐 각 지역 양반들에 의해 서원이나 사당 건립이 활발하게 진행되었다. 서원이나 사당 대부분은 일정 지역의 유력 가문이 주도하여 자신들의 지위를 유지하고 지역 사회에서 영향력을 행사하는 구심점으로 건립·운영되었다.

이러한 경향은 향리층에게도 파급되어 18세기 후반에 들어서 안동, 충주, 원주 등에서 향리들이 사당을 신설하거나 중창 또는 확장하였다. 향리들이 건립한 사당은 양반들이 건립한 것에 비하면 얼마 되지 않는다. 하지만 향리들에 의한 사당 건립은 향촌사회에서 향리들의 위세를 짐작할 수 있는 좋은 지표이다.

향리들이 건립한 사당은 그 지역 향리 집단의 공동노력으로 건립한 경우도 있지만 대부분은 향리 일족 내의 특정 가계(家系)가 중심이 되어 독자적으로 건립한 것이었다. 이러한 사당은 건립과 운영에 있어서 향리 일족 내의 특정 가계의 이해를 반영하고 있는데 대표적인 것으로 경상도 거창에 건립된 창충사(彰忠祠)를 들 수 있다.

창충사는 거창의 여러 향리 가운데 신씨가 중심이 되어 세운 사당이다. 영조 4년(1728) 무신란(戊申亂)을 진압하다가 신씨 가문의 다섯 명의 향리가 죽는데 이들을 추모하기 위해 무신란이 일어난 지 50년이 되는 정조 2년(1778)에 건립되었다. 처음에는 죽은 향리의 자손들이 힘을 모아 사적으로 세웠으나 10년 후인 정조 12년에 국가에서 제수(祭需)를 지급하는 사당으로 승격하였다.

원래 무신란에서 죽은 향리 중 신씨는 일곱 명이며 이들의 공로는 모두 비슷하였다. 하지만 두 명의 신씨는 사당에 모셔지지 않았고, 관직이 추증되지도 않았다. 창충사에 모셔진 다섯 명의 향리는 모두 그 직계 자손의 노력에 의한 것이었고, 국가로부터의 포상도 이들의 노력에 의한 것이었다. 반면, 두 명의 자손들은 같은 신씨임에도 불구하고 가세가 빈약하여 향촌사회에서 조상을 모실 만큼 힘을 쓸 수 없었다. 향리사회를 주도해 가는 가계는 독점적인 위치를 확고하게 구축하려고 노력하였으며, 사당의 건립은 그러한 노력의 산물이었다.

〈 **보기** 〉

ㄱ. 창충사는 양반 가문이 세운 사당이다.
ㄴ. 양반보다 향리가 세운 사당이 더 많다.
ㄷ. 양반뿐 아니라 향리가 세운 서원도 존재하였다.
ㄹ. 창충사에 모셔진 신씨 가문의 향리는 다섯 명이다.

① ㄱ, ㄴ
② ㄱ, ㄹ
③ ㄷ, ㄹ
④ ㄱ, ㄴ, ㄷ
⑤ ㄴ, ㄷ, ㄹ

EU는 1995년부터 철제 다리 덫으로 잡은 동물 모피의 수입을 금지하기로 했다. 모피가 이런 덫으로 잡은 동물의 것인지 아니면 상대적으로 덜 잔혹한 방법으로 잡은 동물의 것인지 구별하는 것은 불가능하다. 그렇기 때문에 EU는 철제 다리 덫 사용을 금지하는 나라의 모피만 수입하기로 결정했다. 이런 수입 금지 조치에 대해 미국, 캐나다, 러시아는 WTO에 제소하겠다고 위협했다. 결국 EU는 WTO가 내릴 결정을 예상하여 철제 다리 덫으로 잡은 동물의 모피를 계속 수입하도록 허용했다.

또한, 1998년부터 EU는 화장품 실험에 동물을 이용하는 것을 금지했을 뿐만 아니라 동물실험을 거친 화장품의 판매조차 금지하는 법령을 채택했다. 그러나 동물실험을 거친 화장품의 판매 금지는 WTO 규정 위반이 될 것이라는 유엔의 권고를 받았다. 결국 EU의 판매 금지는 실행되지 못했다.

한편, 그 외에도 EU는 성장 촉진 호르몬이 투여된 쇠고기의 판매 금지 조치를 시행하기도 했다. 동물복지를 옹호하는 단체들이 소의 건강에 미치는 영향을 우려해 호르몬 투여 금지를 요구했지만 EU가 쇠고기 판매를 금지한 것은 주로 사람의 건강에 대한 염려 때문이었다. 미국은 이러한 판매 금지 조치에 반대하며 EU를 WTO에 제소했고, 결국 WTO 분쟁패널로부터 호르몬 사용이 사람의 건강을 위협한다고 믿을 만한 충분한 과학적 근거가 없다는 판정을 이끌어내는 데 성공했다. EU는 항소했다. 그러나 WTO의 상소기구는 미국의 손을 들어주었다. 그럼에도 불구하고 EU는 금지 조치를 철회하지 않았다. 이에 미국은 1억 1,600만 달러에 해당하는 EU의 농업 생산물에 100% 관세를 물리는 보복 조치를 발동했고 WTO는 이를 승인했다.

① EU는 환경의 문제를 통상 조건에서 최우선적으로 고려한다.
② WTO는 WTO 상소기구의 결정에 불복하는 경우 적극적인 제재 조치를 취한다.
③ WTO는 사람의 건강에 대한 위협을 방지하는 것보다 국가 간 통상의 자유를 더 존중한다.
④ WTO는 제품의 생산과정에서 동물의 권리를 침해한다는 이유로 해당 제품 수입을 금지하는 것을 허용하지 않는다.
⑤ WTO 규정에 의하면 각 국가는 타국의 환경, 보건, 사회 정책 등이 자국과 다르다는 이유로 타국의 특정 제품의 수입을 금지할 수 있다.

16 다음 글을 근거로 판단할 때 옳은 것은?

파스타(Pasta)는 밀가루와 물을 주재료로 하여 만든 반죽을 소금물에 넣고 삶아 만드는 이탈리아 요리를 총칭하는 데, 파스타 요리의 가장 중요한 재료인 면을 의미하기도 한다.

파스타는 350여 가지가 넘는 다양한 종류가 있는데, 형태에 따라 크게 롱(Long) 파스타와 쇼트(Short) 파스타로 나눌 수 있다. 롱 파스타의 예로는 가늘고 기다란 원통형인 스파게티, 넓적하고 얇은 면 형태인 라자냐를 들 수 있고, 쇼트 파스타로는 속이 빈 원통형인 마카로니, 나선 모양인 푸실리를 예로 들 수 있다.

역사를 살펴보면 기원전 1세기경에 고대 로마시대의 이탈리아 지역에서 라자냐를 먹었다는 기록이 전해진다. 이후 9 ~ 11세기에는 이탈리아 남부의 시칠리아에서 아랍인들로부터 제조 방법을 전수받아 건파스타(Dried Pasta)의 생산이 처음으로 이루어졌다고 한다. 건파스타는 밀가루에 물만 섞은 반죽으로 만든 면을 말린 것인데 이는 시칠리아에서 재배된 듀럼(Durum) 밀이 곰팡이나 해충에 취약해 장기 보관이 어려웠기 때문에 저장기간을 늘리고 수송을 쉽게 하기 위함이었다.

듀럼 밀은 주로 파스타를 만들 때 사용하는 특수한 품종으로 일반 밀과 여러 가지 측면에서 차이가 난다. 일반 밀이 강수량이 많고 온화한 기후에서 잘 자라는 반면 듀럼 밀은 주로 지중해 지역과 같이 건조하고 더운 기후에서 잘 자란다. 또한 일반 밀로 만든 하얀 분말 형태의 고운 밀가루는 이스트를 넣어 발효시킨 빵과 같은 제품들에 주로 사용되고, 듀럼 밀을 거칠게 갈아 만든 황색의 세몰라 가루는 파스타를 만드는 데 적합하다.

① 속이 빈 원통형인 마카로니는 롱 파스타의 한 종류이다.
② 건파스타 제조 방법은 시칠리아인들로부터 아랍인들에게 최초로 전수되었다.
③ 이탈리아 지역에서는 기원전부터 롱 파스타를 먹은 것으로 보인다.
④ 파스타를 만드는 데 사용하는 세몰라 가루는 곱게 갈아 만든 흰색의 가루이다.
⑤ 듀럼 밀은 곰팡이나 해충에 강해 건파스타의 주재료로 적합하다.

17 다음 글을 근거로 판단할 때, 〈보기〉에서 옳은 것만을 모두 고르면?

목련은 연꽃처럼 생긴 꽃이 나무에 달린다고 하여 목련(木蓮)이라 한다. 우리나라 원산(原産)의 목련을 포함한 대부분의 목련은 찬바람이 채 가시지도 않은 이른 봄에 잎이 돋아나는 것을 기다릴 새도 없이 어른 주먹만한 흰 꽃을 먼저 피우는데, 성급하게 핀 꽃 치고는 그 자태가 우아하고 향기 또한 그윽하다.

주위에 흔히 보이는 목련은 대개가 중국에서 들여온 백목련이다. 우리나라 원산의 목련은 꽃잎이 좁고 얇으며 꽃잎이 뒤로 젖혀질 만큼 활짝 핀다. 또한, 꽃잎 안쪽에 붉은 선이 있고 꽃받침이 뚜렷하게 구분된다. 반면 백목련은 꽃받침이 꽃잎처럼 변해 버려 구분하기 어려우며 꽃이 다 피어도 절반 정도밖에 벌어지지 않는다는 점에서 우리나라 원산의 목련과 다르다.

이외에도 일본에서 들여온 일본목련이 있다. 우리나라 원산의 목련과는 달리 잎이 핀 다음에 꽃이 피고, 잎과 꽃의 크기가 훨씬 크기 때문에 이 둘을 구별하는 데 어려움은 없다. 하지만 엉뚱하게도 일본목련을 우리나라에서 자라는 늘푸른나무인 후박나무로 잘못 알고 있는 경우가 많다. 일본인들은 일본목련을 그들 말로 '호오노끼'라 부르면서 한자로는 '후박(厚朴)'이라고 표기한다. 그런데 일본목련을 수입해 올 때 일본어의 한자이름만 보고 그대로 '후박나무'로 번역해 버린 탓에 이 같은 혼란이 생긴 것이다.

〈 보기 〉

ㄱ. 백목련은 중국에서, 일본목련은 일본에서 들여왔다.
ㄴ. 백목련과 우리나라 원산의 목련은 꽃이 벌어지는 정도로 구별 가능하다.
ㄷ. 우리나라 원산의 목련은 꽃이 핀 다음에 잎이 핀다.
ㄹ. 우리나라의 늘푸른나무인 후박나무와 일본의 호오노끼는 같은 나무이다.

① ㄱ, ㄹ
② ㄴ, ㄷ
③ ㄴ, ㄹ
④ ㄱ, ㄴ, ㄷ
⑤ ㄱ, ㄷ, ㄹ

18 다음 글의 내용과 일치하는 것은?

감염에 대한 일반적인 반응은 열(熱)을 내는 것이다. 우리는 발열을 흔한 '질병의 증상'이라고만 생각한다. 아무런 기능도 없이 불가피하게 일어나는 수동적인 현상처럼 여긴다. 그러나 우리의 체온은 유전적으로 조절되는 것이며 아무렇게나 변하지 않는다. 병원체 중에는 우리의 몸보다 열에 더 예민한 것들도 있다. 체온을 높이면 그런 병원체들은 우리보다 먼저 죽게 되므로 발열 증상은 우리 몸이 병원체를 죽이기 위한 능동적인 행위가 되는 것이다.

또 다른 반응은 면역 체계를 가동시키는 것이다. 백혈구를 비롯한 우리의 세포들은 외부에서 침입한 병원체를 능동적으로 찾아내어 죽인다. 우리 몸은 침입한 병원체에 대항하는 항체를 형성하여 일단 치유된 뒤에는 다시 감염될 위험이 적어진다. 인플루엔자나 보통 감기 따위의 질병에 대한 우리의 저항력은 완전한 것이 아니어서 결국 다시 그 병에 걸릴 수도 있다. 어떤 질병에 대해서는 한 번의 감염으로 자극을 받아 생긴 항체가 평생 동안 그 질병에 대한 면역성을 준다. 바로 이것이 예방접종의 원리이다. 죽은 병원체를 접종함으로써 질병을 실제로 경험하지 않고 항체 생성을 자극하는 것이다.

일부 영리한 병원체들은 인간의 면역성에 굴복하지 않는다. 어떤 병원체는 우리의 항체가 인식하는 병원체의 분자 구조, 즉 항원을 바꾸어 우리가 그 병원체를 알아보지 못하게 한다. 가령 인플루엔자는 항원을 변화시키기 때문에 이전에 인플루엔자에 걸렸던 사람이라도 새로이 나타난 다른 균종으로부터 안전할 수 없는 것이다.

인간의 가장 느린 방어 반응은 자연선택에 의한 반응이다. 어떤 질병이든지 남들보다 유전적으로 저항력이 더 많은 사람들이 있기 마련이다. 어떤 전염병이 한 집단에서 유행할 때 그 특정 병원체에 저항하는 유전자를 가진 사람들은 그렇지 못한 사람들에 비해 생존 가능성이 높다. 따라서 역사적으로 특정 병원체에 자주 노출되었던 인구 집단에는 그 병에 저항하는 유전자를 가진 개체의 비율이 높아질 수밖에 없다. 이 같은 자연선택의 예로 아프리카 흑인에게서 자주 발견되는 겸상(鎌狀) 적혈구 유전자를 들 수 있다. 겸상 적혈구 유전자는 적혈구의 모양을 정상적인 도넛 모양에서 낫 모양으로 바꾸어서 빈혈을 일으키므로 생존에 불리함을 주지만, 말라리아에 대해서는 저항력을 가지게 한다.

① 발열 증상은 수동적인 현상이지만 감염병의 회복에 도움을 준다.
② 예방접종은 질병을 실제로 경험하게 하여 항체 생성을 자극한다.
③ 겸상 적혈구 유전자는 적혈구 모양을 도넛 모양으로 변화시켜 말라리아로부터 저항성을 가지게 한다.
④ 병원체의 항원이 바뀌면 이전에 형성된 항체가 존재하는 사람도 그 병원체가 일으키는 병에 걸릴 수 있다.
⑤ 어떤 질병이 유행한 적이 없는 집단에서는 그 질병에 저항력을 주는 유전자가 보존되는 방향으로 자연선택이 이루어졌다.

19 다음 글에 서술된 연구결과에 대한 판단으로 가장 적절한 것은?

> 320여 년 전 아일랜드의 윌리엄 몰리눅스가 제기했던 이른바 '몰리눅스의 물음'에 답하기 위한 실험이 최근 이루어졌다. 몰리눅스는 철학자 로크에게 보낸 편지에서 다음과 같이 물었다. "태어날 때부터 시각장애인인 사람이 둥근 공 모양과 정육면체의 형태 등을 단지 손으로 만져서 알게 된 후 어느 날 갑자기 눈으로 사물을 볼 수 있게 된다면, 그 사람은 손으로 만져보지 않고도 눈앞에 놓인 물체가 공 모양인지 주사위 모양인지 알아낼 수 있을까요?"
> 경험론자들은 인간이 아무것도 적혀 있지 않은 '빈 서판' 같은 마음을 가지고 태어나며 모든 관념과 지식은 경험에 의해 형성된다고 주장한 반면, 생득론자들은 인간이 태어날 때 이미 외부의 정보를 처리하는 데 필요한 관념들을 가지고 있다고 주장했다. 만일 인간의 정신 속에 그런 관념들이 존재한다면 눈으로 보든 손으로 만지든 상관없이 사람들은 해당되는 관념을 찾아낼 것이다. 따라서 몰리눅스의 물음이 명확히 답변될 수 있다면 이런 양 편의 주장에 대한 적절한 판정이 내려질 것이다.
> 2003년에 인도의 한 연구팀이 뉴델리의 슈로프 자선안과병원과 협력하여 문제의 실험을 수행하였다. 실험은 태어날 때부터 시각장애인이었다가 수술을 통해 상당한 시력을 얻게 된 8세부터 17세 사이의 남녀 환자 6명을 대상으로 진행되었다. 연구자들은 수술 후 환자의 눈에서 붕대를 제거한 후 주변이 환히 보이는지 먼저 확인하고, 레고 블록 같은 물건을 이용해서 그들이 세밀한 시각 능력을 충분히 회복했음을 확인했다. 또한 그들이 여전히 수술 이전 수준의 촉각 능력을 갖고 있음도 확인했다. 이제 연구자들은 일단 환자의 눈을 가리고 특정한 형태의 물체를 손으로 만지게 한 뒤 서로 비슷하지만 뚜렷이 구별될 만한 두 물체를 눈앞에 내놓고 조금 전 만졌던 것이 어느 쪽인지 말하도록 했다. 환자가 촉각을 통해 인지한 형태와 시각만으로 인지한 형태를 성공적으로 연결할 수 있는지를 시험한 것이다. 그런데 이 실험에서 각 환자들이 답을 맞힌 비율은 50%, 즉 둘 중 아무 것이나 마구 고른 경우와 거의 차이가 없었다. 한편, 환자들은 눈으로 사물을 읽는 법을 빠르게 배우는 것으로 나타났다. 연구팀은 그들이 대략 한 주 안에 정상인과 똑같이 시각만으로 사물의 형태를 정확히 읽을 수 있게 되었다고 보고하였다. 이로 인해 경험론자들과 생득론자들의 견해 중 한 입장이 강화되었다.

① 몰리눅스의 물음에 부정적인 답변이 나와 경험론자들의 견해가 강화되었다.
② 몰리눅스의 물음에 부정적인 답변이 나와 생득론자들의 견해가 강화되었다.
③ 몰리눅스의 물음에 긍정적인 답변이 나와 경험론자들의 견해가 강화되었다.
④ 몰리눅스의 물음에 긍정적인 답변이 나와 생득론자들의 견해가 강화되었다.
⑤ 몰리눅스의 물음에 긍정적인 답변이 나왔지만 어느 견해를 강화할 수 있는지는 판명되지 않았다.

20 다음 글에서 알 수 있는 것은?

내가 어렸을 때만 하더라도 원래 북아메리카에는 100만 명가량의 원주민밖에 없었다고 배웠다. 이렇게 적은 수라면 거의 빈 대륙이라고 할 수 있으므로 백인들의 아메리카 침략은 정당해 보였다. 그러나 고고학 발굴과 미국의 해안 지방을 처음 밟은 유럽 탐험가들의 기록을 자세히 검토한 결과 원주민들이 처음에는 수천 만 명에 달했다는 것을 알게 되었다. 아메리카 전체를 놓고 보았을 때 콜럼버스가 도착한 이후 한두 세기에 걸쳐 원주민 인구는 최대 95% 가 감소한 것으로 추정된다.

그런데 유럽의 총칼에 의해 전쟁터에서 목숨을 잃은 아메리카 원주민보다 유럽에서 온 전염병에 의해 목숨을 잃은 원주민 수가 훨씬 많았다. 이 전염병은 대부분의 원주민들과 그 지도자들을 죽이고 생존자들의 사기를 떨어뜨림으로써 그들의 저항을 약화시켰다. 예를 들자면 1519년에 코르테스는 인구 수천만의 아스텍 제국을 침탈하기 위해 멕시코 해안에 상륙했다. 코르테스는 단 600명의 스페인 병사를 이끌고 아스텍의 수도인 테노치티틀란을 무모하게 공격했지만 병력의 3분의 2만 잃고 무사히 퇴각할 수 있었다. 여기에는 스페인의 군사적 강점과 아스텍족의 어리숙함이 함께 작용했다. 코르테스가 다시 쳐들어왔을 때 아스텍인들은 더 이상 그렇게 어리숙하지 않았고 몹시 격렬한 싸움을 벌였다. 그런데도 스페인이 우위를 점할 수 있었던 것은 바로 천연두 때문이었다. 이 병은 1520년에 스페인 령 쿠바에서 감염된 한 노예와 더불어 멕시코에 도착했다. 그때부터 시작된 유행병은 거의 절반에 가까운 아스텍족을 몰살시켰으며 거기에는 쿠이틀라우악 아스텍 황제도 포함되어 있었다. 이 수수께끼의 질병은 마치 스페인인들이 무적임을 알리려는 듯 스페인인은 내버려두고 원주민만 골라 죽였다. 그리하여 처음에는 약 2,000만에 달했던 멕시코 원주민 인구가 1618년에는 약 160만으로 곤두박질치고 말았다.

① 전염병에 대한 유럽인의 면역력은 그들의 호전성을 높여주었다.

② 스페인의 군사력이 아스텍 제국의 저항을 무력화하는 원동력이 되었다.

③ 아메리카 원주민의 수가 급격히 감소한 주된 원인은 전염병 감염이다.

④ 유럽인과 아메리카 원주민의 면역력 차이가 스페인과 아스텍 제국의 1519년 전투 양상을 변화시켰다.

⑤ 코르테스가 다시 침입했을 때 아스텍인들이 격렬히 저항한 것은 아스텍 황제의 죽음에 분노했기 때문이다.